Disney·PIXAR
ELEMENTAL

Disney·Pixar Best Collection – Elemental

초판 발행 · 2023년 12월 25일
초판 3쇄 발행 · 2024년 11월 14일

번역 및 해설 · 라이언 박
발행인 · 이종원
발행처 · (주)도서출판 길벗
출판사 등록일 · 1990년 12월 24일
주소 · 서울시 마포구 월드컵로 10길 56(서교동)
대표 전화 · 02)332-0931 | **팩스** · 02)323-0586
홈페이지 · www.gilbut.co.kr | **이메일** · eztok@gilbut.co.kr

기획 및 책임 편집 · 김지영(jiy7409@gilbut.co.kr) | **디자인** · 강은경 | **제작** · 이준호, 손일순, 이진혁
마케팅 · 이수미, 장봉석, 최소영 | **영업관리** · 심선숙 | **독자지원** · 윤정아

교정교열 · 오수진 | **전산편집** · 조영라 | **오디오녹음** · 와이알미디어 | **CTP 출력 및 인쇄** · 예림인쇄 | **제본** · 예림인쇄

- 길벗이지톡은 길벗출판사의 성인어학서 출판 브랜드입니다.
- 잘못된 책은 구입한 서점에서 바꿔 드립니다.
- 이 책은 저작권법에 따라 보호받는 저작물이므로 무단전재와 무단복제를 금합니다.
- 이 책의 전부 또는 일부를 이용하려면 반드시 사전에 저작권자와 (주)도서출판 길벗의 서면 동의를 받아야 합니다.
- 책 내용에 대한 문의는 길벗 홈페이지(www.gilbut.co.kr) 고객센터에 올려 주세요.

ISBN 979-11-407-0645-7 03740 (길벗 도서번호 301172)
Copyright © 2023 Pixar. All rights reserved.
정가 24,000원

독자의 1초까지 아껴주는 정성 길벗출판사
(주)도서출판 길벗 | IT교육서, IT단행본, 경제경영서, 어학&실용서, 인문교양서, 자녀교육서 www.gilbut.co.kr
길벗스쿨 | 국어학습, 수학학습, 어린이교양, 주니어 어학학습, 학습단행본 www.gilbutschool.co.kr

페이스북 · www.facebook.com/gilbutzigy
트위터 · www.twitter.com/gilbutzigy

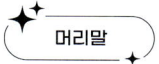

디즈니·픽사 명작의 주인공처럼 영어를 말한다!

국내 유일 엘리멘탈 전체 대본 수록! 디즈니·픽사 명작이 내 손 안에!
디즈니, 픽사 애니메이션 팬을 위해 국내 유일하게 전체 대본을 수록하였습니다. 〈엘리멘탈〉은 2023년 히트작, 최애작 갱신이라는 호평과 함께, 입소문을 타고 역주행 신화를 이뤄낸 명작입니다. 영화를 보면서 느꼈던 감동을 대본을 읽으며 다시 한번 느껴보세요.

영어 학습을 위한 최적의 영화 장르, 애니메이션!
비싼 영어 학원이나 온라인 프로그램이 지루해서 건너 뛰고 있다면 재미있는 애니메이션 대본으로 공부해 보세요.
애니메이션에는 슬랭이나 욕설 등의 거친 표현들이 거의 없고, 의학이나 법정 영화같이 특정 분야의 어려운 표현들이 들어 있지도 않아요. 실생활에서 자주 쓰는 표현들로만 구성되어 있죠. 아이들도 볼 수 있게 표현도 비교적 쉬운 편이라 초보자들이 영어를 학습하기에 제격입니다.

자막 보는 것 같은 영한대역 구성, 중요 표현은 워크북에서 한번 더!
영화를 볼 때 자막을 보는 것 같은 효과를 위해 오른쪽에서 번역을 바로 볼 수 있는 영한대역으로 구성을 했습니다. 단어가 궁금할 때는 오른쪽 하단에서 편하게 확인할 수 있고요. 만약 영어 대본만 보고 싶다면 오른쪽 페이지를 살짝 접어 해석이 보이지 않게 학습하면 됩니다.
실생활에 자주 쓰이는 핵심 표현 100개를 스크립트북에서 뽑아 워크북으로 구성하여 학습 효과를 높였습니다.

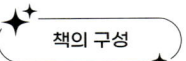

책의 구성

스크립트북

국내 유일하게 엘리멘탈 전체 대본을 담았습니다. 영어 대본은 왼쪽에서 해석은 오른쪽 페이지에서 바로 확인할 수 있어요. 모르는 단어는 오른쪽 하단에서 뜻을 확인해 보세요.

워크북

스크립트북에서 중요한 표현 100개를 뽑아 자세히 다룹니다. 표현이 어떤 상황에서 쓰이는지를 이해하기 쉽게 설명하고, 표현을 활용한 추가 예시문을 보여 주어 표현이 익숙해질 수 있도록 했어요.

오디오북

디즈니 추천 성우가 녹음한 전체 대본 오디오북을 무료로 제공합니다. 길벗 홈페이지(gilbut.co.kr)에 접속하여 '엘리멘탈'을 검색 후 다운로드 하거나 실시간 재생으로 들을 수 있습니다.

목차

스크립트북

CHAPTER 1 — Welcome to Element City ——— 12
엘리멘트 시티에 오신 것을 환영합니다

CHAPTER 2 — The Shop Will Be Mine Someday ——— 26
언젠가 이 가게의 주인은 제가 될 거예요

CHAPTER 3 — Ember Goes Full Purple ——— 44
앰버, 완전 보라색으로 변하다

CHAPTER 4 — Red Dot Sale ——— 72
레드 닷 세일

CHAPTER 5 — Ember Meets Wade ——— 78
앰버, 웨이드를 만나다

CHAPTER 6 — Stop Wade ——— 90
웨이드를 막아라

CHAPTER 7 — Fern Got Burned ——— 106
펀이 타오르다

CHAPTER 8 — Tragedy in Fire Land ——— 114
파이어랜드에서의 비극

CHAPTER 9	Let's Go Windbreakers! — 126
	윈드브레이커스, 가즈아!

CHAPTER 10	Up in the Air — 152
	공중에서

CHAPTER 11	Wade Asks Ember Out — 170
	웨이드가 앰버에게 데이트 신청을 하다

CHAPTER 12	First Date — 182
	첫 데이트

CHAPTER 13	Food Inspection — 192
	식품 조사

CHAPTER 14	Glass Vivisteria — 212
	유리로 만든 비비스테리아

CHAPTER 15	Meet the Ripples — 226
	웨이드의 가족을 소개합니다

CHAPTER 16	How to Repay Dad's Sacrifice — 256
	아빠의 희생에 보답하는 방법

| CHAPTER 17 | Blessing Denied | 266 |
| | 축복이 거절되다 | |

| CHAPTER 18 | Bubble Date | 278 |
| | 공기 방울 데이트 | |

| CHAPTER 19 | It's Over | 294 |
| | 이제 끝이야 | |

| CHAPTER 20 | Grand Reopening | 300 |
| | 성대한 재개장식 | |

| CHAPTER 21 | I Love You, Wade | 314 |
| | 사랑해, 웨이드 | |

| CHAPTER 22 | Burnie Returns Ember's Bow | 336 |
| | 버니, 앰버에게 맞절하다 | |

워크북

표현 1~100 ———— 360

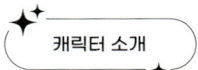

캐릭터 소개

| 엘리멘탈 세계관 |

네 가지 원소들이 모여 살고 있는 '엘리멘트 시티'에서 일어나는 에피소드를 다루고 있어요. 그 원소들은 Fire불, Water물, Earth흙, Air공기로 구성되어 있죠. 겉보기에는 잘 어울려 조화롭게 살아가지만, 아직 각 원소 간에 사랑을 하기에는 힘든 사회적 분위기입니다. 불 원소의 주인공과 물 원소의 주인공이 부모님의 반대를 무릅쓰고 사랑을 하며 사랑과 꿈을 키워나가는 내용입니다.

Ember 앰버

엘리멘탈의 여주인공으로 불 원소입니다. 부모님이 운영하는 Fireplace불들을 위한 식품과 잡화를 파는 곳에서 가업을 계승하려고 하죠. 이민자로 고생을 많이 한 부모님에게 자랑스러운 딸이 되어야 한다는 부담감이 때문에 본인이 원하는 일과 사랑을 주저하고 있습니다. 불 원소답게 성격이 매우 다혈질이지만 뒤끝은 없죠. 유리 공예에 타고난 재능이 있어요.

Wade 웨이드

남주인공으로 물 원소이고, 엘리멘트 시티의 조사관으로 일하고 있어요. 누수를 조사하다 Fireplace까지 빨려들어오게 되고, 앰버를 만나 사랑에 빠집니다. 물 원소답게 감수성이 넘치고 눈물이 많은 반면 차분하고 온화한 성격이죠. 행복을 위해 자신이 진정 원하는 것을 해야한다는 것을 앰버에게 알려 주려 노력합니다.

Bernie & Cinder 버니 & 신더

버니는 앰버의 아빠, 신더는 앰버의 엄마로, Fireland에서 온 이민자입니다. 이민을 온 후 Fireplace를 열기까지 많은 고생을 했죠. 특히 버니는 앰버가 가업을 이어받기를 간절히 원하며, 앰버가 다른 원소를 사랑하는 것은 절대 용납하지 않는 다소 보수적인 캐릭터입니다. 신더는 사주 보는 일을 하는데, 그래도 버니보다는 조금 더 개방적인 편이라 앰버가 원하는 것을 지지하곤 해요.

Brook 브룩

웨이드의 엄마로 성공한 건축가입니다. 물 원소답게 감수성이 뛰어나고 행복을 중시합니다. 따뜻한 성격이라 웨이드의 사랑을 적극적으로 지지하고, 나아가 앰버가 유리 공예사가 될 수 있도록 도움을 주죠.

Gale 게일

웨이드의 직장 상사로 공기 원소입니다. 영화 속 인기 스포츠인 에어볼의 팬으로 윈드브레이커스 팀을 열렬히 지지합니다. 일을 할 때 웨이드에게 까다로운 편이지만 나중에는 앰버와 웨이드가 사랑할 수 있게 도와주게 돼요.

Disney · PIXAR
ELEMENTAL

스크립트북

엘리멘탈 전체 대본을 해석과 함께 담았습니다.
디즈니 추천 성우가 녹음한 오디오북도 적극 활용해보세요.

CHAPTER 1

Welcome to Element City

🎧 01. mp3

045 PARENTS' STORY

EXT. OCEAN – DAY
Through the mist we see a glow. A small boat **breaks through** the fog, traveling toward camera. It appears that the boat's **deck** is on fire. But as it moves closer, we see it's two FIRE PEOPLE, BERNIE and CINDER.

TITLE: DISNEY PRESENTS

Surrounded by **luggage**, they **huddle** together. Bernie opens a suitcase, he takes out a shawl and wraps it around Cinder. Next to her is a small lantern that holds a BLUE FLAME. A hot air balloon flies **overhead**. It disappears into the mist. Bernie and Cinder **take** it all **in** as their boat comes to dock.

BERNIE   (in-awe exhale)

They watch as Element City **comes into view: skyscrapers** covered with waterfalls, buildings with trees growing all over them, windmills, etc. Balloons, **blimps**, partially **submerged** water boats and other **vessels** all **make their way to** the shore.

CINDER   (small hopeful laugh)

045 부모님 이야기

실외. 바다 - 낮

안개 사이로 불빛이 보인다. 작은 배 한 척이 안개를 헤치며 카메라를 향해 다가온다. 갑판에 불이 난 것 같다. 배가 좀 더 가까이 다가오자 두 명의 불, 버니와 신더의 모습이 보인다.

타이틀: 디즈니 제공

두 사람이 다정하게 앉아 있고 그들 옆에는 짐 가방이 놓여 있다. 버니가 가방을 열고 숄을 꺼내 신더의 어깨에 걸쳐 준다. 그녀 옆에 파란 불꽃이 담긴 작은 랜턴이 있다. 열기구가 머리 위로 날아가 안개 속으로 사라진다. 버니와 신더가 이 광경을 감탄하며 바라보는 사이에 배가 부두에 접근한다.

버니　　(감탄하며 숨을 내쉰다)

그들 눈 앞에 엘리멘트 시티가 펼쳐진다: 폭포가 흐르는 고층 빌딩과 나무가 우거진 건물들, 풍차 등이 보인다. 열기구와 소형 비행선, 약간 물에 잠겨 있는 배들과 여러 선박들이 해안가로 이동하고 있다.

신더　　(나지막하게, 기대에 부푼 웃음 소리를 낸다)

break through 뚫고 나아가다　**deck** (배의) 갑판　**luggage** 여행용 가방, 짐　**huddle** 옹기종기 모이다　**overhead** 머리 위로
take ~ in (감정 이입) 받아들이다　**come into view** 시야에 들어오다　**skyscraper** 고층 건물　**blimp** 소형 비행선　**submerge** 물 속에 잠기다　**vessel** 선박　**make one's way to** ~로 이동하다

013

EXT. GRAND GATEWAY DOCKS – DAY
Bernie and Cinder step off the boat onto the **dock**. Another boat **pulls up**. It looks like a forest has grown on its deck. The gates open and off walk Earth people with trees growing out of their heads.

TREE PASSENGER 1 (smiling sigh)

EARTH BOAT ANNOUNCER Please keep all **limbs** and **branches** inside. [1]

TREE PASSENGER 2 (happy reaction)

A submarine emerges from the water. The front pops open and water flows out. Bodies form out of the puddle, gathering their hats and bags. Two WATER PASSENGERS trade briefcases.

WATER PASSENGER 2 Oh! I believe this is yours.

WATER PASSENGER 1 Oh, thanks!

Above, a blimp lands on a tall **perch**. A **hatch** opens and cloud-like AIR PEOPLE float out.

AIR PASSENGER BABY (cry)

As the passengers **disembark**, the blimp **deflates** and lowers to the perch below. When more Air passengers board, it puffs back up. Bernie and Cinder follow the river of **Elements** into the **immigration** hall. They are the lone Fire **figures** in the crowd.

INT. IMMIGRATION HALL – DAY – CONTINUOUS
Bernie and Cinder look up in awe at the EPIC **MURAL depicting** the three **waves** of Elements of coming together to form Element City. Water was the first to arrive, followed by Earth and then Air. Bernie and Cinder reach the front of a long line with other **immigrants**.

WOOD IMMIGRATION OFFICIAL (O.S.) Next!

실외. 그랜드 게이트웨이 부두 – 낮
버니와 신더는 배에서 내려 부두로 발걸음을 옮긴다. 또 다른 배가 들어오는데 갑판에 숲이 우거진 것처럼 보인다. 문이 열리고 머리 위에 나무가 자라고 있는 흙 사람들이 걸어 나온다.

나무 승객 1   (미소 지으며 감탄)

흙의 배 안내 방송   나뭇가지들은 안쪽으로 해 주세요.

나무 승객 2   (행복한 반응)

잠수정 한 척이 물 밖으로 나온다. 앞 부분이 활짝 열리더니 물이 쏟아져 나온다. 쏟아진 물웅덩이에서 사람의 형체가 생기더니 모자와 가방을 집어든다. 물 승객 두 명이 가방을 교환한다.

물 승객 2   어머! 당신 거네요.

물 승객 1   오, 감사해요!

하늘에서 비행선 한 대가 고층 건물 위에 착륙한다. 출입구가 열리고 구름처럼 생긴 공기 사람들이 흘러나온다.

공기 승객 아기   (울음을 터트린다)

승객들이 내리자 비행선의 기체가 쭈그러들어 아래로 내려간다. 다른 공기 승객들이 탑승을 하자 다시 기체가 부풀어 오른다. 버니와 신더는 수많은 원소들을 따라 출입국 관리소로 들어간다. 여러 사람들 가운데 이 둘만이 불의 모습을 하고 있다.

실내. 출입국 관리소 – 낮 – 계속
버니와 신더는 벽화를 보며 감탄한다. 벽화에는 세 원소들이 엘리먼트 시티를 만든 과정이 그려져 있다. 물이 제일 먼저 도착했고, 흙이 그 다음, 마지막으로 공기가 합류한 것이다. 버니와 신더는 다른 이민자들과 함께 길게 늘어선 줄 맨 앞에 서 있다.

나무 출입국 관리 직원   (화면 밖) 다음 분이요!

dock 부두, 선창 **pull up** 멈추다 **perch** 높은 자리, 꼭대기 **hatch** 화물 출입구 **disembark** 내리다 **deflate** 공기를 빼다, 오므라들다 **element** 원소 **immigration** 이민, 출입국 관리 **figure** 모습, 형태 **mural** 벽화 **depict** 묘사하다 **wave** 수많은 사람 **immigrant** 이민자

They **hurry over to** a very friendly and welcoming WOOD IMMIGRATION OFFICIAL

WOOD IMMIGRATION OFFICIAL Your names?

Bernie, excited.

BERNIE (in Firish) Útrí dàr ì Bùrdì.

CINDER (in Firish) Fâsh ì Síddèr.

WOOD IMMIGRATION OFFICIAL Great! And how do we spell that? ²

Bernie, eager, makes **a series of** fire sounds. The official's **smile drops** a little, then bright.

WOOD IMMIGRATION OFFICIAL How about we just **go with** Bernie and Cinder! ³

The official presses their nose onto an ink pad and then the **document** on the table, **leaving** an official stamp.

WOOD IMMIGRATION OFFICIAL Welcome to Element City!

Bernie and Cinder exit through BIG DOORS that OPEN revealing a **bustling**, busy city outside.

EXT. ELEMENT CITY – STREET
TITLE: A PIXAR ANIMATION STUDIOS FILM

HOT LOG VENDOR Hot **logs**! Hot logs for sale!

그들은 빠른 걸음으로 나무 출입국 관리 직원에게 다가간다. 직원은 친절하고 따뜻하게 이들을 맞아준다.

나무 출입국 관리 직원   성함이요?

버니, 흥분한 모습이다.

버니   (불-어로) 우트리 다 이 버디.

신더   (불-어로) 파시 이 시더.

나무 출입국 관리 직원   멋지네요! 그리고 철자는 어떻게 되죠?

버니는 열심히 불-어로 계속 말한다. 직원의 표정이 잠시 굳었다가 이내 밝아진다.

나무 출입국 관리 직원   버니와 신더라고 하는 건 어떨까요!

직원이 자기 코에 인주를 묻히고 탁자에 놓인 서류에 찍는다. 공식 입국 허가 스탬프이다.

나무 출입국 관리 직원   엘리멘트 시티에 오신 것을 환영합니다!

버니와 신더가 거대한 문을 열고 나오자 북적이고 바쁜 도시의 광경이 펼쳐진다.

실외. 엘리멘트 시티 - 거리
타이틀: 픽사 애니메이션 스튜디오 필름

뜨거운 통나무 노점상   뜨거운 통나무 있어요! 뜨거운 통나무 팔아요!

---

hurry over to ~에 서둘러 가다 **a series of** 연속의 **smile drop** 미소를 잃다 **go with** ~로 하다, ~를 채택하다 **document** 서류 **reveal** 보여주다, 드러내다 **bustling** 부산한, 북적거리는 **log** 통나무

017

Bernie and Cinder stare in awe as they walk the busy street carrying their luggage and the Blue Flame. It's such a foreign land. **Canals**, waterfalls, giant fans, and plants are **incorporated** into the **infrastructure**. Cinder excitedly takes Bernie's hand.

CINDER (laugh)

We see Earth, Water and Air people moving about the city in slides and on boats. Large canals run between the city blocks and skyscrapers. **Distracted**, Bernie walks right THROUGH an Air Person.

AIR PERSON (conversational walla, impact) Hey! Watch it "Sparky!"

Bernie and Cinder look up at an **ELEVATED** TRAIN. As the train zooms by, water **cascades** over the sides of the tracks. We follow the train as it travels over a bridge to another part of town.

INT. TRAIN – SHORTLY AFTER
Bernie and Cinder ride in a train car clearly designed to **accommodate** Air, Earth and Water, but NOT Fire. The other passengers **stand back** from them and stare. The train **LURCHES**. A nearby WATER GUY **stumbles**, splashing WATER on Cinder with a **HISS**.

CINDER (pain react)

BERNIE (gasp)

Cinder **winces**. Her flame **shrinks** and steams where the water hit her. Bernie tenderly **feeds** her some wood to repair her fire. They both hold her belly.

CINDER (relieved sigh)

Bernie GLARES back at the Water Guy.

BERNIE Hmmmm. Water.

짐가방과 파란 불꽃을 들고 북적이는 거리를 걸어가는 버니와 신더, 주변을 둘러보며 감탄한다. 매우 이국적인 곳이다. 운하와 폭포, 거대한 환풍기와 나무들이 조화롭게 도시의 기반 시설을 이루고 있다. 신더가 흥분하며 버니의 손을 잡는다.

신더 (웃는다)

흙, 물, 공기 사람들이 워터 슬라이드와 배를 타고 도시를 이동한다. 거대한 운하들이 여러 단지와 고층 건물 사이를 흘러간다. 버니가 정신이 팔려 공기 사람을 뚫고 지나간다.

공기 사람 (대화를 나누다가 부딪힌다) **이봐! 보고 다니라고 "불꽃 양반!"**

버니와 신더가 고가 전철을 올려다본다. 전철이 지나가자 선로 옆으로 물이 폭포처럼 쏟아진다. 화면은 전철을 따라가는데 다리를 건너 도시의 또 다른 곳으로 이동한다.

실내, 전철 - 잠시 후
버니와 신더가 전철을 타고 간다. 전철은 공기, 흙, 물에 알맞게 설계되었지만, 불은 고려하지 않은 듯 하다. 다른 승객들이 거리를 둔 채 둘을 빤히 쳐다본다. 갑자기 전철이 덜컹거린다. 옆에 있던 물 남자가 비틀거리며 신더에게 물을 튀기자 '칙' 소리가 난다.

신더 (고통스러워한다)

버니 (헉하고 놀란다)

신더가 움찔한다. 그녀의 불꽃이 작아지고 물이 닿은 곳에서 김이 올라온다. 버니가 다정하게 나무를 먹여주자 그녀의 불꽃이 회복된다. 두 사람은 신더의 배를 감싼다.

신더 (안도의 한숨을 내뱉는다)

버니가 물 남자를 쏘아본다.

버니 음… 물 놈들.

canal 운하 **incorporate** 포함하다, 설립하다 **infrastructure** 사회 기반 시설 **distracted** 정신이 팔린 **sparky** 불꽃을 내는 **elevated** 고가의, 높은 **cascade** (폭포처럼) 흐르다 **accommodate** 공간을 제공하다 **stand back** 물러서다 **lurch** 휘청거리다 **stumble** 비틀거리다 **hiss** 쉭 하는 소리 (물에 불이 꺼지는 소리) **wince** 움찔하고 놀라다 **shrink** 줄어들다 **feed** 먹여주다

EXT. ELEMENT CITY EARTH/WATER **NEIGHBORHOODS**
Bernie and Cinder exit a train station and walk up to a "For Rent" sign in an **upscale** Earth **brownstone** building. An **old growth** EARTH **LANDLORD** opens the door, her eyes **widen** when she sees Bernie and Cinder who smile hopefully.

EARTH LANDLORD (gasp)

The landlord points to her own hair.

EARTH LANDLORD Dry leaves.

She slams the door **in their faces**.

BERNIE (disappointed **grunt**)

At another building, Cinder pushes a doorbell. It catches fire — she quickly **blows it out**. A WATER LANDLORD opens the door, sees the two of them and immediately slams the door. A series of more door slams.

EXT. RUNDOWN NEIGHBORHOOD
Bernie and Cinder find themselves under the elevated train tracks, in a rundown neighborhood. **Dejected** and tired, they've given up and sit down to rest.

BERNIE (**exhausted** sigh)

Suddenly, Bernie spots something.

BERNIE (smiling gasp)

On the other side of a CANAL FILLED WITH WATER is a **broken-down** building with a "For Sale" sign. He picks up their things and runs toward it.

BERNIE (in Firish, excited) Khû kò shá sh!

실외. 엘리멘트 시티 흙/물 동네
전철역을 빠져나오는 버니와 신더. "임대" 표지판이 붙은 고급 흙 브라운스톤 건물을 향해 걸어간다. 오래된 나무 모습의 흙 집주인이 문을 연다. 밝게 웃는 버니와 신더를 보고 눈이 커진다.

흙 집주인 (헉하고 놀란다)

집주인이 자기 머리카락을 가리킨다.

흙 집주인 **마른 잎이라 어쩔 수 없네요.**

그들의 면전에 대고 문을 쾅 닫는다.

버니 (실망하고 푸념한다)

다른 건물, 신더가 초인종을 누른다. 초인종에 불이 붙자 재빨리 입김으로 불을 끈다. 물 집주인이 문을 여는데, 두 사람을 보자 재빨리 문을 닫아 버린다. 많은 문들이 계속 쾅 닫힌다.

실외. 낙후된 동네
버니와 신더는 고가 전철 선로 아래에 있다. 이곳은 낙후된 동네이다. 몸과 마음이 지친 두 사람, 포기하고 앉아서 쉬려고 한다.

버니 (지쳐서 한숨 쉰다)

갑자기, 버니가 무언가를 발견한다.

버니 (미소 지으며 감탄한다)

물이 가득한 운하의 맞은 편에 허름한 건물 하나가 보인다. "매물 있음" 표지판이 붙어 있다. 버니가 짐을 들고 건물을 향해 달려간다.

버니 (불—어로, 흥분해서) **크후 코 샤 쉬!**

---

neighborhood 동네 **upscale** 화려하고 비싼 **brownstone** 적갈색 사암으로 지은 화려한 집 **old growth** 오래된 나무 **landlord** 집주인 **widen** 넓어지다, 커지다 **in one's face** 면전에 대고 **grunt** (짜증) 끙 소리를 내다 **blow out** 입김을 불어 꺼뜨리다 **rundown** 쇠퇴한 **dejected** 낙담한 **exhausted** 피곤한 **broken-down** 망가진, 쇠진한

055 BUILDING THE SHOP

INT. BUILDING – DAY
Bernie runs around inside. He's excited and full of ideas.

BERNIE (in Firish) Rì báì khûr! Utriksh! T'áù ss ksòrìf!

Cinder, more **skeptical**, stands just inside the doorway. Water **drips** from A PIPE and almost hits her. Bernie **bounds** back to her side.

BERNIE Ha ha!

He takes her arm and **gestures** excitedly.

BERNIE (in Firish) Ksôdàr ì Bùrdì!

Bernie keeps running around.

BERNIE Ha ha!

SNAP his feet burn through the **board** and he falls out of frame into the basement.

BERNIE Ah!!

He gives a thumbs up through the **hole**, still excited.

BERNIE I'm ok!

INT. BERNIE'S SHOP – NIGHT
Bernie and Cinder peacefully **huddle** with **newborn** EMBER, the Blue Flame at their side.

BABY EMBER (crying)

055 가게를 차리다

실내. 건물 - 낮
버니가 건물 안을 분주하게 돌아다닌다. 좋은 생각이 많이 떠올라 흥분한 모습이다.

버니 (불-어로) 리 바이 크후어! 우트리크쉬! 타우 쓰 크소리프!

그에 비해 신더는 회의적인 표정으로 출입구 바로 안쪽에 서 있다. 파이프에서 물이 새어 나와 그녀에게 떨어질 뻔한다. 버니가 그녀의 옆으로 뛰어온다.

버니 하하!

버니가 신더의 팔을 잡고 신이 나서 손짓한다.

버니 (불-어로) 크소다 이 버디!

버니는 계속 뛰어다닌다.

버니 하하!

우지끈 소리와 함께 버니의 발이 판자 바닥을 태우자 화면을 벗어나 지하실로 떨어진다.

버니 아!!

버니는 구멍 사이로 엄지를 들어 보이는데, 여전히 신이 났다.

버니 난 괜찮아!

실내. 버니의 가게 - 밤
버니와 신더가 갓 태어난 앰버와 함께 오손도손 평안하게 앉아 있다. 옆에는 파란 불꽃이 놓여 있다.

아기 앰버 (운다)

---

skeptical 회의적인 **drip** (물 등이) 떨어지다. 새다 **bound** (신이 나서) 껑충껑충 달리다 **gesture** 손짓(몸짓)을 하다 **snap** 우지끈 (갑자기 부서지는 소리) **board** 나무 판자 **hole** 구멍 **huddle** 옹기종기 모이다 **newborn** 갓 태어난

023

CINDER	Íkì ss ûr.
BERNIE	Bê ss ksòrìf.

Bernie **reaches** into the **lantern** and takes part of the Blue Flame in his **palms**. He **pours** the fire over baby Ember's head.

BABY EMBER	(giggle)
BERNIE	Oh.
BABY EMBER	(cooing)
BABY EMBER	(sneeze)
BERNIE	(happy laugh)

He holds her up and smiles.

BERNIE	Welcome, my Ember, to your new life.

Baby Ember takes it in. She may not know what her father is saying but she can feel the love and **excitement**.

TITLE: ELEMENTAL

신더	이키 쓰 우르.

버니	비 쓰 크소리프.

버니가 랜턴에 손을 넣어 파란 불꽃의 일부를 꺼내 아기 앰버 머리 위에 붓는다.

아기 앰버	(키득하며 웃는다)

버니	오.

아기 앰버	(옹알이한다)

아기 앰버	(재채기한다)

버니	(행복하게 웃는다)

버니가 앰버를 안아 올리며 미소 짓는다.

버니	내 딸 앰버, 너의 새로운 세상에 온 걸 환영한다.

아기 앰버는 이 말을 듣고 기뻐한다. 아빠가 무슨 말을 하는지는 모르지만 그의 사랑과 흥분을 느낄 수 있다.

제목: 엘리멘탈

reach 팔을 뻗다 **lantern** 랜턴 **palm** 손바닥 **pour** (물 등을) 붓다 **giggle** 키득키득 웃다 **coo** 옹알이하다 **sneeze** 재채기하다 **excitement** 흥분

The Shop Will Be Mine Someday

 02. mp3

INT. BERNIE'S SHOP – LATER
We start to **PICK UP MOMENTUM** as life continues on.
– Bernie holds the Blue Flame lantern as Ember, now a **toddler**, watches. He pours the flame carefully into an empty **cauldron**.

BERNIE   Our Blue Flame hold all our **traditions** and give us **strength** to burn bright.

Ember climbs up to the cauldron's **edge**. She watches in awe as the flame grows. It **shoots up** and she's **knocked** back!

BERNIE   (laugh)

Ember takes this in.

LITTLE KID EMBER   (short laugh)

Bernie steps in front of the cauldron.

BERNIE   Do I burn as bright?

실내. 버니의 가게 – 잠시 후
시간이 흐르면서 버니 가족의 모습이 여러 장면으로 나타난다.
– 버니가 파란 불꽃이 담긴 랜턴을 들고 있고 막 걸음마를 시작한 앰버가 이를 바라본다. 그가 불꽃을 빈 가마솥에 조심스레 쏟아 붓는다.

버니 파란 불꽃은 우리의 전통을 담고 있어. 우리가 밝게 타오르도록 힘을 준단다.

앰버가 가마솥 가장자리에 올라간다. 불꽃이 커지는 모습을 신기하게 바라본다. 불꽃이 갑자기 치솟자 앰버가 뒤로 나가떨어진다!

버니 (웃는다)

앰버가 이를 보고 즐거워한다.

어린 앰버 (짧게 웃는다)

버니가 가마솥 앞에 선다.

버니 아빠가 밝게 타고 있지?

pick up momentum 속도를 내다, 빨리 움직이다 **toddler** 걸음마를 막 뗀 아이 **cauldron** 가마솥 **tradition** 전통 **strength** 힘, 파워 **edge** 가장자리 **shoot up** 위로 솟구치다 **knock** 쓰러뜨리다

027

Goofing around, he **flexes**.

BERNIE Hnnng. Ergggg. Hmmmm!

LITTLE KID EMBER (giggle)

The shop is mid-**construction**. Bernie pushes the BLUE FLAME CAULDRON into place as Ember, now big enough to stand on it, **cheers** him on. Cinder lovingly watches them as she **hangs** a curtain.

LITTLE KID EMBER One, two! One, two! One, two!

BERNIE (push effort)

Bernie and Ember stand in front of an **oscillating** fan, taking turns making **goofy** faces and sounds.

LITTLE KID EMBER Aaaaaahhhhhh.

BERNIE Aaaaaahhhhhh.

LITTLE KID EMBER Aaaaaahhhhhh.

Bernie and Ember work on the shop sign together. Bernie writes "FIREPLACE" and Ember burns in a small flame design.
TIME JUMP, the SIGN hangs over the front door of the shop. Bernie climbs down the **ladder** and joins Ember. They **admire** the sign together.

BERNIE This shop is dream of our family! And someday it'll all be yours.

Ember's eyes grow in excitement. From this moment on, THIS is what she wants – to be a good daughter and to **take over** the shop. The place is **coming together**. It's a bit **corny**, but it's what Bernie wants: a **shrine** to Fire Land.

	버니가 근육 자랑하며 장난친다.
버니	흥, 어, 흠!
어린 앰버	(키득 웃는다)

가게는 공사 중이다. 버니가 파란 불꽃이 담긴 가마솥을 밀고 좀 더 자란 앰버가 그 위에 서서 아빠를 응원한다. 신더는 커튼을 달면서 이들을 사랑스럽게 바라본다.

어린 앰버	하나, 둘! 하나, 둘! 하나, 둘!
버니	(힘겹게 민다)

버니와 앰버는 회전하는 선풍기 앞에 서서 번갈아 가며 우스꽝스러운 표정과 함께 재미있는 소리를 낸다.

어린 앰버	아아아아아아.
버니	아아아아아아아.
어린 앰버	아아아아아아아.

버니와 앰버가 가게 간판을 함께 만든다. 버니가 "파이어플레이스" 라고 쓰고 앰버가 불을 태워 작은 불꽃 모양을 만든다.
시간이 빠르게 지나 간판이 가게 입구 위에 걸려 있다. 버니가 사다리에서 내려와 앰버 옆에 선다. 그들이 간판을 흡족하게 바라본다.

버니	이 가게는 우리 가족의 꿈이란다! 언젠가 네가 주인이 될 거야.

흥분해서 앰버의 눈이 커진다. 이 순간부터 앰버는 착한 딸이 되어 가게를 이어받는 것을 꿈꾼다.
가게가 완성되었다. 다소 진부하지만 버니가 원했던 대로 파이어랜드 성지의 모습을 갖추었다.

goof 장난 치다 **flex** 근육을 움직이다, 몸을 풀다 **construction** 건설, 공사 **cheer** 격려(응원)하다 **hang** 걸다 **oscillate** 왔다 갔다 하다 **goofy** 장난스러운 **ladder** 사다리 **admire** 감탄하다 **take over** 이어받다 **come together** 하나로 합치다, 모여지다 **corny** 진부한 **shrine** 성지

INT. BERNIE'S SHOP
It's opening day. A fresh pot of Lava **Java** is ready for customers. A CUSTOMER enters, blown away by the **decor**. Bernie, Cinder and Ember **light up**!

BERNIE
Welcome!

CINDER
Welcome!

BERNIE
Everything here **authentic.**

FIRST CUSTOMER
Then I've got to try the kol-nuts.

BERNIE
Kol-nuts coming up!

Ember sits on the counter next to Bernie. **Imitating** him, she **taps** on her own homemade toy **register**.

LITTLE KID EMBER
Kol-nut coming up!

FIRST CUSTOMER
(O.S.) (laugh)

BERNIE
(laugh) Good daughter.

Together, Ember and Bernie prepare the order, **squeezing** logs in their palms to make **bite size** pieces of coal. Ember **hands** them to the Customer.

LITTLE KID EMBER
Someday this shop will all be mine!

FIRST CUSTOMER
(laugh)

Bernie **tousles** her flame.

BERNIE
(laughs) When you are ready.

실내. 버니의 가게
개업일이다. 손님들을 위해 갓 내린 용암 커피도 준비되었다. 손님이 들어와 가게 내부에 감탄한다.
버니, 신더, 앰버의 표정이 환해진다!

버니   어서 오세요!

신더   어서 오세요!

버니   여기 있는 것들은 다 정품입니다.

첫 손님   그러면 숯콩을 먹어 봐야겠네요.

버니   숯콩 나갑니다!

앰버가 카운터 위에 앉아 있다. 옆에서 버니 흉내를 내면서 직접 만든 장난감 등록기를 두드린다.

어린 앰버   숯콩 나갑니다!

첫 손님   (화면 밖) (웃는다)

버니   (웃으며) 착한 우리 딸.

앰버와 버니는 함께 주문 받은 음식을 준비한다. 양 손바닥으로 통나무를 꽉 누르니 한 입 크기의 석탄 조각이 만들어진다. 앰버가 그것을 손님에게 건넨다.

어린 앰버   언젠가 이 가게는 내 거예요!

첫 손님   (웃는다)

버니가 그녀의 불꽃 머리를 헝클인다.

버니   (웃으며) 네가 준비되면.

---

java 커피   **decor** 실내 장식   **light up** (얼굴이) 밝아지다   **authentic** 정품의   **imitate** 흉내내다   **tap** 두드리다   **register** 등록기
squeeze 꽉 누르다, 쥐어짜다   **bite size** 한 입 크기   **hand** 건네다   **tousle** 헝클어트리다

EXT. BERNIE'S SHOP – NIGHT
Time lapse of outside the shop. The **community** develops and more Fire people arrive.

EXT. FIRE TOWN
Ember, a bigger kid now, sits on her dad's shoulders as they ride a scooter around town, **making deliveries**.

BERNIE, BIG KID EMBER Delivery!

INT. BERNIE'S SHOP – ANOTHER YEAR
The shop is even busier. Two FIRE KIDS **approach** the counter.

FIRE KID 1 Two sugar pops please!

The bigger kid places a few coins on the counter in front of Bernie and Ember.

BIG KID EMBER I got it, Àshfá! [4]

Ember grabs a sugar pop and **sculpts** it. She **molds** the pop to look exactly like the kid. She hands it to them and their eyes grow **in AWE**.

FIRE KID 1 (giggle)

The littler kid **takes a chomp**.

FIRE KID 1 Hey!

Just then, TWO WATER TEENAGERS enter. They laugh and jokingly push each other, **tracking** water into the shop and **knocking** things **over**.

WATER TEENAGER 1, 2 (mocking, laughing)

실외. 버니의 가게 – 밤
가게 밖에서 시간이 흐르는 장면. 동네가 발전하면서 더 많은 불 사람들의 모습이 보인다.

실외. 파이어타운
이제 더 자란 앰버가 아빠의 어깨에 앉아 있다. 부녀가 스쿠터를 타고 마을에 배달을 다닌다.

버니, 더 자란 앰버 배달이요!

실내. 버니의 가게 – 몇 년 후
가게가 이전보다 더 분주하다. 불 아이 둘이 카운터로 다가온다.

불 아이 1 설탕 사탕 두 개 주세요!

큰 아이가 동전 몇 개를 버니와 앰버가 있는 카운터 위에 올려 둔다.

더 자란 앰버 제가 할게요, 아슈파!

앰버가 설탕 사탕을 들고 조각한다. 앞에 있는 아이와 똑같은 모양의 사탕을 만들어 건네자 아이들의 눈이 휘둥그레진다.

불 아이 1 (키득 웃는다)

작은 아이가 사탕을 한 입 씹어 먹는다.

불 아이 1 야!

이때, 물 청소년 둘이 들어온다. 웃으면서 장난으로 서로 밀친다. 가게 안으로 들어가면서 물 흔적을 남기고 물건도 쓰러뜨린다.

물 청소년 1, 2 (조롱하듯 비웃는다)

---

time lapse 시간이 빨리 지나가는 장면 **community** 공동체, 마을 **make delivery** 배달을 하다 **approach** 다가가다 **pop** 막대사탕 **sculpt** 조각하다 **mold** 만들다, 주조하다 **in awe** 감탄하여 **take a chomp** 베어(씹어) 먹다 **track** (지나간 흔적을) 남기다 **knock over** 쓰러뜨리다 **mock** 놀리다, 조롱하다

033

BERNIE   Water. Keep an eye on them. [5]

Bernie **gives Ember a nod**. Ember ZIPS up her fire, **armoring up**. In an aisle, the teens **take turns** pouring their water onto flaming souvenirs, putting them out.

WATER TEENAGER 1   Oops! (giggles)

WATER TEENAGER 2   Oops!

A **roiling** Ember interrupts them.

BIG KID EMBER You splash it you buy it!

Ember's **eye's narrow**, then she suddenly **FLARES**. The Water Teenagers boil.

WATER TEENAGER 1, 2   (screams)

The souvenir **torch** POPs from one of the teenager's hand and Ember catches it. The **punks** run **sloppily** out.

WATER TEENAGER 1, 2   (coughing)

Standing in the doorway, Ember **smirks**. Bernie walks up with a smile.

BERNIE   You show them, huh? (yells after) Nobody waters down Fire!

Ember shakes her fist.

| 버니 | 물이다. 잘 감시해. |

버니가 앰버에게 고개를 끄덕인다. 앰버는 불꽃을 바로 하고 전투 태세를 갖춘다. 통로에서, 청소년들이 불타는 상품에 번갈아가며 물을 뿌리자 불이 꺼진다.

| 물 청소년 1 | 이런! (키득거린다) |

| 물 청소년 2 | 아이고! |

앰버가 이글거리며 그들을 가로 막는다.

| 더 자란 앰버 | 물 뿌리면 사야 돼! |

앰버가 눈을 찌푸리더니 갑자기 활활 타오른다. 물 청소년들이 끓어오른다.

| 물 청소년 1, 2 | (소리 지른다) |

한 아이의 손에서 기념품 손전등이 휙 하고 날아가자 앰버가 이를 낚아챈다. 불량 청소년들은 황급히 도망친다.

| 물 청소년 1, 2 | (기침한다) |

앰버는 출입구에 서서 보란 듯 웃는다. 버니가 미소를 머금고 다가온다.

| 버니 | 본때를 보여 준거지, 어? (물 청소년들에게 소리치며) 그 누구도 우리 불을 꺼뜨리지 못해! |

앰버가 주먹을 흔들어 보인다.

keep an eye on ~를 감시하다 **give someone a nod** ~에게 고개를 끄덕이다 **armor up** 무장하다 **take turn** 돌아가면서 ~를 하다 **roil** 화나게 하다, 요동치다 **eye narrow** 눈을 찌푸리다 **flare** 불타오르다 **torch** 횃불, 손전등 **punk** 불량배 **sloppily** 대충 **smirk** 히죽히죽 웃다

BIG KID EMBER Yeah! (cursing) Sháshà r íshà!

> Bernie, **startled**, can't help but laugh.

BERNIE (laugh)

> Ember looks up at him.

BIG KID EMBER Can the shop be mine now?

> Bernie tousles her flame.

BERNIE When you are ready.

> INT. BERNIE'S SHOP – ANOTHER YEAR
> We jump ahead more years. A Fire **soap opera** plays on a television above the counter.

SOAP OPERA WOMAN (melodramatic) The truth is...

> Two shop **regulars**, FLARRY and FLARRIETTA, watch the show while Cinder **stacks** "Kiss Me I'm Firish" shirts:

CINDER She's not in love with him.

SOAP OPERA WOMAN (melodramatic) ... I'm NOT in love with you!

FLARRY, FLARRIETTA (gasp)

CINDER (loud, **cocky**) Ha! Knew it!

> At the counter, TEENAGE Ember is next to Bernie making coal nuts. She has **surpassed** him in speed, as he's **slowed down**.

| 더 자란 앰버 | 그래! (욕을 하며) 샤샤 르 이샤! |

버니가 놀라지만, 이내 박장대소한다.

| 버니 | (크게 웃는다) |

앰버가 그를 올려다본다.

| 더 자란 앰버 | 이제 가게 제 거죠? |

버니가 그녀의 불꽃 머리를 헝클인다.

| 버니 | 네가 준비되면. |

실내. 버니의 가게 – 몇 년 후
몇 년이 더 흘렀다. 카운터 위에 달려 있는 TV에서 불 연속극이 방송되고 있다.

| 연속극 속 여성 | (신파조로) 사실은… |

가게의 단골 손님인 플레리와 플라리에타가 연속극을 시청하는 동안 신더는 "키스해 줘요 나 불타 올라요" 문구가 적힌 셔츠를 포개 올리고 있다.

| 신더 | 저 여자는 남자를 사랑하지 않아. |

| 연속극 속 여성 | (신파조로) … 난 당신을 사랑하지 않아요! |

| 플레리, 플라리에타 | (헉하고 놀란다) |

| 신더 | (큰 목소리로 보란 듯이) 하! 그럴 줄 알았지! |

카운터에는 청소년이 된 앰버가 버니 옆에서 숯콩을 만들고 있다. 그녀는 아빠의 속도를 능가한다. 반면 버니는 속도가 많이 줄었다.

curse 욕을 하다 startled 놀란 soap opera 연속극 melodramatic 신파의, 연극적인 regular 단골손님 stack 쌓아 올리다
cocky 자만심에 찬 surpass 능가하다 slow down 속도를 줄이다. 느려지다

BERNIE (efforts)

TEENAGE EMBER Àshfá, customer.

A CUSTOMER approaches the register.

BERNIE How about... (this is a first) You take it today.

Ember's eyes grow. This is a **big deal**.

TEENAGE EMBER (thrilled) For real?

She **beams**. Words she's waited to hear since she was a kid. She **confidently** walks to the register with a smile. Bernie **backs away**, thumbs up. Ember **takes a deep breath**.

TEENAGE EMBER (inhale, exhale)

TEENAGE EMBER Ráì khìf! How can I help you?

A customer with thick GLASSES places a METAL BASKET filled with small items on the counter – next to it is a BUCKET filled with **dozens of individual SPARKLERS**.

SPARKLER CUSTOMER All this, and the– oh! The sparklers are 'buy one get one free?'

TEENAGE EMBER That's right!

SPARKLER CUSTOMER Great! I'll just take the free one. ⁶

버니	(애를 쓴다)

십대 앰버	아슈파, 손님이에요.

손님이 카운터 등록기가 있는 쪽으로 다가온다.

버니	이건 어떠니… (처음 있는 일이다) 오늘은 네가 맡아 보렴.

앰버의 눈이 커진다. 그녀에게는 엄청난 일이다.

십대 앰버	(흥분해서) 진짜요?

그녀가 활짝 웃는다. 어렸을 때부터 간절히 듣고 싶었던 말이다. 앰버는 웃으며 카운터 등록기로 당당하게 걸어간다. 버니가 뒤로 물러나며 엄지척해 준다. 앰버는 심호흡을 크게 한다.

십대 앰버	(숨을 들이마셨다 내쉰다)

십대 앰버	라이 크히프! 뭘 도와 드릴까요?

두꺼운 안경을 쓴 손님이 작은 상품들이 담긴 금속 바구니를 카운터 위에 올려 둔다 – 그 옆에 있는 통에는 스파클러 폭죽이 많이 꽂혀 있다.

스파클러 폭죽 손님	이거 다 하고, 오! 스파클러 폭죽은 '하나 사면 하나 공짜'인 거죠?

십대 앰버	맞아요!

스파클러 폭죽 손님	좋아요! 공짜 폭죽만 할게요.

---

effort 소리 내며 힘을 쓰다 **big deal** 큰 일, 중대한 사항 **thrilled** 흥분한 **beam** 밝게 웃다 **confident** 자신 있는 **back away** 물러서다 **take a deep breath** 깊은 숨을 쉬다 **inhale** 숨을 들이쉬다 **exhale** 숨을 내쉬다 **dozens of** 많은 **individual** 각각의 **sparkler** 스파클러 폭죽 (불꽃을 내며 타는 막대기 폭죽)

The customer **grabs** a sparkler out of the bucket and **lights** it.

TEENAGE EMBER Oh, no, see, you need to buy one to get one free. (blow)

Ember nicely takes the sparkler from the customer and blows it out.

SPARKLER CUSTOMER But I just want the free one.

The customer grabs another sparkler from the **bucket**.

TEENAGE EMBER Sorry, that's not how this works. (blow)

Ember takes that sparkler from the customer a bit more **emphatically**.

SPARKLER CUSTOMER But the customer is always right.

TEENAGE EMBER (trying to be nice) Not in this case…

A **beat**, then **in** QUICK **succession**, the Customer grabs another, Ember grabs it, they go **back and forth**, as Ember's **frustration builds** and she gathers **a BOUQUET of sparklers** in her hand:

TEENAGE EMBER Nope. (blow)

TEENAGE EMBER Nope. (blow)

TEENAGE EMBER (blows between each nope) Nope! NOPE! NOPE! NOPE!! NOPE!!

SPARKLER CUSTOMER Just give me one **for free!!**

TEENAGE EMBER THAT'S NOT HOW THIS WORKS!!

손님이 통에서 폭죽 하나를 꺼내 불을 붙인다.

십대 앰버 오, 그게 아니라, 공짜를 받으려면 하나를 구입하셔야 해요. (입김을 분다)

앰버는 공손하게 손님에게 스파클러 폭죽을 빼앗고 입김을 불어 꺼뜨린다.

스파클러 폭죽 손님 그냥 공짜만 할게요.

손님이 통에서 폭죽 하나를 다시 집어 든다.

십대 앰버 죄송하지만, 그게 안 돼요. (입김을 분다)

앰버가 더 거세게 손님에게 폭죽을 뺏는다.

스파클러 폭죽 손님 하지만 손님은 왕이잖아요.

십대 앰버 (상냥하게 대하려고 애쓰며) 이 경우는 아니죠…

잠시 정적이 흐른다. 손님이 재빨리 폭죽을 움켜쥐자 앰버가 이를 빼앗으며 왔다 갔다 하는 모습이 빠른 속도로 계속 된다. 짜증이 쌓이는 앰버, 폭죽을 한 움큼 쥐고 있다:

십대 앰버 안 돼요. (입김을 분다)

십대 앰버 안 돼요. (입김을 분다)

십대 앰버 (안 된다고 할 때마다 입김으로 불을 끈다) 안 돼요! 안 돼요! 안 돼요! 안 돼요!! 안 돼요!!

스파클러 폭죽 손님 그냥 공짜로 하나 줘요!!

십대 앰버 그게 안 된다고요!!

grab 움켜쥐다　**light** 불을 피우다　**bucket** 양동이, 통　**emphatically** 힘을 주어　**case** 경우　**beat** 잠시 정적　**in succession** 연속으로　**back and forth** 왔다 갔다　**frustration** 짜증, 불만　**build** 쌓이다　**a bouquet of** 한 다발의　**sparklers** 불꽃 폭죽　**for free** 공짜로

Suddenly, with a handful of sparklers, Ember's flame turns purple and she **EXPLODES. A HUGE KABOOM!**
It clears, revealing **devastation** – the customer's basket has **fused** with all the items into one melted smoking **blob**. There's a black **scorch mark** on the floor and other small fires smoke here and there – It was a BIG **explosion**. Bernie pops into frame.

BERNIE Oh!

He grabs a few of the **unlit** sparklers, **sticks** them in the basket blob, blows on them to LIGHT THEM, and hands it to the Customer.

BERNIE (blow) **Happy birthday!**

Bernie quickly walks Ember out from behind the counter. Ember is shocked and upset.

TEENAGE EMBER (short **grunt**)

BERNIE What just happened? Why you **lose temper?**

TEENAGE EMBER I, I don't know. He was **pushing** and pushing and it just–!!

BERNIE Calm, calm. Sometimes customer can be tough. Just take breath (breath) and make **connection** –

Ember nods, taking this in. Bernie sweetly puts her apron back on.

BERNIE When you can do that, and not lose temper, then you will be ready to take over shop.

갑자기, 폭죽을 쥐고 있던 앰버의 불꽃이 보라색으로 변하면서 그녀가 폭발한다. 콰광 굉음! 폭발이 잠잠해지고 그로 인한 피해 모습이 보인다 - 손님 바구니는 상품과 함께 녹아 한 덩어리가 되어 버렸다. 그 위로 연기가 피어 오른다. 바닥에는 검게 탄 자국이 보이고 여기저기 불이 붙어 연기가 난다. - 거대한 폭발이었다. 버니가 화면 안으로 재빨리 들어온다.

버니 오!

버니가 멀쩡한 폭죽 몇 개를 집어서 바구니 덩어리 위에 꽂더니 입김으로 폭죽에 불을 붙이고 손님에게 건네준다.

버니 (입김을 분다) 생일 축하합니다!

버니가 재빨리 카운터 밖으로 앰버를 끌고 간다. 앰버는 충격 받고 화가 났다.

십대 앰버 (짧게 끙 하는 소리를 낸다)

버니 무슨 일이야? 왜 화를 낸 거니?

십대 앰버 저, 저도 잘 모르겠어요. 저 사람이 자꾸 짜증나게 해서 그냥-!!

버니 진정해, 진정하라고. 가끔 힘든 손님들이 있어. 심호흡하고 (호흡한다) 교감하는 거야 -

아빠의 말을 들으며 앰버는 고개를 끄덕인다. 버니는 다정하게 다시 앞치마를 입혀 준다.

버니 네가 그렇게 화를 내지 않으면 가게를 이어받을 준비가 된 거란다.

explode 폭발하다 kaboom 폭발 소리 devastation 대대적인 파괴, 엄청난 충격 fuse 녹이다 blob 방울, 덩어리 scorch mark 탄 자국 explosion 폭발 unlit 불을 붙이지 않은 stick 꽂다 grunt 끙 소리를 내다 temper 성질, 성미 lose temper 화를 내다 push 압박하다, 몰아붙이다 connection 교감

043

Chapter 3

Ember Goes Full Purple

 03. mp3

070 FIREPLACE

INT. BERNIE'S SHOP – SEVERAL YEARS LATER – PRESENT DAY
We COME UP ON THE SHOP, Ember's **across** from a **complaining** CUSTOMER:

CUSTOMER This is **too expensive** and that is not made in Fire Land...

EMBER Take breath, make connection.

CUSTOMER And they weren't **crunchy** and there wasn't enough sauce. I think this is **rotten** and you touch everything...

EMBER (breath) **Take breath, make connection.**

Close on Ember's face, bright red with **licks** of purple.

CUSTOMER (O.S.) **Do you even have a license** for this? Why are you breathing like that?

070 파이어플레이스

실내. 버니의 가게 – 몇 년 후 – 현재
가게 모습이 보이고, 앰버는 불평을 늘어놓는 손님을 마주하고 있다:

손님   이건 너무 비싸고 저건 파이어랜드 산이 아니네…

앰버   심호흡하고, 교감하자.

손님   저건 바삭하지 않고 소스 양도 부족해. 이건 썩은 것 같고 너무 주무른 것 같군…

앰버   (크게 호흡한다) 심호흡, 교감.

앰버의 얼굴이 클로즈업 되는데 보라색 불꽃이 나타나면서 더 밝게 붉어진다.

손님   (화면 밖) 허가증은 있기나 하나? 왜 그딴 식으로 숨을 쉬는 거지?

across 건너편에 있는   **complain** 불평하다   **crunch** 바삭한   **rotten** 썩은   **lick** 작은 양의 색깔 층   **license** 자격증, 허가

EMBER (build) Take breath, make connection. Take breath—

EMBER –MAKE CONNECTION!!!!

KA-BLAM. She EXPLODES. The large glass in the front counter **SMASHES** to pieces.

CUSTOMER Ah!

EMBER **deflates**, frustrated, and gives a **GENUINE** sorry look to **shell-shocked** customer:

EMBER (embarrassed laugh) Sorry. Sorry about that. Sorry, sorry.

The shop **regulars**, FLARRY and FLARRIETTA, sit at a table with a FIRE DANGER sign. Flarry moves the **arrow** to the edge of purple.

FLARRIETTA She almost went full purple! I've never seen anyone go full purple!

EMBER (to the shop) Sorry everyone.

Bernie hurries over.

BERNIE Oh, please forgive my daughter. She burn bright, but sometimes TOO bright, eh?

He blows out a burning flower on the customer's hat.

BERNIE (blow) Nice hat by the way.

BERNIE Let me make you a new batch! [7] On the house! [8]

The still **stunned** customer nods and walks away.

앰버	(점점 화가 쌓이면서) 심호흡하고, 교감해. 심호흡—
앰버	—교감!!!!

쾅쾅! 그녀가 폭발한다. 커다란 카운터 앞유리가 산산조각 난다.

손님	아!

불길이 잦아든 앰버, 당황한다. 충격을 받은 손님에게 진정으로 미안하다는 표정을 짓는다:

앰버	(민망한 듯 웃으며) 죄송해요. 정말 죄송해요. 정말로요.

단골 손님 플레리와 플라리에타가 탁자에 앉아 있는데 그 위에는 화재 경보 표시가 올려져 있다. 플레리가 화살을 보라색 끝으로 옮긴다.

플라리에타	완전 보라색이 될 뻔했네! 완전 보라가 되는 사람은 처음 봤어!
앰버	(가게 손님들에게) 모두들 죄송해요.

버니가 황급히 다가온다.

버니	제 딸 아이를 용서해 주세요. 밝게 타오르는 아이인데 가끔 너무 타오르네요, 그렇죠?

그가 입김으로 손님의 모자 장식 꽃에 붙은 불을 끈다.

버니	(입김을 분다) 모자 예쁘시네요.
버니	새로 한 사발 만들어 드릴게요! 공짜로 말이죠!

충격이 가시지 않은 손님, 고개를 끄덕이고 자리를 뜬다.

---

smash 부서지다   deflate 기를 꺾다   genuine 진정한   shell-shocked 어쩔 줄 모르는   embarrassed 당황스러운   regular 단골손님   arrow 화살   batch 묶음, 다발   stunned 놀란

CUSTOMER   Okay. (quiet laugh)

Ember jumps over the counter to **scoop up** all the glass pieces... while she cleans:

EMBER   Sorry Àshfá. I don't know why that one got away from me.

She puts the glass in her mouth and starts chewing. Bernie moves into a **station** next to the counter that's filled with coals, he starts making the kol-nuts.

BERNIE   Oh you are **tense** because of big Red Dot Sale tomorrow. It has us all at a **broil**.

EMBER   (effort)

Ember spits out the glass in a long glowing tube that she blows and **molds** into a **pane**.

EMBER   I guess. It's just, some of these customers, they get me all, grrr.

She **accidentally smooshes** the glass in her hands. Oops.

BERNIE   I know, I know. Just do what we practice. You are SO good at everything else.

EMBER   You're right. I'll get it. I just want you to rest. [9]

Ember blows on the glass, **smoothing** it into shape. And with that she puts a final touch on the glass and looks at it with a sense of pride.

EMBER   Mmhmm.

| 손님 | 알겠어요. (조용히 웃는다) |

앰버는 카운터를 넘어가서 유리 조각을 주워 모은다… 주변을 치우면서:

| 앰버 | 죄송해요 아슈파. 어떻게 그렇게 된 건지 저도 잘 모르겠어요. |

앰버가 유리를 입에 넣고 씹는다. 버니는 카운터 옆에 있는 석탄 더미로 들어가서 숯콩을 만들기 시작한다.

| 버니 | 오 내일 있을 레드 닷 세일 때문에 긴장한 거야. 다들 그것 때문에 열 받지. |

| 앰버 | (힘차게 유리를 분다) |

앰버가 유리를 뱉더니 입김을 불어 길고 빛나는 튜브 모양을 만든다. 그리고 이내 판 모양이 된다.

| 앰버 | 그런가 봐요. 그저, 진상 손님 몇 명이 저를 으윽… |

그녀가 갑자기 손에 들고 있던 유리를 뭉개 버린다. 이런.

| 버니 | 알지, 알다마다. 그냥 연습한 대로만 해. 다른 건 너무 잘하잖니. |

| 앰버 | 맞아요. 제대로 할게요. 전 그냥 아빠가 쉬셨으면 좋겠어요. |

앰버가 유리에 입김을 불고 평평하게 형태를 잡는다. 앰버가 유리 작업을 마무리하고 자랑스럽게 바라본다.

| 앰버 | 음흠. |

scoop up 퍼 담다, 주워 담다　station 위치, 자리　tense 긴장한　broil 굽다, 굽기　mold 만들다　pane 판유리　accidentally 우발적으로　smoosh 뭉개다　smooth 매끈하게 하다, 매만지다

She sets it in place.

EMBER Done.

*Bernie goes back to making kol-nuts but bursts into a **COUGHING** fit.*

BERNIE (effort, coughing)

EMBER You okay?

BERNIE Just tired.

EMBER Let me help.

*She helps him off the coals and climbs in the station to **take over**.*

BERNIE (coughing)

Bernie recovers while Ember finishes the kol-nuts. From across the store:

FLARRY Bernie, that cough is terrible.

FLARRIETTA Almost as terrible as your cooking.

ALL (laugh)

BERNIE Ê...shútsh... (sheesh)

FLARRIETTA When you gonna **put Ember out of her misery** and retire, huh? Finally put her name on the sign out there?

BERNIE Ah, she takes over when she's ready.

유리를 끼워 넣는다.

앰버 다 했어요.

버니는 다시 숯콩을 만들지만 심하게 기침한다.

버니 (힘들어 하며 기침한다)

앰버 괜찮으세요?

버니 피곤해서 그래.

앰버 제가 도와 드릴게요.

앰버는 석탄 더미에서 버니가 내려올 수 있게 도와 준다. 그리고 그를 대신해 석탄 더미에 올라간다.

버니 (기침한다)

앰버가 숯콩 작업을 마무리하는 사이에 버니는 기력을 회복한다. 가게 구석에서:

플레리 버니, 그 기침 정말 심하네.

플라리에타 네 요리처럼 정말 심하다고.

모두 (웃는다)

버니 이…슈트쉬… (젠장)

플라리에타 앰버 애태우게 하지 말고 도대체 언제 은퇴할 거야, 어? 간판에 쟤 이름을 언제 올릴 거냐고?

버니 아, 쟤가 준비되면 넘겨받겠지.

---

coughing fit 기침 발작 **sniff** 코를 훌쩍이다 **take over** 이어받다 **sheesh** 이런 (= wow) **put someone out of one's misery** ~를 안달나지 않게 하다

Ember's face briefly sinks. Not the answer she wanted. She hides the **disappointment**, puts her shields up and covers:

EMBER And speaking of "ready," we are MORE than ready for you to actually BUY something, if you'd ever get up off your lazy ash. [10, 11]

FLARRIETTA Oh! Burn! (laugh)

ALL (laugh, walla)

BERNIE (reassuring) But she is SO close. (then a challenge) I mean, she'll probably never do deliveries as quick as me...

Ember puts the last coal nut into the basket. She picks up a counter timer and **cranks** it.

EMBER You don't think I can **beat your record**? Because I've been **taking it easy on** you so I don't hurt your feelings, Mr. Smokestack. [12]

ALL (laugh)

EMBER But game on!

Bernie watches with a smile as Ember hurries to **pack up** deliveries.

052

잠시 앰버의 표정이 굳는다. 그녀가 원하던 대답이 아니다. 앰버는 실망감을 숨기고 아무 일 없었다는 표정을 한다:

앰버 "준비"라고 하니까 말인데요, 저희는 진작부터 장사할 준비가 됐거든요. 엉덩이 붙이고 앉아만 있지 말고 뭐라도 사세요.

플라리에타 오! 이런! (웃는다)

모두 (웃으며 웅성거리는 소리)

버니 (자신있게) 얘는 거의 준비가 됐어. (목소리 톤을 바꾸며, 도전하듯) 물론 나만큼 배달은 빨리 못하겠지만…

앰버는 마지막 숯콩을 바구니에 담는다. 그리고 타이머를 집어 들고 세게 돌린다.

앰버 제가 아빠 기록을 못 깰 것 같아요? 기분 상하실까 봐 지금까지 봐 드린 거라구요, 굴뚝 아저씨.

모두 (웃는다)

앰버 이제 진짜로 해 보자구요!

앰버는 서둘러 배달할 물건을 챙긴다. 버니가 이를 흐뭇하게 바라본다.

---

disappointment 실망 **reassuring** 안심시키는, 자신감을 심어주는 **crank** 세게 돌리다 **beat one's record** 기록을 깨다 **take it easy on** ~에게 관대하다 **smokestack** 높은 굴뚝 **pack up** (짐을) 싸다

095 SMOKE READING

INT. BERNIE'S SHOP – CONTINOUS
At the back of the shop, a **beaded** curtain hangs over the **entrance** to the **hearth**. A **sandwich board** advertises match making services. Ember **whizzes by** and we hear Cinder's voice from inside the hearth.

CINDER   (O.S.) **Before I see...**

INT. CINDER'S MATCHMAKING OFFICE – CONTINUOUS
This looks like a **fortune teller's** room. CINDER sits on one side of a table across from a young, nervous FIRE COUPLE. In the center of the table stand two sticks.

CINDER   (CONT'D) **...if you are a match, I splash this on your heart to bring love to the surface.**

Cinder **splashes** them with oil.

FIRE GUY, FIRE WOMAN (react)

CINDER   **And I will read the smoke.**

They each **light** a stick and Cinder studies the smoke.

FIRE GUY, FIRE WOMAN (loving sighs)

CINDER   (sniffs)

She **leans** in, excited. Just then Ember **throws open** the curtains with a **WHOOSH**. The Smoke **dissipates**.

095 연기 점괘

실내. 버니의 가게 - 계속
가게 뒤. 아궁이로 들어가는 입구에 구슬로 된 커튼이 쳐있다. 결혼 중매를 광고하는 양면 입간판이 앞에 세워져 있다. 앰버가 재빨리 지나간다. 아궁이 안에서 신더의 목소리가 들린다.

신더 (화면 밖) 어디 보자…

실내. 신더의 중매 사무실 - 계속
이곳은 점집과 같은 분위기이다. 신더가 탁자 한 쪽에 앉아 있고 불안한 표정의 젊은 불 한 쌍이 맞은 편에 있다. 탁자 중앙에 막대기 두 개가 세워 있다.

신더 (계속) 궁합이 맞으면… 내가 이걸 마음에 뿌리면 사랑이 나타날 거예요.

신더가 그들에게 기름을 뿌린다.

불 남자, 여자 (움찔한다)

신더 이제 연기 점괘를 읽겠어요.

두 사람이 각자의 막대기에 불을 붙이자 신더가 연기를 바라본다.

불 남자, 여자 (사랑스럽게 탄식한다)

신더 (킁킁 냄새를 맡는다)

신더가 몸을 앞으로 숙인다. 흥분한 표정이다. 바로 그때 앰버가 '슉' 하며 재빨리 커튼을 젖히자 연기가 사라진다.

---

beaded 구슬을 꿴 **entrance** 입구 **hearth** 아궁이 **sandwich board** 양면 입간판 **whizz by** 재빨리 지나가다 **fortune teller** 점쟁이 **splash** 끼얹다, 뿌리다 **light** 불을 붙이다 **lean** (몸을) 기울이다 **throw open** 갑자기 활짝 열다 **whoosh** 슉 (공기가 빠르게 지나가는 소리) **dissipate** 사라지다

CINDER   (gasp) Ember! I'm doing a reading!

EMBER   Sorry, gotta grab some **stuff**.

Ember starts collecting items.

EMBER   **Going for** Dad's record.

FIRE GUY   So... are we a **match**?

CINDER   It's true love!

FIRE GUY, FIRE WOMAN   (happy gasp)

She turns toward Ember.

CINDER   Which is more than I ever smelled on this one.

EMBER   (rolls her eyes) Oh goodie. This **ol' chestnut**.

As Ember moves toward the exit, Cinder grabs her arm and sniffs it.

CINDER   (sniff) Yup, nothing. Just a loveless sad future of sadness.

Ember turns to leave but her mom stops her again.

CINDER   Ember! Work with me!

Ember rolls her eyes.

CINDER   You finding match was my mother's **dying wish**!

INT. BEDROOM – **FLASHBACK**
Ember's grandmother lays in bed with the family around.

신더	(허걱 놀라며) 앰버! 점괘를 읽고 있잖니!
앰버	죄송해요. 물건을 챙겨야 해서.

앰버가 물건들을 챙기기 시작한다.

앰버	아빠의 기록에 도전하려고요.
불 남자	그래서… 저희 궁합이 맞나요?
신더	진정한 사랑이에요!
불 남자, 여자	(행복하게 안도의 한숨 쉰다)

신더가 앰버를 바라본다.

신더	얘보다 더 강한 사랑의 냄새가 나네요.
앰버	(못마땅하다는 듯 눈알을 굴리며) 아이고, 또 그 소리.

앰버가 밖으로 나가려는데 신더가 그녀의 팔을 붙잡고 킁킁 냄새를 맡는다.

신더	(냄새를 맡으며) 맞아, 아무 냄새도 안 나네. 사랑도 없고 슬프기 짝이 없는 미래야.

앰버가 나가려고 하는데 엄마가 다시 멈춰 세운다.

신더	앰버! 같이 좀 하자!

앰버가 짜증 난다는 듯 눈알을 굴린다.

신더	네가 짝을 찾는 게 할머니의 유언이었다고!

실내. 침실 - 과거 회상
앰버의 할머니가 가족이 지켜보는 가운데 침대에 누워있다.

---

stuff 물건 go for 달성하다, ~를 공격하다 match 궁합이 좋은 커플 roll one's eyes (못 마땅한 듯) 눈알을 굴리다 old chestnut 계속 반복되는 잔소리 dying wish 유언 flashback 과거 회상

GRANDMOTHER   Promise me one thing – marry fire.

GRANDMOTHER   Uhh.

>   **POOF**, she's gone.

>   INT. CINDER'S MATCHMAKING OFFICE – BACK TO SCENE
>   Everyone is where we left them.

EMBER   Nice try, Mom. [13] Gotta go!

>   Ember exits and Cinder turns back to the couple who are now **full-on making out**.

FIRE GUY, FIRE WOMAN   (kissing noises)

CINDER   (gasp)

>   Cinder picks up a spray bottle and **squirts**.

CINDER   Save it for the wedding!

FIRE GUY   (react to spray bottle) Hey!

>   125 MEET CLOD

>   EXT. BERNIE'S SHOP – SOON AFTER
>   Ember exits the shop rushing boxes to her scooter. CLOD, a **pubescent** EARTH BOY, pops out of a **planter**. He follows Ember as she is loading her bike and **strapping** things down.

| 할머니 | 한 가지만 약속해 다오. - 불이랑 결혼해. |

| 할머니 | 어어. |

펑 소리와 함께 할머니가 사라졌다.

실내. 신더의 중매 사무실 - 다시 현재 장면
현재 장면으로 돌아온다.

| 앰버 | 안 속아요, 엄마. 가야 해요! |

앰버가 나가고 신더가 뒤를 돌아보는데 커플이 열정적으로 키스하고 있다.

| 불 남자, 여자 | (키스 소리) |

| 신더 | (헉하고 놀라며) |

신더가 분무기를 들고 물을 뿌린다.

| 신더 | 결혼할 때까지 좀 아껴 두라고! |

| 불 남자 | (분무기 물을 맞고) 이봐요! |

125 클로드를 만나다

실외. 버니의 가게 - 잠시 후
앰버가 가게 밖으로 나와 재빨리 상자들을 스쿠터에 싣는다. 2차 성징이 시작된 흙 소년 클로드가 화분에서 튀어나온다. 클로드가 그녀를 따라간다. 앰버는 스쿠터에 물건을 싣고 끈으로 고정한다.

---

poof 펑 하고 불 등이 꺼지는 소리 **full-on** 최대의, 극도의 **make out** 키스 등의 애정 행각을 하다 **squirt** 물을 찍 뿌리다 **pubescent** 사춘기의 **planter** 화분 **strap** 끈으로 조이다, 묶다

CLOD Yo yo yo Ember!

EMBER Yo Clod. Can't talk, **in a hurry**. And don't let my dad catch you out here again.

Clod **combs** his hair with a **gardening** fork.

CLOD What? C'mon. He doesn't like my "**laaandscaping?**"

Ember gives a half-**smirk** but keeps **loading**.

EMBER Uff.

CLOD Anyway, June **Bloom** is coming and you just got to be my date. Cause check it out! I'm all grown up!

He lifts up his arm revealing a small flower.

CLOD (sniff sniff) **And I smell goooood.**

He **plucks** the **armpit** flower and holds it out to her, **kneeling**.

CLOD Ow! My queen.

Ember takes the flower. POOF it burns.

EMBER Sorry buddy. Elements don't mix.

Ember LOOKS through the front window of the shop at the TIMER on the counter.

EMBER (gasp)

EMBER Flame! Gotta go!

클로드	요 요 요, 앰버!
앰버	요, 클로드. 말할 시간 없어, 바빠. 또 여기서 얼쩡거리다가 아빠한테 걸리지 말라고.

클로드가 정원용 갈퀴로 머리를 빗는다.

클로드	뭐라고? 말도 안돼. 내 "조경"이 마음에 안 드시나 봐?

앰버가 약간 비웃다가 계속 짐을 싣는다.

앰버	으윽.
클로드	그건 그렇고, 다가오는 6월 꽃 축제에 내 파트너가 되어 줘. 이것 봐! 나도 다 컸다고!

클로드가 팔을 들어 올리니 작은 꽃 한송이가 피어 있다.

클로드	(냄새를 맡으며) 냄새도 향긋하다고.

겨드랑이에 핀 꽃을 뽑아 무릎을 꿇으며 그녀에게 내민다.

클로드	오! 나의 여왕님.

앰버가 꽃을 받아 들자, '퍽' 소리와 함께 불타 버린다.

앰버	미안해 친구. 원소들은 섞여선 안 돼.

앰버가 가게 창문으로 카운터에 놓여 있는 타이머를 바라본다.

앰버	(헉하며 놀란다)
앰버	이런 불씨! 가야겠어!

---

in a hurry 바쁜　**comb** 빗질하다　**gardening** 정원용　**landscape** 조경, 정원을 가꾸다　**smirk** 비웃음, 비웃다　**load** 짐을 싣다　**bloom** 꽃, 꽃을 피우다　**pluck** 뽑다　**armpit** 겨드랑이　**kneel** 무릎을 꿇다　**flame** 불꽃, 불씨

She gets back to business. But Clod is **persistent**.

CLOD   Come on! Go to the festival with me! You never leave this part of town.

EMBER   That's because everything I need is right here.

Just then a WATER TRAIN **passes by** on an **elevated** track. Water splashes and Ember **swiftly** pops open her umbrella. She looks at the train crossing the bridge, annoyed. **By contrast**, Clod happily **soaks up** the shower.

EMBER   Plus the city isn't made with Fire People **in mind**.

Irritated, she closes her umbrella and **hops on** her scooter.

EMBER   Sorry, but it'd take **an act of God** to get me to cross that bridge.

CLOD   An act of God or an act of... Clod?

Ember starts her scooter and **pulls away**.

EMBER   Gotta run!

She drives off.

130   DELIVERY

EXT. FIRE TOWN – CONTINUOUS
We follow Ember as she makes her deliveries. And while she might seem **TENSE** in the shop, out here she seems FREE. – She makes a delivery to a CHIMNEY STORE. They, **in turn**, give her gift.

앰버가 서둘러 가려고 하지만, 클로드는 끈질기다.

클로드 제발! 나하고 축제에 같이 가자! 넌 이 마을을 떠나 본 적도 없잖아!

앰버 그야 내가 필요한 게 여기 다 있기 때문이지.

이때 물 전철이 고가 선로를 지나간다. 물이 튀자 앰버는 재빨리 우산을 펼친다. 다리를 건너는 전철을 짜증나는 표정으로 바라본다. 그녀와 달리 클로드는 떨어지는 물을 흠뻑 빨아들이며 행복해 한다.

앰버 게다가 이 도시는 불은 생각하지도 않고 지어졌다고.

화를 내며 앰버가 우산을 접고 스쿠터에 올라탄다.

앰버 미안. 천재지변이 일어나지 않는 한 난 저 다리를 건너지 않을 거야.

클로드 천재지변 말고… 클로드라면 어때?

앰버는 스쿠터에 시동을 걸고 출발한다.

앰버 갈게!

스쿠터를 몰고 간다.

130 배달

실외. 파이어타운 - 계속
화면은 앰버가 배달하는 모습을 따라간다. 그녀는 가게 안에서는 긴장한 듯 하지만, 밖에서는 자유로워 보인다. - 굴뚝 가게에 배달하고 주인에게 대가로 선물을 받는다.

---

persistent 끈질긴, 집요한 **pass by** 지나가다 **elevated** 높은, 고가의 **swiftly** 재빨리 **by contrast** 반대로 **soak up** (물 등을) 빨아들이다 **in mind** 염두하고 **hop on** ~에 오르다 **an act of God** 천재지변 등 사람이 어쩔 수 없는 일, 불가항력 **pull away** 멀어지다, 떠나다 **tense** 긴장한 **in turn** 답례로, 대가로

063

CHIMNEY SHOPKEEPER (react)

Ember pulls up to a HOT LOGS CART. She holds out a **package**. A FIRE CHEF pops up from the grill and takes it.

FIRE CHEF (react)

Ember **pulls up** to a FIRE COUPLE pushing a **charcoal** grill down the sidewalk. She hands them a bottle of lighter fluid.

EMBER As ordered.

FIRE PARENT (react)

They lift the lid off the grill, revealing a tiny FIRE BABY keeping warm over the charcoals. One of the parents feeds the baby the bottle. The baby **sucks on** it and **burps** flames.

FIRE BABY (**coos**, burps, laughs)

EMBER Gotta run! Going for dad's record.

Ember is behind a SLOW old truck carrying wood. She **loses her patience**.

EMBER (impatient) Move it!

She **maneuvers** her scooter around the truck. She turns back, shakes her fist and **calls back**.

EMBER Sháshà r íshà!

– SHOTS CUTTING FASTER
Ember delivers sandbags to a SMOKE CLEANERS experiencing a water **leak**. She **hands off** a **parcel** outside a **WOODSHOP**.

| 굴뚝 가게 주인 | (물건을 받고 반응한다) |

앰버가 뜨거운 통나무 노점상 옆에 멈춰 서서 물건을 꺼내 준다. 불 요리사가 갑자기 석쇠 밑에서 나타나 물건을 받는다.

| 불 요리사 | (물건을 받고 반응한다) |

앰버가 숯불 그릴을 밀면서 보도를 걸어가는 불 커플 옆에 멈춰 선다. 라이터용 휘발유 병을 그들에게 건넨다.

| 앰버 | **주문하신 거요.** |

| 불 부모 | (물건을 받고 반응한다) |

그릴 뚜껑을 들어 올리니 숯불 위에서 따뜻하게 있는 불 아기의 모습이 보인다. 부모가 휘발유 병을 아기에게 물려 준다. 아기가 빨아 먹더니 불꽃 트림한다.

| 불 아기 | (옹알이, 트림하고 웃는다) |

| 앰버 | **가야 해요! 아빠의 기록에 도전하거든요.** |

앰버는 장작을 싣고 천천히 움직이는 낮은 트럭 뒤를 따라간다. 그녀는 인내심을 잃는다.

| 앰버 | (짜증내며) **차 빼요!** |

앰버는 트럭 옆으로 스쿠터를 몰아 빠져나간다. 뒤를 돌아보고 주먹을 흔들며 소리친다.

| 앰버 | **샤샤 르 이샤!** |

− 다음 장면들이 연속으로 빠르게 지나간다.
앰버는 누수가 있는 연기 세탁소에 모래주머니를 전달한다.
그녀는 목수 작업장 밖에서 소포를 전달한다.

package 소포 **pull up** 멈춰 서다 **charcoal** 숯불 **suck on** 빨아 먹다 **burp** 트림하다 **coo** 옹알이하다 **lose one's patience** 화를 내다 **impatient** 참지 못하는 **maneuver** 움직이다 **call back** 뒤를 보며 소리치다 **leak** 누수, (물이) 새다 **hand off** 전달하다 **parcel** 꾸러미, 소포 **woodshop** 목수작업장

She races by a FIREWORKS COMPANY dropping off a box of FIREWORKS. Kids **swarm around** the box, the **contents explode** and they cheer.

FIRE KIDS (cheer)

Ember drives off with the fireworks going off behind her. The sequence ends with Ember racing home, happy, free.

135 DESIGN THE SIGN

INT. BERNIE'S SHOP – THAT NIGHT
The shop's OPEN sign is turned **inward**. Ember rushes in, celebrating.

EMBER Ha ha! Winner winner charcoal dinner! [14]

She quickly **quiets** and catches the door so it won't **slam**.

EMBER (quiet gasp)

Bernie is asleep at the counter, pen in hand and **surrounded** by sheets of red dot stickers.

BERNIE (breathing)

Ember quietly shuts the door and **tip-toes** in. She smiles lovingly, then cleans up the papers and **drapes** a **chainmail** shawl over his shoulders. He wakes with a SMOKE COUGH.

BERNIE (wake up, cough)

Ember **gently** pulls a red dot sticker off his **cheek**.

폭죽 회사를 쏜살같이 지나면서 폭죽 상자 하나를 전달한다. 아이들이 상자 주변으로 몰려드는데 내용물이 폭발하자 환호한다.

불 아이들 (환호한다)

앰버가 스쿠터를 타고 질주하는 가운데 그녀 뒤로 폭죽이 터진다. 이 연속 장면은 앰버가 집에 도착하면서 끝이 난다. 그녀는 행복하고 자유로워 보인다.

135 간판 제작

실내. 버니의 가게 - 그날 밤
'영업 중' 표지판이 문 안쪽으로 돌려져 있다. 앰버가 자축하며 달려 들어온다.

앰버 **하하! 제가 이겼네요!**

앰버는 재빨리 목소리를 줄이고 문이 쾅 닫히지 않도록 붙잡는다.

앰버 (나지막이 헉하고 놀란다)

버니가 카운터에서 자고 있다. 손에 펜을 들고 있고 레드 닷 스티커 종이가 주변에 널려 있다.

버니 (숨을 쉬며)

앰버가 조용히 문을 닫고 까치발로 들어온다. 사랑스럽게 미소 지으며 스티커 종이를 치운 뒤 그의 어깨 위에 쇠사슬로 만든 숄을 덮어 준다. 버니가 연기 나는 기침하며 잠에서 깬다.

버니 (기침하며 일어난다)

앰버가 그의 뺨에 붙은 레드 닷 스티커를 다정하게 떼어 준다.

---

swarm around ～의 주변에 떼 지어 모이다 content 내용물 explode 폭발하다 inward 안쪽으로 quiet 소리를 죽이다 slam 쾅 닫히다 surround 둘러싸다 tip-toe 까치발로 걸어가다 drape 걸치다 chainmail 작은 쇠사슬을 엮어 만든 옷 gently 다정하게 cheek 볼, 뺨

067

EMBER	Head to bed. I'll close things up.

Bernie gets up and Ember follows.

BERNIE	Still have much to prepare for Red Dot Sale.
EMBER	Dad, I'll **take care of** it. You need to rest.

Just then the TIMER rings. Bernie looks at the timer, then to Ember with excitement.

BERNIE	How?
EMBER	I learned from the best.

They share a warm laugh.

BERNIE, EMBER	(laugh)

Ember puts a hand on Bernie's back and leads him across the shop. As they **approach** the Blue Flame, Bernie starts coughing again.

BERNIE	(coughing) **I am old. I can't do this forever.**

He picks up a stick from the base of the Blue Flame's **cauldron**.

BERNIE	Now that you have beaten my time there is only one thing you haven't done... [15] tomorrow I **sleep in**. And I want YOU to run shop for Red Dot sale.
EMBER	Seriously?? By myself??
BERNIE	If you can do that without **losing your temper**, it will show me you are able to **take over**.

| 앰버 | 어서 주무셔요. 제가 마무리할게요. |

버니가 일어나고 앰버가 따라간다.

| 버니 | 레드 닷 세일에 준비할 게 아직 많이 남았어. |
| 앰버 | 아빠, 제가 할게요. 쉬셔야 해요. |

이때 타이머가 울린다. 타이머를 바라보는 버니, 흥분한 표정으로 앰버를 쳐다본다.

| 버니 | 어떻게 한 거니? |
| 앰버 | 최고의 스승에게 배웠죠. |

두 사람, 따뜻하게 웃는다.

| 버니, 앰버 | (웃는다) |

앰버가 버니의 등에 손을 대고 그를 데리고 가게 안을 걸어간다. 두 사람이 파란 불꽃 근처에 다가서자 버니가 다시 기침을 시작한다.

| 버니 | (기침하며) 난 늙었어. 이 일을 영원히 할 수 없을 거야. |

버니는 파란 불꽃이 담긴 가마솥 밑에서 나무 막대기 하나를 집어 든다.

버니	이제 네가 내 기록을 깼으니 한 가지만 더 하면 되는구나… 난 내일 늦잠 잘 거다. 그러니 네가 레드 닷 세일을 진행했으면 좋겠어.
앰버	정말로요?? 저 혼자서요??
버니	네가 화만 내지 않는다면, 가게를 이어받을 수 있다는 걸 증명하는 거지.

---

take care of 해결하다, 처리하다　**approach** 접근하다　**cauldron** 가마솥　**sleep in** 늦잠을 자다　**by oneself** 혼자서　**lose one's temper** 화를 내다　**take over** 이어받다

He breaks the **twig** in two and **hands** a piece to Ember.

EMBER (this is HUGE) **You got it Àshfá.**

Bernie holds the twig with both hands and closes his eyes. Then he **tosses** it into the Blue Flame. Ember beams.

EMBER **I won't let you down. I swear. You'll see.**

They share a warm hug.

BERNIE **Hmm. Good daughter.**

Bernie slowly climbs the stairs. Ember watches him go, then **flares** up, excited.

EMBER **Yes!** (happy laugh)

Ember turns to the Blue Flame. Just like Bernie, she holds her stick and closes her eyes before tossing it into the flame.

EMBER **Blue Flame, please let this go my way.**

EXT. FIRETOWN – CONTINUOUS
We look over the smoky rooftops of Firetown toward Element City.

버니가 나뭇가지를 둘로 잘라서 앰버에게 하나 건네준다.

앰버   (감동의 순간이다) 알겠어요, 아슈파.

버니가 양손으로 나뭇가지를 잡고 눈을 감는다. 그리고 파란 불꽃 안으로 가지를 던져 넣는다. 앰버가 환하게 미소 짓는다.

앰버   실망시켜 드리지 않을 게요. 맹세해요. 두고 보세요.

그들은 따뜻하게 포옹한다.

버니   음. 착한 우리 딸.

버니가 천천히 계단을 올라간다. 그를 바라보는 앰버는 신이 나서 불타오른다.

앰버   됐어! (행복하게 웃는다)

앰버가 고개를 돌려 파란 불꽃을 바라본다. 버니처럼 막대기를 들고 눈을 감은 후 불꽃 속으로 던진다.

앰버   파란 불꽃님, 제발 잘되게 해 주세요.

실내. 파이어타운 - 계속
파이어타운의 옥상에서 연기가 피어 오르고 그 너머로 엘리먼트 시티가 보인다.

twig 나뭇가지 **hand** 건네다 **toss** 던져 넣다 **beam** 밝게 웃다 **let someone down** 실망시키다 **swear** 맹세하다 **flare** 불타오르다 **go one's way** 원하는 대로 일이 진행되다

CHAPTER 4

Red Dot Sale

🎧 04. mp3

165 RED DOT SALE

EXT. BERNIE'S SHOP – THE NEXT MORNING
The streets of Firetown are waking up.

INT. BERNIE'S SHOP – CONTINUOUS
We see QUICK SHOTS of EMBER slapping RED DOT STICKERS on items. She stands at the front door and takes a moment to adjust the RED DOT SALE pin on her **apron**.

EMBER Take a breath. (breath) **Calm as a candle.**

She **rolls up** the front window **shade** and sees a wall of customers waiting to come in. Her eyes go wide for a moment but then she puts on a smile and opens the door.

EMBER Morning. Welcome to the Fireplace—

Customers **RUSH** in and she's practically **trampled**.

CUSTOMERS (excited walla)

EMBER (breath)

165 레드 닷 세일

실외. 버니의 가게 – 다음 날 아침
파이어타운의 거리가 잠에서 깨어난다.

실내. 버니의 가게 – 계속
앰버가 레드 닷 스티커를 상품에 붙이는 장면들이 빠르게 지나간다. 그녀가 입구에 서서 앞치마에 달린 레드 닷 세일 배지를 똑바로 조정한다.

앰버   심호흡을 해. (심호흡한다) 촛불처럼 침착하자.

입구 창문에 붙은 블라인드를 올리자 입장을 기다리는 수많은 손님들이 보인다. 순간 그녀의 눈이 커지지만 이내 미소 지으며 문을 연다.

앰버   안녕하세요. 파이어플레이스에 오신 것을 환영합니다—

손님들이 밀려들어 앰버가 깔릴 뻔한다.

손님들   (흥분해서 웅성거린다)

앰버   (심호흡한다)

apron 앞치마 calm 평온한 candle 촛불 roll up 말아 올리다 shade 블라인드 rush in 몰려들다 trampled 깔린

We go to a series of POPS of the sale. It's like Black Friday and Ember fights to keep her cool.
– A CUSTOMER **yanks** on a can on the bottom of a pyramid display, shaking the whole **stack**. Ember rushes up.

CAN CUSTOMER (effort)

EMBER Whoa whoa, they're all the same. Just take one from the top. (then, chipper) Thanks for shopping.

– A CUSTOMER **heaves** an armload of red stickers onto the counter.

STICKER CUSTOMER (effort) So many stickers for sale!

– A customer sweeps an **armload** of Blue Flame **trinkets** into a basket.

TRINKET CUSTOMER Are these fragile?

EMBER No wait!

SMASH. Several trinkets fall and break.

EMBER (stifled yell)

– Ember stops a CUSTOMER from putting a log in their mouth.

EMBER You have to pay before you eat.

– A **crescendo** of SUPER QUICK SHOTS of Ember at the register. All she can see is faces and questions and items being shoved toward her.

CUSTOMERS Does this come in a large? [16] / What's your **return policy**? / These glasses are **backward**. / I want a **refund**. / I'm next!! / Has anyone seen my husband?

세일 장면들 빠르게 전환. 마치 블랙 프라이데이 세일을 연상시킨다. 앰버는 애써 침착하려고 한다.
- 한 손님이 캔으로 쌓은 피라미드의 맨 밑에 있는 캔을 빼려고 하자 전체가 흔들린다. 앰버가 황급히 다가온다.

캔 손님 (캔을 빼려고 애를 쓴다)

앰버 워 어, 다 똑같은 거예요. 위에 있는 걸로 가지고 가세요. (그리고 나서 쾌활하게) 구매해 주셔서 감사합니다.

- 한 손님이 레드 닷 스티커를 양팔 가득 안고 카운터 위에 쌓아 올려 둔다.

스티커 손님 (힘겹게 올리며) 세일하는 스티커도 많네요!

- 한 손님이 바구니에 파란 불꽃 장식을 한아름 쓸어 담는다.

장식 손님 이거 깨지는 건가요?

앰버 잠시만요!

쨍그랑. 장식 몇 개가 떨어져 깨진다.

앰버 (입 안으로 고함 소리를 삭힌다)

- 앰버가 통나무를 먹으려고 하는 손님을 제지한다.

앰버 드시기 전에 계산하셔야죠.

- 앰버가 카운터에 있는 장면들이 점점 더 빠른 속도로 지나간다.
앰버의 눈에 들어오는 건 손님들 얼굴과 여러 질문들 그리고 그녀에게 밀려드는 상품들뿐이다.

손님들 이거 라지 사이즈 있어요? / 교환 규정은 어떻게 되죠? / 이 안경 거꾸로 됐어요. / 환불해 주세요. / 제 차례라고요!! / 우리 남편 보셨어요?

---

yank 확 잡아당기다 **stack** 더미, 쌓은 것 **chipper** 쾌활한, 명랑한 **heave** 들어올리다, (무거운 것을) 놓다 **armload** 한아름
trinket 값싼 장신구 **fragile** 깨지기 쉬운 **smash** 쨍그랑 깨지는 소리 **stifle** 억누르다 **crescendo** 점점 더 커짐 **return policy** 교환 규정 **backward** 뒤집어진 **refund** 환불

INTERCUT TO CLOSE UPS OF EMBER TRYING TO BREATH THROUGH ANGER.

EMBER (breathing through anger)

EMBER (through gritted teeth) Take breath.

A kid holds up a broken toy.

KID CUSTOMER My dad broke this.

EMBER (through gritted teeth) Make connection...

A **high-pitched** kettle starts to whistle.

KETTLE CUSTOMER Mind if I test this kettle? [17]

It's too much. Ember is **on the verge of** EXPLODING. Smoke building and fire **roiling**. With gritted teeth and a SUPER **STRAINED** voice, her color starts turning more purple...

EMBER (increasingly **panicked** breathing, holding in a scream)

EMBER Be back in 5 minutes!

CUSTOMERS (**concerned** walla)

She rushes **awkwardly** out, sparks and flame **blasting**, hands covering her mouth, **barely contained**.

화를 참고 심호흡하려는 앰버의 얼굴이 클로즈업된다.

앰버 (화를 참고 심호흡한다)

앰버 (이를 악물고) **심호흡을 해.**

한 아이가 망가진 장난감을 들고 있다.

아이 손님 **아빠가 망가뜨렸어요.**

앰버 (이를 악물고) 교감하자…

주전자가 쌕쌕하는 소리를 내며 끓는다.

주전자 손님 **이 주전자 테스트 해 봐도 되나요?**

그녀가 감당하기에 너무 벅차다. 앰버가 폭발하기 일보 직전이다. 연기가 피어나고 불꽃이 타오른다. 이를 악물고 최대로 절제하는 목소리를 내려 하지만 그녀가 점점 보라색으로 바뀌는데…

앰버 (공황 상태에 빠진 듯 점점 숨소리가 빨라지고, 고함을 참는다)

앰버 **5분 뒤에 다시 올게요!**

손님들 (걱정스럽게 웅성거린다)

앰버가 어색하게 밖으로 나간다. 불꽃이 튀고 불타오른다. 손으로 입을 막고 있지만 감정을 제대로 억누르지 못한다.

breathe through anger 화를 참으며 심호흡하다　**through gritted teeth** 이를 악물고　**high-pitched** 높은 음을 내는　**on the verge of** 막 ~하려는　**roil** 화나게 하다, 요동치다　**strained** 억제된　**panicked** 놀란, 공황 상태의　**concerned** 걱정하는　**awkwardly** 서투르게　**blast** 폭발, 폭발하다　**barely** 거의 ~하지 못하는　**contain** (감정을) 억누르다

Chapter 5

Ember Meets Wade

🎧 05. mp3

200 EMBER'S FAULT

INT. BERNIE'S SHOP – BASEMENT
Ember **rushes** down the basement steps, her fire **SPITTING** AND **SPARKING**.

EMBER   (fast breathing, holding in a scream)

She hurries to an area away from the door and **LETS IT OUT**!

EMBER   **AHHHHHH!**

Her fire **BLASTS**.

EMBER   (panting)

As the smoke **clears**, there's a LOUD **VIBRATION** from a pipe.
CUT TO upstairs, the pipes in the shop are vibrating too. The customers look around, concerned.

CUSTOMERS   (concerned walla)

200 앰버의 잘못

실내. 버니의 가게 – 지하실
앰버가 지하실 계단을 급하게 내려온다. 몸에서 불똥이 일어나고 불꽃이 튄다.

앰버 (고함을 참으며 가쁘게 숨을 쉰다)

황급히 문에서 멀리 떨어지자 그녀가 크게 소리를 지른다!

앰버 **아아아아악!**

그녀의 불이 폭발한다.

앰버 (숨을 헐떡인다)

연기가 사라지자 파이프가 심하게 떨린다.
가게 위층으로 장면 전환, 가게 안의 파이프들도 진동한다. 손님들이 걱정스러운 표정으로 주변을 살핀다.

손님들 (걱정스럽게 웅성인다)

rush 급히 움직이다 spit 뱉다 spark 불꽃이 튀다 let it out 내뱉다, 크게 소리를 지르다 blast 폭발, 폭발하다 pant 숨을 헐떡인다 clear 치우다, 없어지다 vibration 진동

Back in the basement, the pipe cracks and SHOOTS a **fire-hose**-like **stream** of water right at Ember!

EMBER   (impact)

It **douses** part of her flame and she **ducks** away.

EMBER   (pain react)

More streams **burst** from the pipe, **spraying** all over the basement.

EMBER   (scared gasp)

Ember **panics**. Water is SPRAYING EVERYWHERE, filling the basement and HURTING HER. She has to **dodge** the spray. Thinking quick, she picks up an umbrella and, **getting STUNG** by water, jumps toward the pipe.

EMBER   (jump effort)

She uses her hands to heat the pipe and **weld** the crack, stopping the leak.

EMBER   (big effort)

She then **surveys** the damage. The basement is completely **flooded**.

EMBER   (panting)

EMBER   Oh no no no no no.

EMBER   (whispering, total panic) **Stupid temper! Not today!**

Ember's flame is **damaged**. She quickly grabs sticks from a bucket and eats them, growing her flame.

다시 지하실로 화면 전환, 파이프가 갈라지고 소방 호스에서 터져 나온 것 같은 강력한 물줄기가 앰버를 강타한다!

앰버 (움찔한다)

앰버, 본인의 불꽃 일부가 꺼지자 황급히 몸을 숙인다.

앰버 (고통스러운 반응)

파이프에서 더 많은 물줄기가 터져 나와 지하실 전체에 퍼붓는다.

앰버 (겁을 먹고 호흡이 빨라진다)

앰버, 당황한다. 물이 사방으로 퍼져서 지하실이 물바다가 되고 그녀도 상처를 입는다. 앰버는 물줄기를 피해야 한다. 순간적으로 기지를 발휘해 우산을 집어 든다. 물로 상처 입으면서도 파이프를 향해 달려든다.

앰버 (힘껏 뛰어든다)

앰버가 손으로 파이프를 녹여 갈라진 틈을 용접하자 누수가 멈춘다.

앰버 (온 힘을 다한다)

잠시 후 앰버가 피해 상황을 살펴본다. 지하실이 완전히 침수되었다.

앰버 (숨을 헐떡인다)

앰버 **오 안 돼 안 돼 안 돼.**

앰버 (작은 목소리로, 매우 당황해서) **이 놈의 성질 머리! 오늘은 안 된다고!**

앰버의 불꽃도 손상을 입었다. 그녀가 재빨리 통에서 나무 막대기를 꺼내 씹어 먹자 불꽃이 살아난다.

---

fire hose 소방 호스　**stream** 물줄기　**douse** (물을 뿌려 불을) 끄다　**duck** 몸을 숙이다　**burst** 터져 나오다　**spray** 뿌리다, 살포하다　**panic** 겁을 먹은　**dodge** 피하다　**get stung** 쏘이다, 상처 입다　**weld** 용접하다　**survey** 점검(조사)하다　**flooded** 물바다가 된　**temper** 성질머리, 화　**damaged** 상처를 입은

EMBER (eating and inhale)

EMBER What is wrong with me?

Just then, A **PICTURE FRAME** floats to the **surface** of the water and starts to move.

EMBER (breathing)

Then two streams of water **fountain** up out of the pool and a couple hands holding the frame appear... then WADE sits up, **bawling his eyes out.**

WADE (crying)

EMBER What the—?

Wade looks at the picture, **moved**, crying.

WADE What a happy family. Is that you and your DAD??

The frame holds a photo of young Ember and her parents. She is held up by Bernie, blowing fire on a birthday cake, the candles sparking.

WADE I love dads.

WADE And it's your birthday!

His tears **splash** Ember.

EMBER (pain **react**)

EMBER Who are you? What are you doing here?

WADE (still crying) I don't know! I was **searching for a leak** on the other side of the river and got sucked in.

앰버	(막대기를 먹고, 숨을 들이쉰다)
앰버	**난 왜 이 모양이지?**

이때 사진 액자 하나가 수면 위로 떠올라 움직이기 시작한다.

앰버	(가쁘게 숨을 쉰다)

물웅덩이에서 두 개의 물줄기가 솟아 오르더니 양손이 나와서 액자를 움켜쥔다… 웨이드가 상체를 일으키며 등장한다. 엉엉 울고 있다.

웨이드	(운다)
앰버	**이건 뭐야—?**

웨이드가 사진을 바라본다. 감동을 받아 울음을 터트린다.

웨이드	**정말 행복한 가정이네. 너랑 아빠니??**

액자 속에는 어린 앰버와 부모님의 사진이 담겨 있다. 앰버가 버니에게 안겨 생일 케이크에 불을 뿜자 초가 불타오르는 장면이다.

웨이드	**난 아빠들이 좋더라.**
웨이드	**그리고 이건 네 생일이네!**

그의 눈물이 앰버에게 튄다.

앰버	(아파한다)
앰버	**넌 누구니? 여기서 뭐 하는 거야?**
웨이드	(여전히 울면서) **몰라! 강에서 누수가 일어난 곳을 찾고 있는데 갑자기 빨려 들어왔어.**

picture frame 사진 액자 surface 수면 fountain 분수처럼 뿜어져 나오다 bawl one's eyes out 펑펑 울다 moved 감동을 받은 splash (물이) 튀다 react 반응하다 search for 찾다 leak 누수, (물이) 새다

WADE   This is bad! I can't lose another job!

WADE   I just can't seem to **find my flow.**

> He stands, revealing himself for the first time. And he's **HUNKY**, **CUT**. Ember can't help but **notice**.

EMBER   Dang.

> Then Wade looks down at himself.

WADE   Ugh, that pipe **squished** me all out of shape.

> He shakes and **PLOPS** back into his regular Wade shape.

WADE   (shake voc) That's better.

EMBER   Dude, just get out of here. I gotta clean this **mess** before my dad sees what I did.

WADE   Ooo, actually...

> Wade **sloshes** his way over to a **junction** of several pipes. **Frowning**, he pulls a notepad and pen out from under his shirt.

WADE   I'm afraid I'm going to have to **write** you a **ticket.** [18]

> He starts **scribbling** on the pad.

EMBER   A ticket??

WADE   Yeah. I'm a city **inspector.** And this pipe **is definitely** not up to code. [19]

EMBER   I sucked a city inspector into our pipes??

웨이드	느낌이 안 좋아! 또 잘릴 수는 없다고!
웨이드	내 적성을 아직 못 찾은 것 같아.

웨이드가 일어선다. 처음으로 몸을 드러내는데 체격이 좋고 근육질이다. 앰버가 눈길을 주지 않을 수 없는 몸매이다.

앰버	멋지군.

그러자 웨이드가 자기 몸을 내려다본다.

웨이드	으, 파이프 때문에 몸이 완전 엉망이 되었네.

웨이드가 몸을 흔들자 원래 몸매로 돌아간다.

웨이드	(목소리가 흔들리며) 이게 더 낫네.
앰버	이봐, 그냥 가라고. 아빠가 보시기 전에 이 난장판을 정리해야 돼.
웨이드	오, 실은…

웨이드는 물을 헤치고 여러 파이프가 연결된 곳으로 다가간다. 인상을 찌푸리며, 셔츠에서 수첩과 펜을 꺼낸다.

웨이드	어쩔 수 없이 규정 위반 딱지를 발부해야 할 것 같아.

그가 수첩에 무언가를 끄적이기 시작한다.

앰버	위반 딱지라고??
웨이드	그래. 난 시에서 나온 조사관이거든. 이 파이프는 규정에 전혀 맞지 않네.
앰버	내가 조사관을 우리 가게 파이프로 빨아들인 거야??

---

find one's flow 적성을 찾다 **hunky** 체격 좋고 섹시한 **cut** 몸매가 아주 좋은 **notice** 알아차리다 **squish** 으깨다, 망치다 **plop** 퐁당 떨어뜨리다 **mess** 엉망인 상태 **slosh** 철벅거리다 **junction** 연결 지점 **frown** 인상을 찡그리다 **write a ticket** 위반 딱지를 발부하다 **scribble** ~를 쓰다 **inspector** 감사관, 조사관 **definitely** 확실히 **be up to** ~에 달맞다 **code** 규칙, 규정

WADE	I know, ironic, right?

Wade taps on the pipe.

EMBER	Stop **messing with** that! [20]
WADE	I need to **make sure** it's solid.
EMBER	Everything's **solid**. I should know. My dad re-built this place himself.
WADE	Wait, your dad did?
EMBER	Yes! With his **bare hands**. Every **brick** and **board**. It was a **ruin** when he found it.
WADE	Wow. He did all of this himself? (getting weepy) **Without permits?**
EMBER	Uh... (gulp)

Wade's tears start to flow again.

WADE	I'm gonna have to write that up too. First I'm sucked into a pipe and now I have to write **citations** that could get this place shut down. Oh gosh it's just too much!

웨이드	그러게, 이상하네, 그렇지?

웨이드는 파이프를 두드린다.

앰버	건드리지 마!
웨이드	이게 튼튼한지 확인해야겠어.
앰버	여기 있는 거 다 튼튼해. 내가 안다고. 우리 아빠가 손수 재건축하신 거니까.
웨이드	잠깐만, 네 아빠가 직접 하셨다고?
앰버	그래! 맨 주먹으로 하신 거야. 벽돌 하나, 판자 한 장까지 말이야. 아빠가 이곳을 발견했을 때는 폐허였어.
웨이드	와. 이걸 모두 손수하셨다고? (울먹이며) 허가도 없이?
앰버	어… (침을 꿀꺽 삼킨다)

웨이드가 다시 눈물을 흘린다.

웨이드	그것도 딱지 감이야. 처음에는 파이프로 빨려들어 왔다가 이제는 위반 딱지를 발급해서 여기 문을 닫게 하다니. 이런, 이건 너무 가혹하잖아!

---

mess with ~를 망치다, ~를 가지고 장난치다 **make sure** 확인하다 **solid** 튼튼한 **bare hands** 맨손 **brick** 벽돌 **board** 나무 판자 **ruin** 폐허 **permit** 허가 **gulp** 침을 삼키다 **citation** 소환장, 공식 서류

Ember instantly FLAMES UP.

EMBER
Shut us DOWN??

WADE
I know! It's **awful!**

EMBER
No! You can't shut us down. Please! This is a big day for me. It's our Red Dot Sale!

Ember **flares** her arms out, trying to grab the ticket book.

WADE
Hey, **take it easy.** This is as hard on me as it is on you.

EMBER
Get back here!!

WADE
Sorry! I gotta get these to city hall before the end of my shift.

He **slips out** a basement window. Ember **lunges** after him.

EMBER
(frustrated strain)

She looks at her Red Dot Sale button then **rips off** her apron, **tosses** it on the ground.

EMBER
Flame!

BEHIND HER we see another pipe-joint begin to leak – the problem is not over, but she doesn't notice. She instead jumps out the window and chases after Wade.

EMBER
Get back here!

REVEAL Bernie looking out the window, seeing Ember **chase** Wade down the street.

BERNIE
Hmm?

앰버가 갑자기 불타오른다.

앰버 문을 닫게 한다고??

웨이드 내 말이! 너무 끔찍하잖아!

앰버 안 돼! 문을 닫게 할 수는 없어. 제발! 오늘은 내게 정말 중요한 날이야. 레드 닷 세일 날이라고!

앰버가 불꽃 팔을 뻗어 위반 딱지 수첩을 낚아채려고 한다.

웨이드 이봐, 진정해. 너만큼 내게도 가혹한 일이라고.

앰버 돌아와!!

웨이드 미안! 교대 시간 전에 이걸 시청에 전달해야 하거든.

웨이드가 지하실 창문으로 빠져나간다. 앰버가 그를 향해 돌진한다.

앰버 (어쩔 줄 몰라 짜증을 낸다)

앰버가 레드 닷 세일 배지를 바라보더니 앞치마를 확 벗어 바닥에 던진다.

앰버 이런 불씨!

그녀 뒤로 다른 파이프 연결 부위에서도 물이 새기 시작한다. - 문제가 해결되지 않았지만 앰버는 이를 알아차리지 못한다. 앰버는 창문 밖으로 뛰어나가 웨이드를 추격한다.

앰버 이리 와!

버니가 창문 밖을 바라보는데, 웨이드를 추격하며 길거리를 뛰어가는 앰버가 보인다.

버니 흠?

---

awful 끔찍한 flare 불타오르다 take it easy 진정하다 shift 교대 시간 slip out 빠져나가다 lunge 달려들다 frustrated 당황한, 좌절한 strain 안간힘을 쓰다 rip off 확 벗어 젖히다 toss 던지다 joint 연결 부위 chase 추적하다, 쫓아가다

CHAPTER 6

Stop Wade

 06. mp3

325 STOP WADE

EXT. FIRETOWN – RIGHT AFTER
Ember follows Wade to the **PLATFORM** of the train to the City.

EMBER (**exasperated** effort, panting)

FIRE KID WITH HEADPHONES (react)

The train she said it'd take **an act of God** for her to get on.

TRAIN ANNOUNCER (O.S.) **Next stop, Element City.**

Wade **steps into** a waiting train. She has to follow. Crap.

EMBER (**distressed** breathing)

She looks back at Firetown.

325 웨이드를 막아라

실외. 파이어타운 – 그 직후
앰버가 엘리멘트 시티 행 전철의 승강장까지 웨이드를 따라간다.

앰버 (화를 내며 열심히 뛰어가며, 숨을 헐떡인다)

헤드폰을 쓰고 있는 불 아이 (움찔 반응한다)

그녀가 천재지변이 있어야 탈 것이라고 했던 전철이 보인다.

전철 안내 방송 (목소리) 다음 역은 엘리멘트 시티입니다.

웨이드가 정차 중인 전철에 탑승한다. 앰버도 따라 타야 한다. 젠장.

앰버 (괴로운 듯 숨을 쉰다)

앰버가 고개를 돌려 파이어타운을 바라본다.

platform 승강장 **exasperated** 몹시 격분한 **an act of God** 천재지변 등 사람이 어쩔 수 없는 일, 불가항력 **step into** ~로 들어가다 **distressed** 괴로워하는

EMBER	(panicked **hesitation**)

As the doors start to close, Ember throws on her hood and SLIPS into the last car.

EMBER	(quick breaths, effort)

INT. ELEVATED TRAIN CAR – RIGHT AFTER
She **scans for** Wade. But then she sees how the **crowded** train is set up. It's definitely not made with Fire Elements **in mind**. She tries to carefully **squeeze past** a HUGE **grassy** Earth Element, but the train lurches.

EMBER	(react to lurch) **Whoa!**

She slams into the grass man. POOF his grass burns up leaving a very skinny guy.

EARTH ELEMENT	**Hay!**

EMBER	**Sorry!**

She looks ahead, there's Wade. But it's too crowded for her to squeeze through. Thinking fast, she climbs out a window.

EXT. TRAIN – RIGHT AFTER
Ember's fire is **whipped** by the wind as she **inches** along the side of the car. Water SPLASHES from the **aqueduct**, they're about to pass under a giant waterfall.

EMBER	(gasp)

In a panic, she **melts** her way through a window just **in time**.

INT. TRAIN CAR – CONTINUOUS
Ember falls through the window onto the floor.

앰버	(두려운 마음에 주저한다)

문이 닫히기 시작하자 앰버는 후드를 뒤집어쓰고 마지막 칸에 미끄러지듯 탑승한다.

앰버	(가쁘게 호흡하고, 황급히 탑승한다)

실내. 고가 전철 안 – 그 직후
앰버가 웨이드를 찾는다. 하지만 붐비는 전철만 보일 뿐이다. 전철은 불을 전혀 고려하지 않고 설계되었다. 앰버가 거대한 잔디 흙 덩어리 옆을 조심스럽게 지나가려고 하는데 전철이 덜컹거린다.

앰버	(휘청하면서) 으아!

그녀가 잔디 덩어리 남자와 부딪힌다. 펑하는 소리와 함께 그의 잔디가 다 타버리자 깡마른 남자의 모습이 보인다.

흙 원소	이봐요!

앰버	미안해요!

앰버가 앞을 보니, 웨이드가 있다. 하지만 사람이 너무 많아서 비집고 지나갈 수 없다. 재빨리 기지를 발휘하는 앰버, 창문 밖으로 나간다.

실외. 전철 – 그 직후
앰버의 불길이 바람에 날린다. 그녀가 전철 옆에 매달려 조금씩 이동한다. 송수로에서 물이 튄다. 전철이 거대한 폭포 아래를 지나기 일보 직전이다.

앰버	(헉하며 놀란다)

당황한 앰버, 창문을 녹여 전철 안으로 아슬아슬하게 들어간다.

실내. 전철 안 – 계속
창문으로 들어오는 앰버, 바닥에 떨어진다.

hesitation 망설임 **scan for** ~를 찾다 **crowded** 붐비는 **in mind** 고려하고, 염두해 두고 **squeeze past** 비집고 지나가다 **grassy** 풀이 우거진 **slam into** ~와 충돌하다 **skinny** 깡마른 **whip** 격렬하게 움직이다 **inch** 조금씩 움직이다 **aqueduct** 송수로 **melt** 녹이다 **in time** 제때에

EMBER (panting)

It's **pitch black** because of the tunnel. She's the only light source. She moves through the car, **illuminating** startled Elements, as she looks for Wade.

EARTH ELEMENT (startled)

She sees a flame **hovering** in front of her.

EMBER Huh?

She moves closer... could it be her own reflection?

EMBER What the?

They **emerge** on the other side of the tunnel and suddenly the car is bright again. Her **reflection** was on Wade's head! She slowly reaches toward the tickets in his hand... which starts to quietly BOIL just as the train comes to a station and we hear a **crackly** voice on the **PA**.

TRAIN ANNOUNCER (O.S.) THIS STOP CITY HALL.

Wade looks down, feeling his hand start to boil even more, and sees Ember – he's startled she's still following him.

WADE Ah ah ah! Hands off! [21]

He quickly **whips** the tickets out of her grasp and hurries out the open doors before she can grab the tickets.

EMBER Gah!

As she exits, she **dodges** passengers **loading** onto the train.

EMBER (dodging passengers) Ooh, sorry.

앰버	(숨을 헐떡인다)

터널을 지나고 있어서 전철 안은 매우 어둡다. 그녀가 유일한 불빛이다. 앰버가 웨이드를 찾으러 전철 안을 이동하는데 그녀의 불빛을 보고 원소들이 깜짝 놀란다.

흙 원소	(놀란 반응을 보인다)

앰버는 앞에서 불꽃이 떠다니는 모습을 바라본다.

앰버	어?

그녀가 가까이 접근한다… 자기 불빛이 반사된 것인가?

앰버	이건 뭐?

전철이 터널 끝으로 나오면서 안이 갑자기 밝아진다. 그녀의 불빛이 웨이드의 머리에 반사된 것이다! 앰버는 웨이드가 들고 있는 위반 딱지 수첩을 향해 천천히 손을 뻗는다… 그의 손이 조용히 끓기 시작한다. 이때 전철이 정류장에 도착하고 스피커에서 잡음 섞인 안내 방송이 나온다.

전철 안내 방송	(화면 밖) 이번 역은 시청입니다.

웨이드, 손이 끓는 듯한 느낌이 들어 밑을 보는데, 앰버가 있다 – 자신을 계속 따라와서 놀란 표정이다.

웨이드	아 아 아! 손 떼!

그가 앰버의 손에서 수첩을 낚아챈다. 그녀가 수첩을 잡기 전에 열린 출입문 밖으로 황급히 빠져나간다.

앰버	으으!

앰버는 전철에서 내리면서 승차하려는 승객들을 피한다.

앰버	(승객들을 피하면서) 오, 미안해요.

---

pitch black 완전히 어두운 **illuminate** 비추다 **startled** 놀란 **hover** 떠다니다 **emerge** 나타나다 **reflection** (거울 등에) 비친 모습 **crackly** 잡음이 섞인 **PA** 안내 방송, 확성기 (= public address) **whip** 획 빼내다 **dodge** 피하다 **load** 올라타다

EXT. ELEMENT CITY – TRAIN STATION – RIGHT AFTER
Ember exits the train to find a city crowded with ELEMENTS.

EMBER Ugh.

She sees Wade at the bottom of the stairs, headed toward a busy street. He **weaves** easily through the crowds.

EMBER Stop!!

Ember **struggles to** chase after him. She **descends** the busy staircase. It's not built for Fire, she **flails**, **collides** with other people and **tumbles down** the steps into a lamp post.

EMBER (gasp, yell)

PEDESTRIANS (reactions)

EMBER (falling, big impact)

Ember **leaps to her feet**.

EMBER Stop!!

She reaches the street at the same time as an AIR PERSON who **gets hit by a car**. The Air person **poofs** and reforms, but without their jacket.

AIR PERSON Aw! My new jacket.

Ember **bolts** across the street.

EXT. STREET – VARIOUS – RIGHT AFTER
Ember races down the **sidewalk** toward Wade.

EMBER (efforts, panting)

실외. 엘리멘트 시티 - 전철역 - 그 직후
전철에서 내리는 앰버, 원소들로 가득한 도시의 모습을 바라본다.

앰버 으.

그녀는 계단 아래에서 북적이는 거리로 이동하는 웨이드를 발견한다. 그는 사람들 사이를 쉽게 지나간다.

앰버 거기 서!!

앰버가 힘겹게 그를 쫓아간다. 사람들이 많은 계단을 내려가는데, 계단은 불을 전혀 고려하지 않고 만들어 졌다. 그녀는 요리조리 빠져나가다가 사람들과 부딪혀서 계단 아래로 굴러 떨어지더니 결국 가로등에 충돌한다.

앰버 (허걱, 소리지른다)

행인들 (앰버를 보고 놀라 반응한다)

앰버 (떨어지다가 쿵 하고 부딪힌다)

앰버, 다시 일어선다.

앰버 서라고!!

앰버가 길거리에 접어들 때 공기 사람도 함께 등장하는데 갑자기 차에 치여 버린다. 그가 펑 하고 사라졌다가 다시 나타나지만, 자켓이 벗겨졌다.

공기 사람 아! 새 자켓인데.

앰버가 거리를 질주한다.

실외. 길거리 - 다양한 장면 - 그 직후
앰버가 보도를 달리며 웨이드를 추격한다.

앰버 (힘겹게 달리며 숨을 헐떡인다)

---

weave 이리저리 빠져나가다 **struggle to** 애써 ~하다, 힘겹게 ~하다 **descend** 내려가다 **flail** 마구 움직이다 **collide** 충돌하다
tumble down 굴러 떨어지다 **leap to one's feet** 벌떡 일어서다 **get hit by a car** 차에 치이다 **poof** 펑 하고 갑자기 사라지다
bolt 질주하다 **sidewalk** 보도

Wade passes a **NURSERY** SCHOOL BUS. Wade easily hops over the crowd of little EARTH KIDS.

EARTH KIDS (walla)

Ember follows, but the kids are blocking her path. **Thinking fast**, she pops open her umbrella and flares up. Like a hot air balloon, she lifts up and over the kids.

EMBER (effort)

They're amazed. She keeps **soaring** until she passes over the EARTH KIDS. Her umbrella melts and **gives out**. She tumbles to the ground, **landing** on some trash cans.

EMBER (impact, catching her breath)

Ember **springs to her feet** and keeps chasing Wade. He takes a sharp left and appears to collide into the side of a building with a splash, leaving a puddle. Ember **skids to a stop** and sees he's slipped into a very narrow space between two buildings.

EMBER (gasp)

She **squeezes** her fire and follows him. **Crammed**, they both **shimmy** through the tight passageway.

WADE (fast breathing)

EMBER (quick breaths, efforts)

Wade **makes it** to the other side of the passageway but his ticket book **gets caught** behind him. He puts all his body weight into pulling it through.

웨이드가 유치원 버스를 지나간다. 가뿐하게 어린 흙 아이들 머리 위를 넘어간다.

흙 아이들 (웅성거린다)

앰버가 따라가는데 아이들이 길을 막고 있다. 재빨리 기지를 발휘하는 앰버, 우산을 펴고 그 밑에서 불을 피우자 아이들 머리 위로 열기구처럼 떠오른다.

앰버 (힘겹게 떠오른다)

아이들이 재미있어 한다. 그녀는 계속 위로 상승해서 흙 아이들 위를 지나간다. 갑자기 우산이 녹아 없어진다. 바닥으로 추락하는 앰버. 쓰레기통 위에 떨어진다.

앰버 (충격을 받고, 숨을 고른다)

앰버는 벌떡 일어나 다시 웨이드를 추격한다. 그가 갑자기 왼쪽으로 방향을 틀더니 철썩하고 건물 옆쪽으로 충돌하듯 들어간다. 물웅덩이 자국이 남는다. 앰버도 갑자기 멈춰 선다. 두 건물 사이 매우 협소한 틈으로 웨이드가 미끄러지듯 들어가는 광경을 목격한다.

앰버 (허걱 놀란다)

앰버는 자신의 불꽃을 억지로 밀어 넣으며 그를 따라간다. 틈에 끼여 있는 두 사람, 마치 춤을 추듯 몸을 움직이며 좁은 통로를 이동한다.

웨이드 (가쁘게 숨을 쉰다)

앰버 (가쁘게 숨을 쉬며 힘겹게 이동한다)

웨이드가 통로 반대 쪽으로 빠져나오지만 그의 수첩은 뒤에 끼여 있다. 그가 젖 먹던 힘을 다해 수첩을 빼낸다.

nursery 유치원 think fast 재빨리 기지를 발휘하다 soar 솟아오르다 give out 없어지다, 완전히 소모되다 land 착륙하다 spring to one's feet 벌떡 일어서다 skid to a stop 미끄러지며 멈추다 squeeze 억지로 밀어 넣다 cram 쑤셔 넣다 shimmy 춤추듯 움직이다 make it 성공적으로 해내다 get caught 끼이다, 잡히다

WADE (pull effort)

Wade and the ticket book splash out the other side and a moment later Ember **emerges** too.

EMBER (grunt)

Wade darts through traffic toward City Hall and Ember follows.

EXT. CITY HALL – CONTINUOUS
Wade **approaches** the building. We see Ember's hand **swipe** a bottle of CHILI OIL from a DIRT BURGER VENDOR's **cart**.

DIRT BURGER VENDOR Huh? My chili oil!

Ember stands in Wade's path, **exhausted**. She **squirts** the oil in a line in front of her. She **stomps** on the oil and FLARES into a HUGE WALL OF FIRE.

EMBER Come on, guy. You can't **get through** this.

EMBER So it is time to **hand** 'em over. ²²

Wade looks sad for a moment.

WADE Oh boy. I'm sorry. This is going to be really disappointing for you—

He takes a step into a **drain**, then pops up through another **grate** and enters the building behind her. He turns back.

웨이드 (안간힘을 쓰며 빼낸다)

웨이드와 수첩이 물을 튀기며 통로 밖으로 빠져나온다. 잠시 후 앰버도 빠져나온다.

앰버 (끙 하며 빠져나온다)

웨이드가 차들을 지나 시청으로 쏜살같이 달려가고 앰버가 뒤따라간다.

실외. 시청 – 계속
웨이드가 건물에 접근한다. 앰버의 손이 "흙 버거" 노점상에서 칠리 오일 병을 낚아챈다.

흙 버거 노점상 어? 내 칠리 오일!

앰버가 웨이드의 길을 막아선다. 매우 지쳤다. 자신의 발 앞에 기름을 뿌려 선을 긋는다. 그녀가 기름을 밟자 거대한 불 장벽으로 변해 활활 타오른다.

앰버 자. 이건 못 지나갈 걸.

앰버 이제 넘겨줘.

웨이드가 잠시 슬픈 표정을 한다.

웨이드 이런. 미안해. 이걸 보면 참 실망스럽겠어—

웨이드가 배수구로 들어가더니 잠시 후 반대편에 있는 배수구 쇠창살 사이로 올라와 그녀 뒤에 있는 건물 안으로 들어간다. 그가 뒤를 돌아본다.

---

emerge 나타나다 **dart** 달려가다 **approach** 접근하다 **swipe** 훔치다, 슬쩍하다 **cart** 손수레 **exhausted** 피곤한 **squirt** 뿌리다 **stomp** 발로 밟다, 발을 구르다 **get through** 통과하다 **hand** 건네다 **drain** 배수구 **grate** 쇠살대, 강판

EMBER Oh no no no no no no...

Ember turns to see him as he enters the **revolving door**.

EMBER No no no no no no!

WADE Sorry!

He slips into the building. Ember's flame shrinks.

EMBER Please! No! You don't understand.

Ember **slumps** on the steps, her outer fire **dims** and reveals more of her inner **prismatic** light.
ON THE OTHER SIDE OF THE DOORS, Wade has put the tickets in a **canister**. But just as he's putting the canister into a **vacuum** tube – FOOMP! – he SEES **caustics cast** on the wall from Ember's prismatic light.

WADE Whoa.

He turns to see Ember outside, **desperate**, **pleading** to the closed door, more to herself, her light private, prismatic, **vulnerable**.

EMBER The shop is my dad's dream. If I'm the reason it gets shut down it will kill him.

INSIDE, Wade's face looks pained, **empathetic**.

WADE Aw.

EMBER He will never trust me to take over.

Wade comes out of the building.

| 앰버 | 오 안 돼 안 돼 안 돼 안 돼… |

앰버가 뒤를 돌아 그를 보는데 웨이드가 회전문으로 들어간다.

| 앰버 | 안 돼 안 돼 안 돼! |
| 웨이드 | 미안! |

그가 미끄러지듯 건물 안으로 들어간다. 앰버의 불꽃이 사그라든다.

| 앰버 | 제발! 안 돼! 넌 이해를 못할거야. |

앰버가 계단에 주저앉는다. 그녀의 바깥 불꽃이 작아지고 속에 있던 오색찬란한 불빛이 나타난다. 문 반대 쪽에서 웨이드가 위반 딱지를 통에 집어넣는다. 통을 진공관에 넣자 슉! 하는 소리를 내며 이동한다. 웨이드는 앰버의 오색찬란한 빛이 물결 치듯 벽에 비친 모습을 바라본다.

| 웨이드 | 와. |

그가 고개를 돌려 밖에 있는 앰버를 바라본다. 그녀는 간절한 표정으로 닫힌 문을 향해, 어쩌면 자신을 향해 간청하고 있는지도 모른다. 그녀의 이 불빛은 진정 자신의 모습이다. 화려하면서도 연약하다.

| 앰버 | 그 가게는 우리 아빠의 꿈이야. 나 때문에 문을 닫는 걸 아시면 돌아가실지도 몰라. |

건물 안에 있는 웨이드의 얼굴이 굳어진다. 공감하는 표정이다.

| 웨이드 | 아. |
| 앰버 | 날 절대 못 믿고 가게를 물려주지 않으실 거야. |

웨이드가 건물 밖으로 나온다.

---

revolving door 회전문 slump 풀썩 주저 앉다 dim 줄어들다 prismatic 프리즘을 통과한 듯한 다양한 색깔의 canister 통, 용기 vacuum 진공 caustics 물결치듯 일렁이는 불빛 cast (빛을) 발하다 desperate 간절한 plead 간청하다 vulnerable 연약한 empathetic 이해심이 있는

| WADE | Why didn't you say that before? |

Ember INSTANTLY ZIPS her fire up, **shields on**.

| EMBER | (clear throat) |

| EMBER | Wait, does that mean you'll tear up the tickets? |

| WADE | I mean, I would. [23] But I just sent them over to the **processing department**. |

Wade **gestures** to the root vacuum system inside the doors. Ember **grips** her head in **frustration**.

| EMBER | (frustrated **growl**) |

| WADE | But, I can take you there so you can plead your **case**. [24] |

Ember looks back at him, hopeful again.

웨이드	왜 진작 말해 주지 않은 거야?

앰버는 불꽃을 바로 하고 방어적인 태도를 보인다.

앰버	(목을 가다듬는다)
앰버	잠깐, 그럼 위반 딱지를 취소하겠다는 말이야?
웨이드	내 말은 그랬을 수도 있다고. 하지만 방금 처리반으로 보냈는 걸.

웨이드가 입구 안에 있는 뿌리 진공관을 가리킨다. 앰버는 좌절하며 머리를 움켜쥔다.

앰버	(좌절하며 으르렁거린다)
웨이드	하지만, 내가 데려다줄 테니까 가서 탄원을 해 봐.

앰버가 그를 바라본다. 다시 희망이 생겼다.

shield on 무장을 하는 **process** 처리하다 **department** 부서 **gesture** 손짓(몸짓)을 하다 **grip** 손에 쥐다, 붙잡다 **frustration** 좌절 **growl** 으르렁거리다 **case** 경우, 사건

Fern Got Burned

328 **FERN** BURNED

INT. CITY HALL – HALLWAY – RIGHT AFTER
Ember and Wade travel down a **dim hallway**. Above them, a system of **pulsing VINES** lead to a door at the end of the hall.

INT. FERN'S OFFICE – CONTINUOUS
Wade opens the door into a jungle of an office.

WADE (push effort, grunt)

Ember follows him in through a **tangle** of **leafy** vines. Wade walks through a branch. It **snaps** back at Ember and she **ducks**.

EMBER Whoa!

They **break through** to meet an **overgrown** Earth Element, FERN, a **low-key humorless bureaucrat** with **PILES** of paper in his inbox. Behind his desk are a series of vacuum tubes made from VINES.

328 펀, 타오르다

실내. 시청 - 복도 - 그 직후
앰버와 웨이드가 어두운 복도를 걸어간다. 머리 위로 혈관 같은 모습의 덩굴들이 복도 끝에 있는 문까지 이어져 있다.

실내. 펀의 사무실 - 계속
웨이드가 문을 열자 정글 같은 사무실이 보인다.

웨이드 (힘을 다해 문을 민다. 끄응 소리)

앰버가 잎이 많이 자라 마구 엉켜 있는 덩굴을 헤치고 그를 따라간다. 웨이드가 나뭇가지를 통과한다. 그 가지가 탄성을 받아 자신을 향해 날아오자 앰버는 재빨리 몸을 숙인다.

앰버 어우!

숲을 헤치고 나오는 두 사람은 풀이 무성한 흙 원소, 펀을 만난다. 그는 조용하고 재미없는 공무원이다. 서류 처리함에는 서류가 잔뜩 쌓여 있다. 그의 책상 뒤로 여러 개의 덩굴 진공관이 보인다.

---

fern 양치식물 **dim** 희미해지다 **hallway** 복도 **pulse** 맥박 치다 **vine** 덩굴 식물 **tangle** 엉킨 상태 **leafy** 잎이 무성한 **snap** 딱 치다/부러지다 **duck** 몸을 숙이다 **break through** 헤집고 들어가다 **overgrown** 마구 자란 **low-key** 주목을 끌지 않고 조용히 있는 **humorless** 재미없는 **bureaucrat** 관료, 공무원 **pile** 쌓여 있는

WADE		Hey, Fern!
WADE		How you doing?
FERN		Living the dream.

*Fern **inserts** a roll of papers into a canister.*

WADE	(small laugh)
WADE	You know those **citations** I just gave you from Firetown?
FERN	I was about to send them to Mrs. Cumulus then get **sprayed** for **fungus rot.** [25]

Fern moves to put the canister into the tube.

EMBER, WADE	Wait!
WADE	(**sotto** to Ember) Tell him what you told me. About your dad and letting him down. [26]
EMBER	(sotto) No. That's personal.
WADE	(sotto) It really **got to** me. [27] He might feel it too…

Wade keepings talking as Ember tries to cover his mouth.

WADE	Her dad will be sup…
EMBER	Nope!
WADE	Sup—

웨이드	안녕하세요, 편!
웨이드	잘 지내시죠?
편	그럼. 아주 행복해 죽겠어.

편이 두루마리 종이를 통에 집어넣는다.

웨이드	(작은 소리로 웃는다)
웨이드	제가 파이어타운에서 보낸 위반 딱지 보셨어요?
편	그거 쿠물러스 씨에게 보내려고 했지. 그리고 곰팡이 제거제도 뿌리려고.

편이 통을 진공관에 넣으려고 움직인다.

앰버, 웨이드	잠깐만요!
웨이드	(앰버에게 속삭이며) 내게 했던 말을 해 봐. 네 아빠 이야기랑 실망시켜드리는 것에 대해서 말이야.
앰버	(속삭이며) 됐어. 개인적인 일이야.
웨이드	(속삭이며) 정말 감동적인 이야기였어. 저 분도 그렇게 느낄…

웨이드가 계속 말을 하는데 앰버가 그의 입을 막으려고 한다.

웨이드	얘 아빠가…
앰버	됐어!
웨이드	정말—

insert 집어넣다 **citation** 소환장, 공식 서류 **spray** 살포하다 **fungus** 곰팡이 **rot** 썩음, 부패 **sotto** 속삭이며 **get to someone** 감명을 주다, 짜증나게 하다

EMBER	Nope!
WADE	Super disa—

She then grabs Fern's **nameplate** and, SPLTT!, **shoves** it into Wade's mouth.

WADE	–ppointed in her.

Ember is **triggered** by Wade **exposing** her.

EMBER	Stop it!

Wade keeps talking with the nameplate in his face.

WADE	(to Fern) He might even be...

Ember shoves a globe into his face, **knocking out** the nameplate...

WADE	(full mouth) ... ASHAMED.
EMBER	What are you doing?

Ember's flame starts to show some PURPLE. She starts stress breathing.

WADE	(to Fern, **weepy**) But the main thing is if her father can't retire...

Fern moves the canister closer to the tube.

앰버	하지 마!
웨이드	정말 실—

앰버가 펀의 명패를 집어 들고 웨이드의 입 안에 철썩! 쑤셔 넣는다.

웨이드	—망할 거예요.

앰버는 웨이드가 자기 얘기를 하자 화가 난다.

앰버	그만하라고!

웨이드는 명패가 얼굴에 박혀 있어도 계속 말한다.

웨이드	(펀에게) 얘 아빠는 심지어…

앰버, 이번에는 지구본을 그의 얼굴에 쑤셔 넣자, 명패가 빠져나온다…

웨이드	(입안이 꽉 차서) …수치스러워 할 거예요.
앰버	지금 뭐하는 거야?

앰버의 불꽃에 보라색이 보이기 시작한다. 그녀는 스트레스를 참으려는 듯 심호흡한다.

웨이드	(펀에게, 눈물을 짜내며) 실은, 그녀의 아빠가 은퇴할 수 없다면…

펀이 통을 진공관 쪽으로 더 가까이 들이민다.

---

nameplate 명패 **shove** 집어넣다 **trigger** 촉발하다 **expose** 노출시키다 **knock out** 빼내다 **ashamed** 창피한 **weepy** 우는 소리로 **retire** 은퇴하다

WADE ...It will be ALL EMBER'S... FFFF

EMBER CUTS HIM OFF!

EMBER STOP TALKING!

Ember **EXPLODES** in a ball of fire. When the smoke clears we see ALL of the **stacks** of citations have been fried. Except Ember's that are in the canister. Wade douses a still **flaming bobble head**. Fern's **charred** desk collapses.

FERN Looks like I'm going home early today. [28]

He puts the canister into the tube.

EMBER No, don't—

The tickets **shoot out of** the office. Failure.

FERN Expect to get **shut down** within a week. Have a good one. [29]

Fern hands Ember a **brochure**. She takes it and turns away, **dejected**. Wade watches, **concerned**.

EMBER **(defeated** sigh)

WADE Sorry.

웨이드	…그게 다 앰버의 잘…

앰버가 그의 말을 자른다!

앰버	입 좀 닫아!

앰버가 불덩어리처럼 폭발한다. 연기가 사라지자 불에 탄 위반 딱지 더미가 보인다. 통 속에 있는 앰버의 위반 딱지만 멀쩡하게 남아 있다. 웨이드가 보블 헤드 인형에 붙은 불을 끈다. 불에 그을린 펀의 책상이 무너진다.

펀	오늘은 일찍 퇴근해야 할 것 같군.

펀이 통을 진공관 속에 집어넣는다.

앰버	안 돼요—

위반 딱지가 사무실 밖으로 재빠르게 이동한다. 앰버의 노력이 허사가 되었다.

펀	일주일 이내 폐업할 거라고 생각하세요. 안녕히 가세요.

펀이 앰버에게 팜플렛 하나를 건넨다. 앰버가 그것을 받아들고 돌아선다. 낙담한 표정이다. 웨이드는 그녀를 걱정스럽게 바라본다.

앰버	(실의에 빠져 크게 한숨 쉰다)
웨이드	유감이야.

explode 폭발하다 stack 더미, 쌓은 것 douse 불을 끄다 flaming 불이 나는 bobble head 보블 헤드 인형 (머리가 움직이는 탁상용 인형) charred 불에 그을린 shoot out of ~에서 쏜살같이 빠져나가다 shut down 문을 닫다 brochure 팜플렛 dejected 낙담한 concerned 걱정하는 defeated 패배한

113

CHAPTER 8

Tragedy in Fire Land

 08. mp3

345 FIX THE FLAME

EXT. BERNIE'S SHOP – LATER
Ember walks, dejected, over the **culvert** bridge. She stares at the brochure Fern gave her: "So your business is being shut down!"

EMBER (defeated sigh)

As she **approaches** the shop she sees a "closed" sign on the door and goes into an **instant** panic.

EMBER (gasp) What?!

INT. BERNIE'S SHOP – CONTINUOUS
Ember enters the shop, concerned.

EMBER Already?

345 불꽃을 살리다

실외. 버니의 가게 - 잠시 후
앰버는 낙담한 표정으로 배수로 다리 위를 지나간다. 펀에게 받은 팜플렛을 바라본다: "당신의 사업장이 폐쇄되는군요!" 라는 문구가 적혀 있다.

앰버   (실의에 빠져 큰 한숨 쉰다)

가게에 도착하는 앰버, 출입문에 "영업 종료" 푯말이 걸려 있는 것을 보고 매우 당황한다.

앰버   (헉하고 놀라며) 뭐지?!

실내. 버니의 가게 - 계속
앰버가 걱정스러운 표정으로 들어온다.

앰버   벌써?

---

culvert (지하) 배수로 **approach** 다가가다 **instant** 즉각적인

She looks around the **empty** shop and **tucks** the brochure into her pocket.

EMBER Hello?

She hears Bernie coughing in the basement.

BERNIE (O.S.) (coughing)

EMBER (gasp)

She rushes down to the basement and **freezes** on the stairs: pipes are now **bursting** and leaking EVERYWHERE. Her parents are desperately trying to repair the damage. Bernie stands on top of a **precarious** ladder.

BERNIE (coughing)

EMBER Oh no.

EMBER Dad! What happened??

BERNIE We lucky nobody hurt. It RUIN Red Dot Sale!

BERNIE Did he do this?

EMBER Who?

BERNIE The Water guy I see you chase.

Water **drips** onto Bernie's face.

BERNIE (pain) Ah!

EMBER Oh, uh, um...

Ember **weighs** this for a moment, as she hops off the stairs and begins repairing a pipe. She could **come clean**. But instead...

텅 빈 가게를 둘러보며 팜플렛을 주머니에 넣는다.

앰버 아무도 없어요?

지하실에서 버니의 기침 소리가 들린다.

버니 (화면 밖) (기침)

앰버 (헉하고 놀란다)

지하실로 황급히 내려가는 앰버, 계단에서 멈춰 선다: 파이프가 터져서 사방에서 물이 새고 있다. 그녀의 부모님이 피해 복구를 위해 애쓰고 있다. 버니가 위태로워 보이는 사다리 위에 올라가 있다.

버니 (기침한다)

앰버 오, 안 돼.

앰버 아빠! 무슨 일이에요??

버니 아무도 안 다쳐서 다행이지. 레드 닷 세일 망했어!

버니 그놈 짓이야?

앰버 누구요?

버니 네가 쫓아가던 물 남자. 내가 봤어.

물이 버니의 얼굴에 떨어진다.

버니 (아파하며) 아!

앰버 오, 어, 음…

앰버는 어떻게 말해야 할지 잠시 생각한다. 계단을 내려와서 파이프를 고친다. 사실을 털어놓을 수도 있지만 대신…

---

empty 비어 있는 **tuck** 집어넣다 **freeze** 얼어붙다 **burst** 터져 나오다 **desperately** 필사적으로 **precarious** 불안정한, 위태로운 **cough** 기침하다 **ruin** 망치다 **drip** (물 등이) 떨어지다, 새다 **weigh** 따져 보다, 저울질하다 **come clean** 사실을 털어놓다

EMBER	Yeah. He did. Uh, he just broke through a pipe. (clears throat) I don't know why. Luckily I was able close it off. I, uh, couldn't catch him though. [30]

Bernie flares up.

BERNIE	Water. Always trying to **water** us **down**!
EMBER	He was a Water PERSON, dad, not just water.
BERNIE	(grumble) Same thing. And why is water in pipes? City shut down years ago. There should be NO WATER!

Bernie's **fury** causes a **coughing fit**.

BERNIE	(coughing)

He falls over **backward**.

BERNIE	Ah!
EMBER	Dad!!!

Ember catches him just before he hits the water.

BERNIE	(coughing)
CINDER	Bernie!

Bernie coughs. Cinder leads him to the stairs.

CINDER	We will **get through** this. [31] Just like before.

앰버	네, 그 사람 때문이에요. 파이프를 부수고 나타나서는 (목을 가다듬고) 이유를 모르겠어요. 다행이 제가 막을 수 있었죠. 제가, 어, 그를 잡을 수는 없었지만.

버니가 불타오른다.

버니	물 놈들. 항상 우리를 꺼뜨리려고 하지!
앰버	물 사람이에요, 아빠. 물 놈이 아니고요.
버니	(투덜대며) 그게 그거지. 헌데 왜 파이프에 물이 있는 거지? 시에서 몇 년 전에 단수를 했잖아. 물이 있으면 안 되지!

버니가 화를 내자 기침이 심해진다.

버니	(기침한다)

그가 뒤로 쓰러진다.

버니	아!
앰버	아빠!!!

물에 떨어지기 직전에 앰버가 버니를 붙잡는다.

버니	(기침한다)
신더	버니!

버니가 기침한다. 신더는 그를 계단으로 데리고 간다.

신더	이것도 잘 이겨 낼 거야. 이전처럼 말이지.

clear throat 목을 가다듬다 water down 물을 타다 grumble 투덜거리다 fury 분노 coughing fit 기침 발작 backward 뒤로 get through 이겨내다

| EMBER | Before? |

Bernie sits, Cinder looks to Ember.

| CINDER | There is a reason we left Fire Land. |

Cinder holds Bernie's arm, she wants to talk about it. Bernie looks down. Cinder smiles at a memory. She's almost talking MORE to Bernie, **reassuring** him they did the right thing – she KNOWS his deeper **wound**.

| CINDER | Oh, Ember. We loved it there so much. Most everyone had a Blue Flame, and it connected us all together... |

359 FIRE LAND FLASHBACK

EXT. FIRE LAND – FLASHBACK
Fade to an **aerial** view of Fire Land, **glowing** homes **clustered** on a **rocky hillside**.

| CINDER | ...to our traditions, our family. |

The camera passes **ground-floor** windows and we get **FLEETING GLIMPSES** of FAMILY FLAMES, until we stop at a window of a FAMILY SHOP that has a Blue Flame burning in a **cauldron** inside. A YOUNG BERNIE stands on a ladder, putting up a sign. He looks to a VERY **PREGNANT** Cinder who smiles.

| CINDER | (V.O.) **It was hard living, but your father began to build a life for us. We put everything into it. But then a great storm came.** |

| 앰버 | 이전처럼요?

버니가 계단에 앉고, 신더는 앰버를 바라본다.

| 신더 | 우리가 파이어랜드를 떠난 데는 이유가 있어.

신더는 버니의 팔을 잡고 말하려고 한다. 버니는 고개를 떨군다. 신더가 미소 지으며 기억을 더듬는다. 신더는 그들이 옳은 결정을 했다고 그를 안심시키며 버니에게 더 많은 얘기하려는 듯하다 – 그녀는 버니의 깊은 상처를 알고 있다.

| 신더 | 오, 앰버. 우린 그곳을 너무 사랑했단다. 모두들 파란 불꽃을 가지고 있었고 그게 우리 모두를 연결해 주었지…

359 파이어랜드 회상

실외. 파이어랜드 – 과거 회상

화면이 서서히 밝아지더니 파이어랜드의 전경이 나타난다. 바위 언덕에 집들이 빛을 뿜으며 옹기종기 모여 있다.

| 신더 | …우리의 전통, 우리의 가족들과 말이야.

카메라가 1층 창문을 지나 가족 불꽃을 잠시 보여주더니 가게 창문 앞에서 멈춘다. 가게에는 파란 불꽃이 가마솥 안에서 타오르고 있다. 젊은 버니가 사다리에 올라가 간판을 걸고 있다. 그는 만삭인 신더를 바라보는데, 그녀는 미소짓고 있다.

| 신더 | (목소리) 힘든 생활이었지만, 네 아빠는 우리를 위해 열심히 하셨지. 우린 모든 것을 쏟아 부었단다. 헌데 폭풍이 몰아친 거야.

reassure 안심(확신)시키다 **wound** 상처 **aerial** 공중의 **glowing** 빛을 내는 **clustered** 모여 있는 **rocky** 바위의 **hillside** 산비탈 **ground-floor** 1층 **fleeting** 순식간의, 잠깐 동안의 **glimpse** 모습 **cauldron** 가마솥 **pregnant** 임신한

There's **a PULSE of wind** and Bernie and Cinder's flames **flicker ominously**. Worried, they look up to the sky and see a large dark storm above the rooftops. And then it hits them – **FEROCIOUS** WINDS. Inside the shop, debris **crashes down**, knocking over the cauldron with the Blue Flame. Thinking quickly, Bernie **thrusts** a lantern into the Blue Flame to **capture** it. They huddle together as the building collapses around them. LATER, they stand in the **rubble**, **devastated**. We can see the destruction isn't everywhere... some buildings were lost like their own, others are only slightly damaged.

CINDER (V.O.) **All was lost for us.**

LATER that night, Cinder sleeps on the floor, but Bernie is awake. He looks to his lantern with the Blue Flame he saved and prays to it then looks to pregnant Cinder.

CINDER (V.O.) **Your father understood...** (painful memory, but **resolute in the decision**) **We HAD to leave... everything. Our home.**

After a moment, he gets his answer – a LOOK OF **RESOLVE** crosses his face. LATER, we find Bernie and Cinder on the beach. They walk toward a boat, about to leave for their new life.

CINDER (V.O.) **It was the only way to create a better life!**

As they board, Bernie looks back at his parents. **Stoic**, they watch him leave. The boat pulls away from the shore and Bernie and Cinder watch their **homeland recede** in the distance.

CINDER (V.O.) **It was the last time your father ever saw his family.**

강한 바람이 불어 닥치자 버니와 신더의 불꽃이 불길하게 깜빡인다. 그들은 걱정스런 표정으로 하늘을 바라본다. 옥상 위로 크고 어두운 폭풍이 보인다. 폭풍이 그들을 덮치고 – 강력한 바람이 분다. 가게 안에서 물건들은 산산조각 나고 파란 불꽃이 담긴 가마솥이 넘어진다. 버니는 재빨리 랜턴을 집어넣어 파란 불꽃을 담는다. 서로 끌어안고 있는 두 사람 주위로 건물이 무너진다. 얼마 후, 버니와 신더는 막막한 심경으로 폐허 더미에 서 있다. 마을 건물 모두가 다 파괴된 것은 아니다… 그들처럼 완전히 폐허가 된 곳도 있고 약간의 피해만 입은 곳도 있다.

신더 (목소리) 우리는 모든 걸 잃었어.

그날 밤 이후, 신더는 바닥에서 잠자고 있지만 버니는 깨어 있다. 자신이 건진 파란 불꽃 랜턴을 바라보며 버니는 기도한다. 그리고 임신한 신더를 바라본다.

신더 (목소리) **아빠는 깨달았어…** (고통스러운 기억이지만 그 결정에 확신하며) **모든 것을 두고 떠나야 한다는 것을… 우리의 고향을 말이야.**

잠시 후, 버니는 응답을 받는다 – 확신에 찬 표정을 하고 있다.
얼마 후, 버니와 신더는 해변에 있다. 두 사람은 배를 향해 걸어간다. 새로운 삶을 찾아 떠나는 것이다.

신더 (목소리) **더 나은 삶을 위해 어쩔 수 없는 선택이었어!**

배에 오르면서 버니가 뒤로 돌아 부모님을 바라본다. 무표정한 부모님은 그가 떠나는 것을 바라보고 있다. 배가 해안에서 멀어지고 버니와 신더는 고향이 저 멀리 사라지는 모습을 바라본다.

신더 (목소리) **그게 네 아빠가 가족을 마지막으로 본 때란다.**

---

a pulse of wind 갑작스러운 강풍　**flicker** 깜빡이다　**ominously** 불길하게　**ferocious** 맹렬한　**debris** 파편　**crash down** 부서지다　**thrust** 밀다, 집어넣다　**capture** 잡다　**rubble** 돌무더기　**devastated** 엄청난 충격을 받은　**resolute** 확고한　**resolve** 결심, 다짐　**stoic** 냉정한　**homeland** 고향　**recede** 물러나다

361 GOOD DAUGHTER

INT. BERNIE'S SHOP – BACK TO SCENE
Fade back to the basement, Bernie **somberly mops** up **puddles** as Cinder finishes the story.

CINDER That is why we came here. **32** To build all this.

Ember is **floored**. She looks at the brochure from Fern, then tucks it away and walks over to Bernie:

EMBER Áshfá... nothing will happen to this shop or the flame again. I promise.

Ember **takes** the mop from her father, he smiles and **places** his hand on her cheek.

BERNIE Mm. Good daughter.

361 착한 딸

실내. 버니의 가게 - 현재 장면
화면이 점점 밝아지며 지하실이 보인다. 버니가 침울하게 물웅덩이를 대걸레로 닦고 있다. 신더가 이야기를 마친다.

신더 그래서 우리가 여기에 온 거야. 그리고 이 모든 것을 이루었지.

앰버는 놀란 표정이다. 펀에게 받은 팜플렛을 바라보고 주머니에 넣은 뒤 버니에게 다가간다:

앰버 아슈파… 이 가게나 파란 불꽃에 다시는 아무 일도 없을 거예요. 제가 장담해요.

앰버는 아빠에게 대걸레를 받아 든다. 버니가 웃으며 앰버의 뺨을 어루만진다.

버니 음. 착한 우리 딸.

somberly 어둡게, 우울하게   **mop** 대걸레질 하다   **puddle** 물웅덩이   **floored** 놀란, 당혹스러운   **take** 빼앗다   **place** 두다

CHAPTER 9

Let's Go Windbreakers!

 09. mp3

371 RETURN TO CITY HALL

EXT. CITY HALL – THE NEXT MORNING
Elements **bustle** outside City Hall during the morning **commute**.

INT. CITY HALL – HALLWAY – CONTINUOUS
Wade is listening to music on his way into work. The **sound waves** from his headphones **vibrate** through his head. He's deep into his music, eyes closed as he approaches the **entrance** to his department. He doesn't see there's a FIRE burning on the floor next to the door. It catches his bag on fire. Wade looks down, shocked!

WADE   Ah! Fire. Fire!

WADE   Ah! Fire!

He **pats** out his bag, then starts to **stomp** on the fire. Suddenly EMBER stands up, **emerging** from under a chainmail blanket... the fire was her.

EMBER   Hey HEY!

371 다시 시청으로

실외. 시청 - 다음날 아침
출근 시간이라 원소들이 시청 밖에서 바쁘게 이동하고 있다.

실내. 시청 - 복도 - 계속
웨이드가 음악을 들으며 출근하는 길이다. 헤드폰에서 나오는 음파가 그의 머리 속에서 진동한다. 음악에 취해 눈을 감고 자신이 일하는 부서 입구 쪽으로 걸어간다. 웨이드는 문 옆 바닥에 불이 붙은 것을 보지 못한다. 그의 가방에 불이 붙는다. 웨이드가 아래를 내려다보고 깜짝 놀란다!

| 웨이드 | 아! 불. 불이야! |

| 웨이드 | 아! 불이야! |

가방을 손으로 때리면서 불을 끄다가 이내 발로 밟기 시작한다. 이때 작은 쇠사슬로 만든 담요 밑에서 앰버가 나타나는데… 그 불은 앰버였다.

| 앰버 | 이봐! |

bustle 분주하게 움직이다 **commute** 통근 **sound wave** 음파 **vibrate** 진동하다 **entrance** 입구 **pat** 손으로 때리다 **stomp** 발로 밟다, 발을 구르다 **emerge** 나타나다

WADE Oh. Sorry!

WADE (checking his burnt bag) **You're so hot!** (blows)

EMBER (raised **eyebrow**) Excuse me? [33]

WADE No! I mean like you're **smokin'**! No, I didn't mean it like tha–

EMBER Are you done yet?

Wade is **dripping**.

WADE Yes please.

EMBER I'm waiting to talk to your boss. So make like a stream and... flow somewhere else.

Ember **settles** back **down** on the ground.

WADE Actually, Gale won't be in today. She's a HUGE airball fan and the Windbreakers are finally in the playoffs! Toot Toot!

Ember is **unaffected** by Wade's **enthusiasm**. She flares up in frustration.

EMBER UGH! (breaths)

WADE Okay... Well, I just **came by** because I left my passes for the game here last night.

Wade starts to walk away but Ember **perks up**.

웨이드	오. 미안해!
웨이드	(불에 탄 가방을 확인하며) 너 정말 화끈하네! (입김을 분다)
앰버	(눈을 치켜 뜨며) 뭐라고?
웨이드	아니! 내 말은 정말 끝내준다고! 아니, 그런 뜻이 아니라…

앰버	할 말 끝났어?

웨이드가 물을 땀처럼 흘린다.

웨이드	응 그래.
앰버	네 상사에게 얘기하려고 기다리고 있어. 그러니까 상관 말고 가 봐.

앰버가 바닥에 다시 앉는다.

웨이드	사실, 게일 씨는 오늘 출근 안 해. 그녀는 에어볼 찐팬인데 윈드브레이커스 팀이 마침내 플레이오프에 진출했거든! 뚜뚜!

앰버는 웨이드의 열정적인 모습에 별 반응을 보이지 않는다. 짜증 내며 불타오른다.

앰버	으으! (심호흡하며)
웨이드	저기… 저, 난 그냥 어젯밤에 내 경기 티켓들을 두고 와서 가지러 온 거야.

웨이드가 가려는데 앰버의 표정이 밝아진다.

---

eyebrow 눈썹 smoking 멋진, 연기가 나는 drip (물 등이) 떨어지다, 새다 settle down 편안히 앉다 unaffected 동요되지 않은 enthusiasm 열정 come by 잠시 들르다 perk up 활기차다, 밝아지다

EMBER Passes? Like, **plural?**

He turns back. Then it **hits** him, is she serious?

353 PREGAME

EXT. CYCLONE STADIUM – LATER
Ember and Wade walk up the Wetro stairs into the middle of the busy Air **District**.

CROWD (excited walla)

Ember is stunned by the crowds of AIR BALL FANS **flooding into** the entrance of CYCLONE **stadium**. She pulls her hood tight around her flame. The **marquis reads** WINDBREAKERS VS CROPDUSTERS.

355 AIR STADIUM

INT. CYCLONE STADIUM – AFTER
Inside, it's an amazing space. Huge. High above, CLOUD PLAYERS battle, passing a ball toward a **hoop**. Ember enters with Wade. She has never seen anything like it. She is WAY out of her element.

EMBER Where is she?

WADE Up there, in that **skybox.**

Wade points to one of the sky boxes where GALE, Wade's **supervisor**, sits. She's a storm cloud, **complete with lightning**, and is completely **engrossed** in the game.

| 앰버 | 티켓들? 여러 장 있단 말이지? |

웨이드가 뒤돌아본다. "얘 지금 제정신이야?" 라는 생각이 든다.

353 경기 전

실외. 사이클론 경기장 - 잠시 후
앰버와 웨이드가 웨트로 정류장 계단을 올라와 사람들로 북적이는 공기 구역 중앙으로 간다.

| 관중 | (흥분해서 웅성거린다) |

앰버는 사이클론 경기장 입구로 몰려드는 수많은 에어볼 팬을 보고 깜짝 놀란다. 앰버는 불꽃을 덮고 있는 후드를 조여 당긴다. 입구 전광판에는 "윈드브레이커스 대 크롭더스터스"라고 적혀 있다.

355 공기 경기장

실내. 사이클론 경기장 - 잠시 후
경기장 내부는 엄청난 공간이다. 거대하다. 저 높이 구름 선수들이 링을 향해 공을 패스하며 경기를 벌이고 있다. 앰버가 웨이드와 함께 입장한다. 그녀는 이런 광경을 본 적이 없다. 자기 원소와는 매우 다른 모습이다.

| 앰버 | 네 상사는 어디 있어? |
| 웨이드 | 저 위에, 고급 관람석에 있어. |

웨이드가 고급 관람석 중 하나를 가리키는데 바로 그곳에 웨이드의 상사인 게일이 앉아 있다. 그녀는 번개를 지닌 폭풍 구름인데 이 경기에 완전히 빠져 있다.

plural 복수, 여럿 **hit** 갑자기 어떤 생각이 떠오르다 **district** 구역 **flood into** ~로 밀려들다 **stadium** 경기장 **marquee** 대형 간판, 광고판 **read** 적혀 있다 **hoop** 농구 골대 **skybox** 고급 관람석 **supervisor** 감독, 상사 **complete with** ~를 갖춘 **lightning** 번개 **engrossed** 몰두한

GALE		Come on!

Ember **steels herself**:

EMBER		(breath) Okay.

EMBER		(action hero) Time to **cancel** some tickets.

They walk towards Gale's box, passing a drink **vendor**.

TOOT TOOT JUICE VENDOR		Toot toot juice! Getcha toot toot juice! Toot juice! Getcha toot toot juice!

They **get to** the **row** behind Gale's box. Ember looks down to see everyone sitting there is Water.

WADE		(super **encouraging**) You'll be great! This way.

Wade walks down the row. Everyone seems to know him. Ember gets a look of **determination** on her face — she's not going to fail! She then does that tight walk you have to do in stadiums where everyone has to stand to let you through.

EMBER		Excuse me. Sorry. Pardon. Oh sorry. Fire girl **coming through.**

WADE		(greeting friends) Jimmy, what's up? Wendy! How good is it to be here?

The Water Elements start to boil as she passes — she's desperate not to hurt anyone. They **take their seats** behind Gale's box. Gale yells at the game, getting **THUNDERY**.

GALE		Break some wind!!

게일	제발 좀!

앰버가 각오를 단단히 한다.

앰버	(심호흡하며) 자.

앰버	(용감하게) 딱지를 취소하러 가 볼까.

그들이 음료를 파는 행상을 지나 게일의 자리로 간다.

뚜뚜 주스 행상	뚜뚜 주스! 뚜뚜 주스 있어요! 뚜 주스! 뚜뚜 주스 있어요!

둘은 게일의 자리 바로 뒷줄에 도착했다. 앰버가 아래를 내려다보는데 앉아 있는 이들이 모두 물이다.

웨이드	(격려하는 말투로) 잘할 수 있을 거야! 이쪽이야.

웨이드가 그 줄을 지나간다. 모두가 그를 아는 듯하다. 앰버는 결의에 찬 표정을 짓는다 - 그녀는 절대 실패하지 않을 것이다! 앰버는 힘겹게 비집고 지나가고 거기 있는 모두 그녀가 지나갈 수 있게 일어선다.

앰버	실례합니다. 죄송해요. 미안합니다. 오, 죄송해요. 불꽃녀, 지나갑니다.

웨이드	(친구들과 인사하며) 지미, 잘 지냈어? 웬디! 여기 정말 죽이지 않아?

앰버가 지나가자 물 원소들이 끓기 시작한다 - 그녀는 아무도 다치게 하지 않으려고 필사적이다. 둘은 게일의 좌석 바로 뒤에 앉는다. 게일이 천둥 번개를 동반하여 경기를 향해 크게 소리친다.

게일	바람을 가르라고!!

steel oneself 각오를 단단히 하다 **cancel** 취소하다 **vendor** 행상인 **get to** ~에 도착하다 **row** (사람들의) 줄 **encourage** 격려하다 **determination** 결심 **come through** 지나가다 **take one's seat** 앉다 **thundery** 천둥이 치는

WADE	Hi Gale.
WADE	How you doing?

Gale **glances** back at her.

GALE	Look at the score. What do you think??

She turns back to the game with a **rumble**.

GALE	**Blow** the BALL not the GAME!
EMBER	(breath) Yeah, so uh, Gale. My name is Ember Lumen. My family **runs** a Fire shop...
EMBER	Wade wrote us **a bunch of** tickets yesterday and—

BUZZER! Game **going south**. Gale gets stormier, her winds blow in Ember and Wade's faces.

GALE	What kind of call was that??!! [34] (half-paying attention) Lumen? Yeah, Fire shop with thirty citations...
EMBER	(shocked to Wade) **Thirty??**

Wade shrugs apologetically.

WADE	(small **guilty** laugh)

웨이드	안녕하세요, 게일 씨.

웨이드	괜찮으시죠?

게일이 뒤를 돌아 그녀를 바라본다.

게일	점수를 봐. 내가 괜찮겠니??

게일, 우르르 하는 소리를 내며 다시 경기를 관람한다.

게일	공을 불어. 경기를 망치지 말고!

앰버	(숨을 내뱉으며) 네, 그러니까 어, 게일 씨. 제 이름은 앰버 루멘이에요. 저희 가족이 불 가게를 운영하는데…

앰버	웨이드 씨가 어제 위반 딱지 여러 개를 끊어서…

버저가 울린다! 경기가 제대로 풀리지 않는다. 게일의 폭풍이 더 거세지고 그녀의 바람이 앰버와 웨이드의 얼굴에 분다.

게일	판정은 왜 저래??!! (별로 신경 쓰지 않는 말투로) 루멘? 그래, 위반 딱지를 30개나 받은 불 가게…

앰버	(깜짝 놀라 웨이드에게) 30개라고??

웨이드가 미안한 듯 어깨를 으쓱한다.

웨이드	(미안한 듯 작은 소리로 웃는다)

glance 바라보다 rumble 우르릉 소리 blow 입김을 불다, 망치다 run 운영하다 a bunch of 여러 개의 go south 상황이 악화되다, 말리다 guilty 죄책감이 드는

Ember turns back to Gale.

EMBER Anyway, friend, I was hoping we could **work** something out—

BUZZER again! Gale erupts.

GALE Come on **Ref**! ARE YOUR EYES IN THE BACK OF YOUR HEAD??

The AIR REF'S eyes **literally** pop out the back of his head as he **GLARES at** Gale.

CROWD (boos)

WADE Oh no!

But not reading the mood, Ember tries again.

EMBER Yeah **bummer,** aww yeah. [35] Okay, so the 30 citations—

Gale **whips around** to face Ember, **annoyed**.

GALE Do you mind? There's a GAME going on.

As she turns back toward the game,

GALE Fireball.

This gets to Ember. Her flame starts to **spark** and **roil**.

EMBER Fireball?

She steps in front of Gale's box, between her and the game.

앰버가 다시 게일을 돌아본다.

앰버 어쨌든, 이걸 해결할 수 있을 거라고 바랐는데…

버저가 다시 울린다! 게일이 폭발한다.

게일 이봐 심판! 네 눈은 머리 뒤에 달렸냐??

게일의 말처럼 공기 심판의 눈이 머리 뒤로 빠져나와 게일을 노려본다.

관중 (야유한다)

웨이드 오 저런!

분위기 파악 못하고 앰버가 다시 말한다.

앰버 저런, 안됐네요. 좋아요, 그래서 그 위반 딱지 30개는…

게일이 성가신듯 앰버를 휙 돌아본다.

게일 그만 좀 할래? 경기 중이잖아.

게일, 다시 경기를 향해 고개 돌린다.

게일 불덩어리 같으니라고.

앰버는 이 말을 듣고 화가 난다. 그녀의 불꽃이 확 타오른다.

앰버 불덩어리?

앰버가 게일의 좌석 앞에 서서 경기를 가로막는다.

work out 해결하다 **erupt** 폭발하다 **ref** 심판 (= referee) **literally** 말 그대로 **glare at** ~를 노려보다 **boo** 야유하다
Bummer. 안됐군요. **whip around** 갑자기 뒤를 돌아보다 **annoyed** 화가 난 **spark** 불꽃이 튀다 **roil** 화나게 하다, 요동치다

EMBER	(getting annoyed) **Actually, I do mind. This is my LIFE we're talking about.** [36] **Not just some game.**	

Gale **THUNDERS** huge with **LIGHTNING**.

GALE   **"Some game?"** [37] **This is the PLAYOFFS. So forgive me if I don't want to hear a sob story about the problems of some little shop.**

Ember's flames get bigger too. We see licks of PURPLE.

EMBER   **Well that "little shop" matters WAY more than a bunch of over-paid cloud puffs blowing some ball around.**

Ember and Gale are nose to nose.

GALE   **I dare you. Say "cloud puffs" one more time.** [38]

EMBER   (in her face) **Cloud. Puffs.**

Ember blows away Gale's nose. Gale **furious**, **growls** back.

GALE   (growl)

Ember's fire ROARS. They angrily stare each other down as **tension** quickly builds. The crowd boos.

WADE   **Oh no!**

Gale's eyes **dart** to the game.

GALE   (gasp)

앰버	(화를 내며) 그만 못 하겠어요. 지금 내 인생이 걸린 거라고요. 이 경기 따위가 뭐가 대수라고.

게일이 천둥과 번개를 일으킨다.

게일	"경기 따위?" 이건 플레이오프라고. 구멍가게 하나에 질질 짜는 이야기는 듣고 싶지 않아.

앰버의 불도 점점 커진다. 보라색 불꽃이 보인다.

앰버	그 "구멍가게"가 저기서 공이나 불고 있는데 몸값만 높은 솜털 구름보다 훨씬 중요하거든요.

앰버와 게일이 매우 가깝게 얼굴을 마주하고 있다.

게일	감히. 한 번만 더 "솜털 구름"이라고 했단 봐.
앰버	(그녀의 면전에 대고) 솜털. 구름.

앰버가 게일의 코에 보란 듯이 입김을 분다. 게일이 분노하며 앰버에게 으르렁거린다.

게일	(으르렁거린다)

앰버도 불타오른다. 분노한 채 서로 노려보자 긴장이 고조된다. 관중이 야유한다.

웨이드	오 이런!

게일의 눈이 경기로 향한다.

게일	(헉하고 놀란다)

---

thunder 천둥이 치다　lightning 번개　sob 흐느껴 울기, 울다　matter 중요하다　over-paid 돈을 과하게 받는　puff 연기, 내뿜다
dare ~할 용기가 있다　furious 화가 난　growl 으르렁하다　tension 긴장　dart 쏜살같이 달리다

Huh?? Ember looks to the game.

WADE **Lutz!**

AIR BASKETBALL PLAYER (blow, effort)

LUTZ, one of the players, tries to block the play but fails.

LUTZ (blow)

AIR BASKETBALL PLAYER 2 (blow)

The home team is scored on again. As the crowd boos, Lutz's **spirit sinks**.

WADE **Lutz man, he's been in such a funk 'cause his mom has been sick.** [39]

Lutz has the ball stolen from him. The crowd keeps booing.

WADE **That is so not cool. He's doing his best.**

Wade suddenly stands and shouts.

WADE **We love you Lutz!**

Ember **ducks** and looks away from him.

WADE **LUUUUTZ!**

Wade starts gesturing to the fans around him to join the **chant**.

어?? 앰버도 경기를 본다.

웨이드　　러츠!

공기 농구 선수　(입김을 불고 힘을 다해 공을 때린다)

선수 중 한 명인 러츠가 공격을 막으려고 하지만 실패한다.

러츠　　(입김을 분다)

공기 농구 선수 2　(입김을 분다)

다시 홈팀이 점수를 얻었다. 관중이 야유하자 러츠의 사기가 떨어진다.

웨이드　　러츠는 슬퍼서 저러는 거야. 엄마가 아프시거든.

러츠가 공을 가로채기 당했다. 관중이 계속 야유한다.

웨이드　　이건 옳지 않아. 그는 최선을 다하고 있어.

갑자기 웨이드가 벌떡 일어나더니 크게 소리친다.

웨이드　　사랑해요 러츠!

앰버는 몸을 숙이고 그로부터 시선을 피한다.

웨이드　　러어어츠!

웨이드가 주변에 있는 팬들에게 함께 구호를 외치자고 몸짓한다.

spirit 정신, 기분　sink 가라앉다　be in a funk 슬퍼하다, 힘들어하다　duck 몸을 숙이다　chant 응원 구호, 구호를 외치다

WADE	We love you Lutz! We love you Lutz! C'mon! We love you Lutz! Everybody!
CROWD	We love you Lutz! We love you Lutz! We love you Lutz! We love you Lutz!
WADE	(with the crowd) We love you Lutz! We love you Lutz! We love you Lutz! We love you Lutz!

Lutz looks over at their **section**, clearly **touched**. The whole stadium picks up the cheer. Wade starts an **ACTUAL** WAVE of Water People that goes all the way around the stadium.

WADE	Whoooooooaaaaa…
CROWD	(doing a wave) Whoooooooaaaaa…

Ember opens her umbrella just as the wave **SPLASHES** OVER them.

CROWD	(cheering)

ON THE COURT, Lutz is **energized**.

LUTZ	(excited breathing)

He **blasts up** to the top of the stadium and **SLAMS** the ball into the net for a score. The crowd **goes wild**.

웨이드	사랑해요 러츠! 사랑해요 러츠! 자! 사랑해요 러츠! 같이 해요!
관중	사랑해요 러츠! 사랑해요 러츠! 사랑해요 러츠! 사랑해요 러츠!
웨이드	(관중과 함께) 사랑해요 러츠! 사랑해요 러츠! 사랑해요 러츠! 사랑해요 러츠!

러츠는 그들이 있는 구역을 바라본다. 감동 받은 게 분명하다. 경기장에 있는 모든 사람들이 함께 응원한다. 웨이드가 물 관중을 동원하여 진짜 파도타기 응원을 시작한다. 파도가 경기장을 한 바퀴 돈다.

웨이드	오 오 오 와⋯
관중	(파도를 타면서) 오 오 오 와⋯

파도가 몰려와 물이 튀자 앰버가 우산을 펼쳐 든다.

관중	(환호한다)

코트에 있는 러츠는 힘을 얻었다.

러츠	(흥분해서 심호흡한다)

그가 경기장 꼭대기까지 솟구쳤다가 공을 네트 안으로 내리 꽂자 점수가 올라간다. 관중, 열광한다.

section 구역, 지역 **touched** 감동받은 **actual** 사실상의 **splash** 물을 뿌리다 **energized** 기운을 받은 **blast up** 솟아오르다 **slam** 내리 꽂다 **go wild** 열광하다

CROWD	(cheering)

Ember even **gets caught up** in the moment. It's a stadium **ELECTRIFIED**!

EMBER	(cheering) **Ah, yes! Yes!**
WADE	(cheering, **celebrating, tearing up**) **Woo! Way to go Lutz!** [40]

Lutz holds his arms up – they did it!

LUTZ	(exhale)
WADE	(cheering) **Yeah Lutz! That was amazing Lutz!**

Wade **high-fives** everyone around them.

CROWD	(cheering)
WADE	(high-fiving) **Uh! Yeah! Yeah! Yes!**

Ember looks at Wade, amazed at what he just did.

WADE	**Woo hoo!**

Wade tries to high-five her, she **instinctively leans away**.

WADE	**Oh.**

He high-fives himself.

관중	(환호한다)

앰버도 완전히 빠져든다. 경기장은 열광의 도가니이다!

앰버	(환호하며) **야, 그래! 그거라고!**

웨이드	(환호하고, 축하하며, 눈물이 맺히고) **워어! 바로 그거야, 러츠!**

러츠가 팔을 번쩍 든다 – 그들이 해낸 것이다!

러츠	(숨을 내쉰다)

웨이드	(환호하며) **그래 러츠! 좋았어, 러츠!**

웨이드가 주변 사람들과 하이파이브한다.

관중	(환호한다)

웨이드	(하이파이브하며) **어! 그래! 그래! 그거지!**

앰버는 웨이드의 행동에 감탄하며 그를 바라본다.

웨이드	**우후!**

웨이드가 앰버에게 하이파이브하려는데, 그녀가 본능적으로 뒤로 물러난다.

웨이드	**오.**

웨이드는 자기 손에 하이파이브한다.

get caught up 빠져들다 **electrified** 짜릿한 기분을 느끼는 **celebrate** 축하하다 **tear up** 눈물이 고이다 **high-five** 하이 파이브하다 **instinctively** 본능적으로 **lean away** 뒤로 물러서다

357 POSTGAME

EXT. CYCLONE STADIUM – LATER
JUMP AHEAD to the front entrance. **Rowdy** Elements **pour out of** the stadium, cheering. We find Gale celebrating. Ember walks next to her.

GALE Wohoo! What a **comeback!** [41]

REVEAL Wade covered **head to toe** in Windbreakers **merch**, including two foam hands, a **puffy** wig and cloud-shaped glasses.

WADE Check out who found the gift shop!

WADE Woo!

Ember does a **double-take at** Wade with a smile... this guy is ridiculous, then to Gale:

EMBER I gotta admit that WAS pretty cool. [42]

WADE (still celebrating) Uh! Yeah!

GALE You can see why I can get all **churned** up. But as a "cloud puff" who used to come here with her dad, these wins mean a little bit more.

EMBER And as a "Fireball" who's supposed to take over her dad's shop...

EMBER (softening, not easy to say) ...I sure don't want to **let him down**... and I could use a win too.

Ember's **letting her guard down** a little.

EMBER Now I just gotta stop water from coming in—

357 게임이 끝나고

실외. 사이클론 경기장 - 잠시 후
경기장 입구가 보인다. 원소들이 떠들썩하게 환호하며 경기장을 빠져나온다. 게일 역시 승리를 축하하고 있다. 앰버가 그녀 옆에서 걸어간다.

게일 우후! 멋진 역전승이었어!

웨이드는 머리에서 발끝까지 윈드브레이커스 상품들로 치장했다. 손 모양의 응원도구를 양손에 끼고, 뭉게구름 같은 가발과 구름 모양의 안경을 쓰고 있다.

웨이드 기념품 가게 털었죠!

웨이드 우!

앰버가 웃으면서 웨이드에게 눈길을 주는데… "이 남자 웃기네" 하는 듯하다. 그러고 게일에게:

앰버 인정하긴 싫지만 정말 재미있었어요.

웨이드 (여전히 자축하며) 어! 예!

게일 이제 내가 왜 그렇게 가만히 못 있는지 알겠지? 어렸을 때 아빠와 이곳을 왔던 "솜털 구름"에게 이 승리는 그 이상의 의미가 있지.

앰버 아빠 가게를 물려받아야 하는 "불덩어리" 역시…

앰버 (부드러운 말투로, 쉽게 말을 꺼내지 못하고) …전 아빠를 실망시키기 싫어요… 저도 이 승리가 필요해요.

앰버는 자신의 속마음을 조금 드러낸다.

앰버 이제 물이 들어오는 걸 막아야…

---

postgame 경기 후 **rowdy** 떠들썩한 **pour out of** ~에서 쏟아져 나오다 **comeback** 역전승 **head to toe** 머리에서 발끝까지 **merch** 상품, 물품 **puffy** 뭉게뭉게 피어 오르는 **does a double-take at** ~를 다시 한번 바라보다 **churn** 마구 휘젓다, 뒤틀다 **let someone down** 실망시키다 **let one's guard down** 속마음을 드러내다

GALE	WATER? In FIRETOWN?
EMBER	Yeah?
GALE	Water was shut off to there YEARS ago. Forget the tickets, I'm gonna have to **TAKE APART** YOUR DAD'S SHOP to **figure out** what's going on!!
EMBER	YOU CAN'T! My dad put his WHOLE LIFE into that place!
GALE	(angry detective, to Wade) ARGG. I **bet** this is **connected** to that fluffin' leak. [43]
WADE	(to a freaked-out Ember) Yeah, we've been trying to track down a leak in the city. It's why I was in the canal and—WAIT!! (to Gale) I know where I got sucked into Ember's shop!
WADE	Ember and I could track the water from her shop to find the **SOURCE** OF THE LEAK!
GALE	Keep talking. [44]
WADE	I could call in a city **crew** to fix whatever we find.
EMBER	(getting on board) Yes! And there'd be no need to touch my dad's shop! [45]

게일	물이라고? 파이어타운에?
앰버	네?
게일	거기는 몇 년 전에 단수됐어. 위반 딱지는 없던 걸로 해. 너희 아빠 가게를 헐어서 문제가 뭔지 파악 해야겠어!
앰버	그럴 순 없어요! 아빠는 평생을 그곳에 바치셨어요!
게일	(화를 내며, 웨이드에게) 아악. 이게 그 망할 놈의 누수하고 연관 있는 게 분명해.
웨이드	(겁먹은 앰버에게) 어, 우리는 시에서 발생한 누수를 조사 중이야. 그래서 내가 운하에 있었던거고… 잠깐만!! (게일에게) 내가 어디에서 앰버의 가게로 빨려 들어갔는지 알겠어요!
웨이드	앰버와 내가 가게에서 물을 추적해서 누수의 원인을 찾을 수 있어요!
게일	계속해 봐.
웨이드	그리고 작업반을 보내서 우리가 찾은 원인을 보수 요청할 수 있어요.
앰버	(동조하며) 그래요! 그러면 우리 아빠의 가게를 건드릴 필요도 없죠!

take apart 분해하다 figure out 알아내다 bet 장담하다 connected 연결된 freaked out 놀란 track 추적하다 source 원인 crew 직원 get on board 동조하다

Gale thinks, then smiles at their hopeful faces.

GALE   You're lucky you're a cute couple.

EMBER   Oh, we're not a—

GALE   You got until FRIDAY.

GALE   If you can find the leak and get a crew to fix it by then those tickets are **forgiven**. If not? YOUR DAD'S SHOP gets shut down.

Ember feels the **weight** of this. Gale flies up into the flowing air crowd, **hooting**, cheering:

GALE   WOOHOO! BREAK WIND! BREAK WIND!

EMBER   Thank you!

Ember exhales... she got a **reprieve**.

EMBER   (sigh of **relief**)

She looks to Wade.

EMBER   Please take all that off.

WADE   But I got you a hat!

Wade puts the hat on Ember's head. We go wide to see a huge **plume** of fire and smoke explode above her. Back on them, Wade's **outfit** is **singed**.

WADE   Okay.

게일, 잠시 생각하더니 희망찬 표정하고 있는 두 사람에게 미소 짓는다.

게일 너희 둘이 귀여운 커플인 게 다행인 줄 알아.

앰버 오, 우린 아니…

게일 금요일까지 시간을 주지.

게일 너희가 그때까지 누수를 찾아서 작업반이 보수하도록 하면 그 위반 딱지는 취소되는 거야. 못 하면? 너희 아빠 가게는 문을 닫는 거지.

앰버는 중압감을 느낀다. 게일이 공중으로 올라가 공기 관중과 함께 경적 소리를 내며 환호한다:

게일 우후! 바람을 가르자! 바람을 가르자고!

앰버 고마워요!

앰버가 안도의 한숨을 내쉰다… 집행 유예를 받은 것이다.

앰버 (안도의 한숨을 내쉰다)

그녀가 웨이드를 바라본다.

앰버 제발 그거 다 벗어.

웨이드 네 모자도 샀는 걸!

웨이드가 앰버의 머리에 모자를 씌워 준다. 그녀의 머리 위에서 큰 불기둥과 연기가 터져 나오는 장면이 넓은 화면으로 보인다. 다시 두 사람으로 돌아와, 웨이드의 옷이 불에 그슬려 있다.

웨이드 알겠어.

---

forgiven 취소된, 탕감된 **weight** 중압감, 중요함 **hoot** 경적 소리를 내다, 폭소를 터트리다 **reprieve** 일시적인 유예 **relief** 안심 **plume** 연기, 수증기 기둥 **outfit** 옷, 복장 **singe** 겉을 태우다, 그슬려지다

Up in the Air

381 DAMAGE REPORT

INT/EXT. BERNIE'S SHOP – NIGHT
Ember and Wade walk up to the shop.

EMBER | Just **keep outta sight**, okay? [46] It'd be a whole thing. [47]

They hear Bernie from inside the shop, he's **livid**.

BERNIE | (O.S.) **Now water upstairs??**

BERNIE | It's in the walls.

Ember and Wade **peer** through a window. They watch as Bernie **rips** away a piece of wall revealing a leaking pipe.

BERNIE | I don't understand! I fix one pipe and another one leaks!

381 피해 보고

실내/실외. 버니의 가게 - 밤
앰버와 웨이드가 가게로 걸어간다.

앰버 그냥 눈에 띄지 않도록 해, 알겠지? 복잡한 상황이 될 거니까.

가게 안에서 버니의 목소리가 들린다. 매우 화가 났다.

버니 (화면 밖) 위층에도 물이 샌다고??

버니 벽에 물이 찼군.

앰버와 웨이드가 창문으로 들여다본다. 버니가 벽의 일부를 뜯어내자 물이 새는 파이프가 보인다.

버니 이해할 수 없군! 파이프 하나를 고치면 다른 게 새다니!

keep outta sight 눈에 띄지 않다 (= keep out of sight)　**livid** 몹시 화난　**peer** 바라보다　**rip** 찢다, 떼어내다

Bernie pushes the Blue Flame away from the leak.

BERNIE
Ah, water!

Bernie **throws open** the window. Coughing and letting smoke out. Ember and Wade **plaster** themselves to the wall. Bernie leaves the window.

EMBER
(whispered) How could it be worse?

WADE
Now that water's back, the pressure is **forcing** it up to ALL your pipes.

EMBER
We gotta find the source!

They **crouch down** and peer into the basement.

EMBER
How did you even end up here?

We follow a pipe going from the shop to the **culvert** and into the floor of the canal.

WADE
(V.O.) Well, I was in the canals checking the doors for leaks...

399 SWEPT AWAY

EXT. CULVERT WORKSITE – FLASHBACK – DAY
Wade, wearing a **hard hat**, stands near CULVERT DOORS, and a LARGE **PUDDLE**.

WADE
(V.O.) When I found some water that shouldn't have been there...

He **dips** his finger in the puddle and tastes the water...

WADE
(smacks lips) ...rusty, with a hint of—motor oil?

SUDDENLY there is a **RUSH** of water. Wade is SWEPT OFF HIS FEET and SUCKED into a drain.

버니는 파란 불꽃을 누수된 곳으로부터 멀리 밀어낸다.

버니 아, 이놈의 물!

버니가 창문을 활짝 열어젖힌다. 기침하고 연기를 뱉는다. 앰버와 웨이드는 벽에 몸을 딱 붙인다. 버니가 창문에서 멀어진다.

앰버 (속삭이며) 어떻게 더 나빠질 수가 있지?

웨이드 이제 물이 다시 흐르니까, 수압 때문에 물이 너희 가게 파이프로 몰리는 거야.

앰버 원인을 찾아야겠어!

그들이 쭈그리고 앉아 지하실 안을 들여다본다.

앰버 너는 어떻게 여기까지 온 거야?

화면은 파이프가 가게에서 나와 배수로를 지나 운하의 바닥까지 이동하는 장면을 보여 준다.

웨이드 (목소리) 자, 나는 운하에 있었어. 누수를 찾으려고 입구를 점검하고 있었지…

399 휩쓸리다

실외. 배수로 작업장 – 과거 회상 – 낮
웨이드가 안전모를 쓰고 배수로 입구 근처에 서 있다. 큰 물웅덩이가 보인다.

웨이드 (목소리) 물이 없어야 하는데 거기서 물을 발견했거든…

그가 물웅덩이에 손가락을 담그고 맛을 본다…

웨이드 (입맛을 다시며) …녹이 쓸었군, 약간– 엔진 오일 맛도 나고.

갑자기 물이 밀려온다. 웨이드가 물에 휩쓸려 배수구로 빨려 들어간다.

---

throw open 활짝 열다 **plaster** 딱 붙이다, 바르다 **whisper** 속삭이다 **now that** ~ ~하니까, ~이므로 **force** 힘으로 밀다, 강요하다 **crouch down** (몸을) 숙이다 **culvert** 배수로 **sweep away** 휩쓸다 **hard hat** 안전모 **puddle** 물웅덩이 **dip** 담그다 **smack lips** 입맛을 다시다 **rush** 급한 움직임, 밀려들다

WADE	(V.O.) There was this **WHOOSH** of water.
WADE	AHHHH!
WADE	(V.O.) And I got sucked into a **filtering system**...

Wade is **knocked around** a filtering system.

WADE	Help!

THEN **BAM**! He's **JAMMED** into a pipe that's **clogged** with DEBRIS.

WADE	(**squeeze** impact)
WADE	(V.O.) But then I heard this explosion...

SUDDENLY there's the **VIBRATION** that shook the pipe when Ember exploded.

EMBER	(O.S.) AHHHHHH!

Wade's eyes grow **in terror** as he ALSO vibrates. The debris breaks up and FOOMP he's sucked in.

WADE	AHHHH!

On Wade's face as he bursts out of a pipe. Behind him we see, through the **distortion** of the water, a **blurry** Ember...

WADE	(O.S.) That's how I **ended up** at your place. ⁴⁸

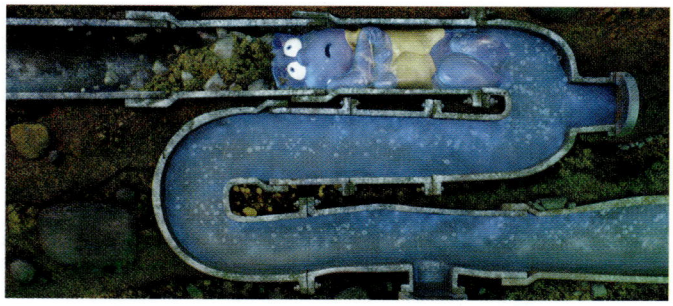

웨이드	(목소리) 물이 훅 하고 빠르게 밀려들었어.
웨이드	아아아!
웨이드	(목소리) 그리고 나는 정화 장치로 빨려 들어갔지…

웨이드가 정화 장치에서 이리저리 굴러다닌다.

웨이드	살려줘요!

그 후 쾅! 하고 웨이드가 쓰레기로 꽉 막힌 파이프에 끼인다.

웨이드	(꽉 끼여서 힘들어한다)
웨이드	(목소리) 그런데 그때 폭발음이 들렸어…

앰버가 화를 폭발했을 때 갑자기 진동이 발생하고 파이프가 흔들렸던 것이다.

앰버	(화면 밖) 아아아아!

두려움을 느끼며 웨이드의 눈이 커지는데 그의 몸도 떨린다. 쓰레기들이 떨어져 나가면서 퓸 하고 그가 빨려 들어간다.

웨이드	아아아아!

파이프에서 터져 나오는 웨이드의 얼굴이 화면에 크게 잡힌다. 웨이드 뒤로 물 때문에 선명하지 않지만 앰버의 모습이 희미하게 보이는데…

웨이드	(화면 밖) 그래서 내가 너희 가게로 오게 된 거야.

---

whoosh 공기 혹은 물이 빠르게 지나가는 소리 **filtering system** 정화 시설 **knocked around** 이리저리 치이는 **bam** 쾅 **jammed** 막힌, 갇힌 **clogged** 막힌 **squeeze** 비집고 들어가다, 쥐어짜다 **vibration** 진동 **in terror** 겁을 먹고 **distortion** 왜곡, 구부림 **blurry** 흐릿한 **end up** 결국 ~에 이르다/하게 되다

401 HIGHER GROUND

EXT. BERNIE'S SHOP – BACK TO SCENE
Ember and Wade are where we left them.

EMBER (dawning) Oh flame, my temper caused this.

Ember looks down the **seemingly endless** canals.

EMBER (overwhelmed by the odds) So we're searching for water "somewhere" in a canal?? Those canals go EVERYWHERE.

WADE It's why **tracking down** that leak has been so dang hard.

EMBER (gets an idea) The roof.

411 HOT AIR BALLOON

EXT. ROOF OF BERNIE'S SHOP – SHORTLY AFTER
Ember pulls a **tarp** off of the roof. Then, she melts a LARGE old **chimney SMOKE CAP** off its **stand**.

EMBER (efforts)

It **topples** over, almost hitting Wade.

WADE (yelp)

She **attaches** the tarp to the **upside-down** smoke cap.

EMBER You might want to step back. [49]

401 더 높은 곳

실외. 버니의 가게 - 현재 장면
앰버와 웨이드가 다시 현재 장면으로 돌아온다.

앰버 (상황을 이해하고) 이런 불씨, 내 성질머리가 이렇게 만든 거군.

앰버는 끝없이 이어진 운하를 내려다본다.

앰버 (수많은 가능성에 당황해서) 운하에서 물 "어딘가"를 찾아야 하는 거야? 저 운하들은 사방으로 나 있잖아.

웨이드 그래서 누수를 찾는 게 정말로 힘들었던 거야.

앰버 (좋은 생각이 나서) 지붕.

411 열 기구

실외. 버니의 가게 지붕 - 잠시 후
앰버가 지붕에 있던 방수포를 잡아당긴다. 그 후, 크고 낡은 굴뚝의 연기 뚜껑을 녹여 지지대에서 떼어낸다.

앰버 (온 힘을 다한다)

뚜껑이 바닥에 떨어지면서 웨이드를 덮칠 뻔한다.

웨이드 (소리친다)

그녀는 방수포를 뒤집힌 연기 뚜껑과 연결한다.

앰버 물러서는 게 좋을 거야.

dawn 분명해지다　**seemingly** 겉으로 보아하니　**endless** 끝없는　**overwhelmed** 압도된　**odds** 확률, 가능성　**track down** 추적하다　**tarp** 방수포 (= tarpaulin)　**chimney** 굴뚝　**smoke cap** 연기 마개 뚜껑　**stand** 지지대, 기둥　**topple** 넘어지다　**attach** 붙이다　**upside-down** 뒤집어진

She climbs into the cap and flares up super bright and hot. The tarp **inflates** like a hot air balloon. Wade is **astonished**.

WADE Holy dew drop!

EMBER Shh. Get in.

Wade **scurries** and climbs in as it starts to RISE. He stares at Ember with WONDER. They **float** above the **rooftops** of Firetown. It's **gorgeous**. Wade admires Ember's blaze. They're so close, his arm starts to boil. He takes a step away from her. We see the **spot** he was sucked in, there's a puddle.

WADE Okay, that's where I got sucked in.

The camera **PANS** up the canal, following a **trail** of puddles.

WADE More water. Go that way!

Ember turns the balloon to follow the puddles. They pass a building... we hear giggles.

EARTH PRUNER 1 (giggle) Right there.

As they pass a darkened window, Ember's light **illuminates** two EARTH ELEMENTS picking each other's fruit. They FREEZE, caught.

EARTH PRUNER 2 (giggle) Oh!

EARTH PRUNER 1 Nothing **weird** going on here.

EARTH PRUNER 2 Uh, just a little **pruning**.

앰버가 뚜껑 안으로 올라타더니 매우 밝고 뜨겁게 불타오른다. 방수포가 마치 열기구처럼 부풀어 오른다. 웨이드가 매우 놀란다.

웨이드 이런 방울방울!

앰버 쉿. 얼른 타.

웨이드가 황급히 올라타자 열기구가 상승하기 시작한다. 그가 앰버를 경이롭게 바라본다. 그들은 파이어타운의 옥상 위를 떠다닌다. 너무 황홀한 광경이다. 웨이드는 앰버의 불꽃에 감탄한다. 두 사람이 너무 가깝게 붙어 있어 그의 팔이 끓기 시작한다. 그가 그녀에게서 한 발짝 물러선다. 웨이드가 빨려 들어간 지점이 보인다. 물웅덩이도 있다.

웨이드 어, 저기가 내가 빨려 들어간 곳이야.

카메라가 물웅덩이 흔적을 따라가며 운하 위쪽으로 이동한다.

웨이드 물이 더 있어. 저쪽으로 가!

앰버가 열기구의 방향을 돌려 물웅덩이를 따라간다. 그들이 건물을 지나는데… 키득거리는 소리가 들린다.

흙 나무 1 (키득거린다) 바로 거기야.

그들이 어두운 창문을 지나자 앰버의 불빛이 서로의 과일을 따 주고 있는 흙 원소 둘을 비춘다. 들켰다는 것을 알고 동작을 멈춘다.

흙 나무 2 (키득거리며) 오!

흙 나무 1 이상한 짓 하는 거 아니에요.

흙 나무 2 어, 그냥 약간 다듬는 거예요.

inflate 부풀어 오르다 astonished 놀란 scurry 황급히 ~하다 float 떠다니다 rooftop 옥상 gorgeous 멋진 spot 발견하다 pan 이동하다 trail 흔적 illuminate 빛을 밝히다 weird 이상한 prune 가지치기 하다

Wade and Ember stare as they float away. Then they turn to each other and share a laugh.

EMBER, WADE (laugh)

A moment of **connection**, then Wade looks at Ember's **amazing** fire. She catches him looking. Her light **refracts** in his water. They have a moment.

WADE So, uh, what do you do at the shop if you don't mind me asking? 50

EMBER My dad's retiring and I'll be taking over. Someday, when I'm ready.

They float through **glittering skyscrapers**.

WADE It must be nice knowing what you're gonna do. After my dad **passed** I got all "what's the point?" Now I just go from one job to the next.

Ember gives him a **sympathetic** look.

EMBER There's a word in Firish. Tìshók'. It means **embrace** the light while it burns, cause it won't always last forever.

Wade **processes** and tries to repeat it.

WADE (quietly **butchers** it) Tee shook...

웨이드와 앰버가 이동하면서 그들을 빤히 바라본다. 그리고 서로를 바라보며 함께 웃는다.

앰버, 웨이드 (웃는다)

서로 교감하는 순간이다. 웨이드가 앰버의 황홀한 불빛을 바라본다. 그녀는 웨이드가 자신을 바라보는 것을 눈치챈다. 그녀의 빛이 그의 물에 굴절된다. 그들에게 특별한 순간이다.

웨이드 그래서, 어, 이런 거 물어봐도 되는지 모르겠지만 가게에서 뭘 하는 거야?

앰버 아빠가 은퇴하시고 내가 이어받을 거야. 언젠가, 내가 준비되면 말이야.

그들이 반짝이는 고층 건물 사이를 지나간다.

웨이드 네가 할 일에 확신이 있다는 건 좋은 거야. 우리 아빠가 돌아가시고 난 "이게 다 무슨 소용이야?" 라는 생각을 했거든. 그래서 이 일, 저 일을 떠돌아 다니고 있는 거지.

앰버가 웨이드를 동정하는 눈빛으로 바라본다.

앰버 불-어에 이런 말이 있어. 티쇼크: "불이 타오를 때 품도록 하라" 라는 뜻이야. 불은 영원히 타오를 수 없으니까.

웨이드가 그 단어를 따라해 보려고 한다.

웨이드 (조용하게 엉망으로 발음하며) 티 슈크…

---

connection 교감 **amazing** 놀라운 **refract** 굴절되다 **glittering** 반짝이는 **skyscraper** 고층 건물 **pass** 죽다, 돌아가시다
sympathetic 동정하는 **embrace** 끌어안다 **process** 처리(생각)하다 **butcher** 제대로 하지 못하다

EMBER	(small smile, he's way off) **Or something like that.** [51]

BUT, just then, they **round** a large building revealing an older section of town. Ember sees a large, **ornate** but rundown building and her **face drops**. Wade notices.

WADE	**You okay?**
EMBER	(no) **Yeah.**
WADE	**You sure?**

She **points to** the building.

EMBER	**It's just... that building over there? That's Garden Central Station.**

426 NO FIRE

EXT. GARDEN CENTRAL STATION – FLASHBACK – DAY
We GO TO a FLASHBACK of GARDEN CENTRAL STATION. There's a big SIGN **advertising** the Vivisteria. YOUNG EMBER, holding BERNIE'S hand, **excitedly** runs up to the **entrance**.

EMBER	(V.O.) **When I was a kid, my dad took me there because they had a VIVISTERIA tree. I'd ALWAYS wanted to see one. It's the only flower that can thrive in ANY environment. Fire included.**

앰버	(그의 엉망인 발음에 작게 웃으며) 비슷한 것 같네.

그러나, 이때 큰 건물을 돌자 파이어타운의 옛날 구역이 나타난다. 앰버가 크고 화려하지만 폐허가 된 건물을 바라보자 표정이 어두워진다. 웨이드가 이를 알아차린다.

웨이드	괜찮아?
앰버	(그렇지 않다) 그래.
웨이드	정말로?

앰버가 건물을 가리킨다.

앰버	그냥… 저기 있는 건물 보이지? 저기가 가든 센트럴역이야.

426 불은 안 돼

실외. 가든 센트럴역 – 과거 회상 – 낮
가든 센트럴역의 과거 회상 장면이다. 비비스테리아를 소개하는 거대한 광고판이 보인다. 어린 앰버가 버니의 손을 잡고 신나게 입구로 달려간다.

앰버	(목소리) 내가 어렸을 때 아빠가 저기에 날 데리고 가셨지, 비비스테리아 나무가 있었거든. 난 늘 그 나무를 꼭 한 번 보길 원했어. 어떤 환경에서도 자랄 수 있는 유일한 꽃이거든. 불에서도 말이야.

round 돌아서 가다 **ornate** 화려하게 장식된 **face drop** 시무룩하다 **point to** 가리키다 **advertise** 광고하다 **excitedly** 흥분해서, 기뻐하며 **entrance** 입구 **thrive** 번성하다 **environment** 환경

They get in line with other ELEMENTS, **eager** for the **exhibit**.

EMBER (V.O.) **I was so excited.**

They approach the doors. But before they enter a GUARD stops them.

EMBER (V.O.) **But they said our Fire was too dangerous and they wouldn't let us in.**

The guard **points** to a "NO FIRE ALLOWED" SIGN. Bernie is **FURIOUS**. He yells and the guard yells back.

BERNIE Tsh'à ts' shâ sh pfùkh!

GUARD Go back to Fire Land!

EVERYBODY laughs. Some **jeer**.

MUSEUM GOERS (laughing, jeering) **Burn somewhere else! / Get outta here!**

EMBER (V.O.) **My dad was so angry, and embarrassed.**

CLOSE UP: Young Ember scared.

431 DOUBLE WINDMILLS

INT. HOT AIR BALLOON – BACK TO SCENE
Ember and Wade are where we left them. We're close on Ember, still angry **reliving** this memory.

EMBER The building **flooded** a few years later. So I missed my one chance to see a Vivisteria.

Ember **furrows her eyebrows**, **pissed** at the memory. She looks to Wade. **To her surprise**, he's tearing up.

그들은 다른 원소들과 함께 줄을 서 있다. 전시회를 보고 싶어 들뜬 모습이다.

앰버 (목소리) 난 너무 신이 났지.

그들이 입구로 다가간다. 그런데 입구에 들어가기도 전에 경비원이 그들을 저지한다.

앰버 (목소리) 하지만 우리 불 원소는 너무 위험하다며 출입을 허락해 주지 않았어.

경비원이 "불 출입 금지" 표지판을 가리킨다. 버니는 몹시 화가 난다. 그는 경비원에게 소리지르고 경비원도 소리를 높인다.

버니 트샤 츠 샤 쉬 프푸크흐!

경비원 파이어랜드로 돌아가!

모두들 웃는다. 몇 명은 조롱한다.

박물관 손님들 (웃고, 조롱하며) 불은 다른 데서 피워! / 여기서 꺼져!

앰버 (목소리) 아빠는 너무 화가 나셨어, 그리고 창피해 하셨지.

클로즈업: 겁을 먹은 어린 앰버의 얼굴.

431 이중 풍차

실내. 열기구 - 현재 장면
앰버와 웨이드가 다시 현재 장면으로 돌아온다. 앰버의 얼굴이 클로즈업된다. 기억을 되살리면서도 여전히 화가 난다.

앰버 몇 년 뒤에 그 건물이 침수됐어. 그래서 비비스테리아를 볼 수 있는 단 한 번의 기회를 놓친 거지.

그 기억에 화난 앰버가 미간을 찌푸린다. 그녀가 웨이드를 바라본다. 놀랍게도 그의 눈에 눈물이 맺혀 있다.

---

eager 갈망하는, 열광하는 **exhibit** 전시회 **point** 가리키다 **furious** 격분한 **jeer** 조롱(야유)하다 **embarrassed** 당황스러운 **relive** 다시 체험하다, 되살리다 **flood** 잠기다, 침수되다 **furrow one's eyebrows** 미간을 찌푸리다 **pissed** 화가 난 **to one's surprise** 놀랍게도

WADE You must have been SO **scared**.

This takes Ember back. Almost as a kid she says:

EMBER (softly) **I was.**

THEN, she **shakes it off**, almost annoyed and **amazed**.

EMBER (shake off voc) **How do you do that?**

WADE **Do what?**

EMBER **Draw people in**! You got a whole stadium to connect with you. I– I can't even connect with ONE customer. My stupid temper always **kicks in**.

WADE **I guess I just say what I feel.**

Ember **hangs her head**, this doesn't **resonate**.

WADE **And I don't think a temper is so bad. Sometimes when I lose MY temper... I think it's just ME trying to tell me something I'm not ready to hear.**

Ember raises her head **slightly**.

EMBER **That's ridiculous.**

WADE **Maybe...**

Wade's eyes GROW with **excitement**! He points!

WADE (seeing something) **Hey, there! Put us down there!**

웨이드	정말 무서웠겠다.

이 말에 그녀는 그때를 생각한다. 그리고 아이처럼 말한다:

앰버	(부드럽게) 그랬지.

그리고, 앰버는 고개를 흔든다. 화도 나고 감탄한 것 같기도 하다.

앰버	(목소리가 흔들리며) 어떻게 한 거야?
웨이드	뭘?
앰버	사람들의 마음을 끄는 거! 아까 경기장에 있는 모든 사람들이 너와 교감했잖아. 난- 난 손님 한 명하고도 교감을 못하는데. 항상 내 고약한 성질이 문제야.
웨이드	내가 느낀 대로 말하는 것뿐이야.

앰버가 고개를 떨군다. 이 말이 크게 와닿지 않는다.

웨이드	성질내는 게 그리 나쁜 건 아니라고 생각해. 화가 나는 건… 내 자신이 들을 준비가 안 된 말을 하려고 해서 그런 것 같아.

앰버가 약간 고개를 든다.

앰버	말도 안 돼.
웨이드	아마도…

웨이드의 눈이 흥분해서 커진다! 그가 가리킨다!

웨이드	(무언가를 보고서) 저기야! 저기로 내려가 줘!

scared 겁이 난 shake it off 고개를 흔들다, 잊어버리다 amazed 놀라운 draw someone in ~의 관심을 끌다 kick in 나타나기 시작하다 hang one's head 고개를 떨구다 resonate 마음에 와닿다 slightly 약간 excitement 흥분된 감정

Wade Asks Ember Out

 11. mp3

315 CULVERT

EXT. CULVERT – SHORTLY AFTER
They land in the culvert and climb out in front of two GIANT WOODEN CULVERT DOORS that are broken and **ajar**. There's a huge hole where they should meet.

WADE   That's not right.

Wade dips his finger in some standing water and tastes it.

WADE   (lip smack) Motor oil! (then chipper) Yup, this is the **source**!

They walk through the doors to **investigate** and head toward the main canal.

EMBER   Why's there no water?

WADE   Because the doors are broken. This is supposed to catch **spillover** from those main canals and – [52]

315 배수로

실외. 배수로 - 잠시 후

배수로에 착륙해 열기구에서 내리는 두 사람. 목재로 된 거대한 배수로 문 앞에 선다. 양문으로 되어 있는데 일부가 부서져서 문틈 사이가 벌어져 있다. 양문이 만나는 지점에 큰 구멍이 나 있다.

웨이드 이래선 안 되는데.

웨이드가 고여 있는 물에 손가락을 담그고 맛을 본다.

웨이드 (쩝쩝대며) 엔진 오일이야! (밝은 목소리로) 그래, 여기가 원인이야!

그들은 문을 통과해서 주변을 살피고 운하 중심부로 걸어간다.

앰버 왜 물이 없지?

웨이드 문이 부서졌기 때문이야. 운하 중심부에서 흘러넘치는 물을 막아 줘야 하는데-

ajar 약간 열린 **dip** 담그다 **lip smack** 입맛을 다시다 **chipper** 명랑 쾌활한 **source** 원인 **investigate** 조사하다 **spillover** 넘침

Just then a giant **cruise-liner rolls by** and its **wake triggers** a small **tsunami** over the canal walls.

WADE –RUN FOR YOUR LIFE!!

Ember and Wade run toward the culvert doors. Ember jumps through and climbs the door to **RELATIVE** safety, but Wade is caught on the other side, holding **desperately** to the broken part of the door.

WADE Ahhhh! Help! Ahhhh!!!

Thinking fast, Ember melts a piece of **rebar** off the door.

EMBER Uh...

She **thrusts** it toward him.

EMBER Grab this!

WADE (**reach** effort)

EMBER (pull effort)

Ember pulls Wade to **safety**.

WADE (panting)

She looks at where the water is going – **in the distance** we can see the **smoky** tops of Firetown buildings.

이때 거대한 여객선이 지나가며 작은 쓰나미가 일어나자 많은 물이 운하 벽 위로 흘러넘친다.

| 웨이드 | …살고 싶으면 도망쳐!! |

앰버와 웨이드가 배수로 문을 향해 도망친다. 앰버는 문 사이를 통과해 그 위로 올라가 비교적 안전한 곳으로 대피한다. 반면에 웨이드는 반대편에 갇힌 채 부서진 문 일부를 붙잡고 필사적으로 버티고 있다.

| 웨이드 | 아아아! 도와줘! 아아아아!!! |

재빨리 기지를 발휘하는 앰버, 문에서 콘크리트 보강용 강철봉을 녹여 빼낸다.

| 앰버 | 어… |

그녀가 봉을 그에게 내민다.

| 앰버 | 이거 잡아! |

| 웨이드 | (봉을 잡으려고 안간힘을 쓴다) |

| 앰버 | (안간힘을 쓰며 웨이드를 끌어올린다) |

앰버가 웨이드를 안전한 곳으로 끌어올린다.

| 웨이드 | (숨을 헐떡인다) |

앰버는 물이 어디로 흘러가는지 살펴본다 – 저 멀리 옥상에서 연기가 피어 오르는 파이어타운 건물들이 보인다.

---

cruise-liner 크루즈 여객선 **roll by** 지나가다 **wake** 배 등이 지나가서 생긴 파도, 흔적 **trigger** 촉발하다 **tsunami** 쓰나미 **relative** 상대적인 **desperately** 필사적으로 **rebar** 콘크리트 보강용 강철봉 **thrust** 밀어 넣다, 찔러주다 **grab** 붙잡다 **reach** 손을 뻗다 **safety** 안전, 안전한 곳 **in the distance** 멀리서 **smoky** 연기가 나는

EMBER (to herself) **Firetown!**

Ember **spots** a pile of **sandbags** on the **edge** of the canal. She **leaps** over the water and climbs up to them. She grabs one of the bags and calls out to Wade:

EMBER **Catch!!**

She **swings** the sandbag and throws it down to him.

EMBER (effort)

Wade turns just as the bag arrives **BAM**, knocking him to the ground.

WADE (impact)

Wade gets up and, moving against the flow of water, carries the sandbag toward the doors. Ember lifts another.

EMBER (effort)

Water is still **pouring** through the gates. Ember stops to watch Wade.

WADE (quick breaths)

He holds a sandbag and uses his free arm to press against the flow of water.

WADE (efforts)

His water **undulates** and grows, with a super **strength** he pushes back the flow.

WADE (big push effort)

Ember watches from above, **impressed**. He **heaves** the sandbag at the base of the door **opening**.

WADE (heave effort)

앰버	(혼잣말로) 파이어타운이야!

앰버는 운하 가장자리에 쌓여 있는 모래주머니들을 발견한다. 풀쩍 뛰어 물을 건넌 후 모래주머니를 향해 벽을 올라간다. 주머니 한 개를 들고 웨이드에게 소리친다:

앰버	잡아!!

그녀는 모래주머니를 잡고 돌리더니 아래에 있는 웨이드에게 던진다.

앰버	(온 힘을 다한다)

웨이드가 그녀를 향해 고개를 돌리는 순간, 주머니가 날아와 '퍽' 하고 부딪힌다. 웨이드가 바닥에 쓰러진다.

웨이드	(충격을 받는다)

웨이드가 일어난다. 물살을 거스르며 모래주머니를 들고 문을 향해 다가간다. 앰버는 모래주머니를 하나 더 집어든다.

앰버	(힘을 쓴다)

여전히 물이 입구에서 쏟아져 나온다. 앰버가 잠시 행동을 멈추고 웨이드를 바라본다.

웨이드	(빠르게 심호흡한다)

웨이드가 한 팔로 모래주머니를 들고 다른 팔로 쏟아져 나오는 물줄기를 막는다.

웨이드	(안간힘을 쓴다)

그의 물이 파도처럼 물결치며 점점 더 커진다. 강력한 힘을 발휘하며 그가 물줄기를 뒤로 밀고 있다.

웨이드	(젖 먹던 힘을 다해 민다)

위에서 이를 바라보는 앰버, 감동 받은 모습이다. 웨이드가 문틈 아래에 모래주머니를 던져 놓는다.

웨이드	(힘겹게 주머니를 던져 놓는다)

spot 발견하다 sandbag 모래주머니 edge 가장자리, 끝 leap 뛰어오르다 swing 흔들다 bam 쾅 하며 부딪히는 소리 pour 쏟아지다 undulate 파도 모양을 이루다 strength 힘 impressed 감명받은 heave 들어올리다, (무거운 것을) 놓다 opening 틈새

He's enormous, **waterlogged** but powerful. He calls up to Ember.

WADE
Ember! Throw me more!

They start to pile more sandbags. Ember throwing them down and Wade stacking them up. When the **pile** is high and the water stopped, they place the last bag together.

EMBER
(effort)

EMBER
(panting, sigh of **relief**)

They finish... Ember, still looking at the sandbags:

EMBER
So, will this hold?

Wade pushes against the bags.

WADE
Yup.

Wade turns to Ember. He has sand in his face. She **notices** as he talks.

WADE
It should for sure. At least long enough for me to get a city crew to fix it before Friday. [53] (sees she's **staring**) **What?**

EMBER
You've got a little... sand.

Wade **pokes around** in his face.

WADE
Oh. Here? Here?

웨이드의 몸집이 물을 먹어 거대하고 강해 보인다. 그가 앰버에게 소리친다.

웨이드 앰버! 더 던져!

그들이 모래주머니를 더 많이 쌓기 시작한다. 앰버가 아래로 던지고 웨이드가 쌓아 올린다. 모래주머니가 높이 쌓이자 누수가 멈췄고, 두 사람이 마지막 모래주머니를 함께 쌓는다.

앰버 (힘을 다한다)

앰버 (숨을 헐떡이며 안도의 한숨 쉰다)

그들이 작업을 마쳤다… 앰버는 모래주머니 더미를 바라본다.

앰버 이게 견딜 수 있을까?

웨이드가 모래주머니들을 밀어 본다.

웨이드 그래.

웨이드가 앰버를 돌아본다. 그의 얼굴에 모래가 있다. 그가 말할 때 앰버가 알아차린다.

웨이드 확실히 그럴 거야. 내가 작업반에 금요일 전에 복구해 달라고 할 때까지는 괜찮아. (앰버의 시선을 느끼며) 왜?

앰버 뭐가 묻었어 조금… 모래가.

웨이드가 얼굴을 더듬는다.

웨이드 오. 여기? 여기?

---

waterlogged 침수되어 흠뻑 젖은, 물에 잠긴 **pile** 쌓다, 쌓은 것 **relief** 안심 **hold** 견디다 **notice** 발견하다, 알아차리다 **crew** 팀, 조, 선원 **stare** 빤히 바라보다 **poke around** (무엇을 찾으려고) 뒤지다

Ember points and reaches toward him, she almost touches his cheek.

EMBER It's... right there.

Ember pulls her hand away.

EMBER Um...

Wade grabs the **clump** of sand and pulls it out.

WADE Oh. Thanks.

They keep eye contact. It's almost **intimate**. Ember **breaks away** from it.

EMBER Well... let me know when it's done I guess. [54]

WADE I'll **make sure** there's a city crew here by Friday. [55]

EMBER Okay, see ya.

She turns and starts to walk off. Wade **blurts out** after:

WADE Wait!

Ember turns back.

WADE Any chance you're free tomorrow? [56] To **hang out** with a Water guy?

EMBER With a Water guy? My dad would **boil** you **alive**.

앰버가 손가락으로 가리키며 그를 향해 손을 뻗는다. 그의 볼을 거의 건드릴 뻔한다.

앰버 바로… 거기야.

앰버는 손을 뺀다.

앰버 음…

웨이드가 모래덩어리를 잡고 떼어 낸다.

웨이드 오. 고마워.

두 사람의 눈이 마주친다. 가까워진 모습이다. 앰버가 눈을 피한다.

앰버 그럼… 일 처리가 다 되면 알려 줘.

웨이드 금요일까지 작업반이 꼭 올 수 있도록 할게.

앰버 그래, 잘 가.

그녀가 뒤를 돌아 걸어간다. 웨이드가 갑자기 그녀에게 소리친다:

웨이드 잠깐!

앰버가 돌아본다.

웨이드 혹시 내일 시간 있어? 물하고 데이트하는 건 어때?

앰버 물하고? 아빠가 알면 널 산 채로 끓여 버릴 걸.

clump 덩어리 **intimate** 친밀한 **break away** 멀어지다, 탈피하다 **make sure** 확실하게 하다, 반드시 하다 **blurt out** 불쑥 말하다 **hang out** 어울려 놀다, 데이트하다 **boil** 끓이다 **alive** 산채로

WADE	He doesn't have to know! We could meet in the city. I promise nothing **weird**... maybe a little pruning?
EMBER	(chuckle) Sorry. That's not going to happen. [57]

ON Ember as Wade is behind her looking hopeful, she walks out of frame.

WADE	You smiled! I saw it! Tomorrow! I'll be at the Alkali Theater. Three o'clock!

웨이드	모르게 하면 되지! 엘리멘트 시티에서 만나. 이상한 짓 안 할게… 그냥 약간 다듬는 정도?
앰버	(피식 웃으며) 미안. 그건 안 되겠어.

앰버의 얼굴 뒤로 웨이드가 기대하는 표정을 하고 있다. 앰버는 화면 밖으로 걸어 나간다.

웨이드	너 웃었어! 내가 봤다고! 내일이야! 알칼리 극장에 있을게. 3시야!

weird 이상한 **chuckle** 키득거리며 웃다

First Date

368 CONNECTION MONTAGE

INT. BERNIE'S SHOP – NEXT AFTERNOON
Flarry and Flarrietta sit at their regular table, playing Fire chess. A drip of water falls from a pipe into Flarry's mug.

FLARRY (react to drip) **Oh! Your ceiling is dripping again.**

Bernie **GRUMBLES** seeing this.

BERNIE **More leaks?**

Ember climbs up on the table and melts the pipe shut.

EMBER **Don't worry. This whole problem is going away. I can feel it.**

She then sees the CLOCK, it's 3:00. She **hops off** the table.

368 교감 몽타주 장면

실내. 버니의 가게 - 다음날 오후
플레리와 플라리에타가 매번 앉았던 탁자에 앉아 파이어 체스를 두고 있다. 파이프에서 물 한 방울이 나와 플레리의 컵에 떨어진다.

플레리 (물이 떨어진 것에 반응하며) **오! 천장이 다시 새는군.**

버니가 이를 바라보며 투덜거린다.

버니 **또 샌다고?**

앰버가 탁자 위에 올라가 파이프를 녹여 누수를 막는다.

앰버 **걱정 마세요. 이 모든 문제가 곧 해결될 거예요. 느낌이 온다고요.**

그리고 앰버가 시계를 보니, 3시이다. 앰버가 탁자에서 껑충 뛰어내려 온다.

---

ceiling 천장 drip (물 등이) 떨어지다, 새다 grumble 투덜거리다 hop off 뛰어내려 오다

EMBER	And since we're all good, I am also going away... to do deliveries! [58]

Bernie smiles as Ember rushes out. She passes Cinder on the way. **INSTANTLY** Cinder starts sniffing the air.

CINDER	(sniffs, face lights up) Do I smell something on... EMBER??

She smiles HUGE.

EXT. BERNIE'S SHOP – RIGHT AFTER
Ember hurries out the door, checks to make sure nobody is following her, then turns and is face to face with Clod.

CLOD	Yo Ember!

She startled, startled, feeling **busted**.

EMBER	Ah! Clod!

CLOD	I grew another one...

He lifts his arm and, with great effort, a **tiny** flower pops out.

CLOD	(effort) Ow!

He picks the bud and **offers** it to Ember.

CLOD	My queen.

앰버	그리고 우리 모두 괜찮으니까, 저도 나갈게요… 배달하러요!

앰버가 황급히 나가고 버니는 미소 짓는다. 나가는 길에 앰버가 신더를 지나간다. 곧바로 신더는 킁킁거리며 냄새를 맡는다.

신더	(킁킁대더니 표정이 밝아지며) **무슨 냄새가 나는데… 앰버한테서??**

그녀가 활짝 웃는다.

실외. 버니의 가게 - 그 직후
앰버가 서둘러 문밖으로 나와, 아무도 그녀를 따라오는지 않는지 확인하고 뒤를 도는데 클로드와 마주친다.

클로드	**이봐 앰버!**

앰버가 화들짝 놀라는데, 들킨 느낌이다.

앰버	**아! 클로드!**
클로드	**하나 더 키웠어…**

그가 팔을 들고 안간힘을 쓰자 작은 꽃 한 송이가 솟아 나온다.

클로드	(안간힘을 쓴다) **아!**

꽃을 꺾어 앰버에게 바친다.

클로드	**나의 여왕님.**

instantly 즉시 light up 밝아지다 busted 들킨 tiny 작은 pick 뽑다 offer 주다

She touches the flower – POOF!

EMBER Oops, sorry! But, gotta go. [59]

She **hurries off**.

BEGIN MONTAGE that **spans** several days:
EXT. ELEMENT CITY – ALKALI THEATER
Wade waits for Ember outside the movie theater. The **marquee** says "TIDE & PREJUDICE." Wade lights up when he sees Ember coming. **Overwhelmed**, he starts to get teary. Ember **cringes** a bit. He **pulls it together** and they head in.

INT. ALKALI THEATER
Ember and Wade are in their seats. When the lights dim, the rest of the audience **scowls** at Ember's glow. She **tightens** her hood and sinks low in her seat.

EXT. ELEMENT CITY STREET – PHOTO BOOTH
Wade and Ember stop at a photo booth. They take a series of photos. When the prints come out we see Ember's light has completely **blown out the exposure**. All we can **make out** is two sets of eyeballs.

INT. ELEMENT CITY BUILDING – ELEVATOR
Wade and Ember board an elevator. As other passengers get on, they're forced closer and closer together. The doors close. As the elevator goes up, they're almost touching. Wade starts to bubble a little.

EXT. OBSERVATION DECK – CONTINUOUS
They exit the elevator to an **observation deck** and look out on the city. A group of kids comes up next to them– they are a little nervous about her fire. Ember blows smoke rings that become silly faces on the nearby buildings. The kids cheer and Ember takes a bow. Wade watches **adoringly**. When Ember looks back at him, he tries to **play it cool**.

그녀가 꽃을 건드리자 - 풉!

앰버 어머, 미안! 그런데, 갈 데가 있어서.

그녀가 황급히 자리를 뜬다.

며칠의 몽타주 화면 시작:
실외. 엘리멘트 시티 - 알칼리 영화관
웨이드가 영화관 밖에서 앰버를 기다린다. 극장 간판에는 "물결과 편견"이란 영화 제목이 적혀 있다. 앰버가 다가오는 것을 보고 웨이드의 표정이 밝아진다. 감격해서 눈물을 흘리려고 한다. 앰버가 약간 움찔하자 웨이드가 정신을 차린다. 둘은 영화관 안으로 들어간다.

실내. 알칼리 영화관
앰버와 웨이드가 자리에 앉아 있다. 조명이 어두워지자 관객들이 도끼눈을 하고 앰버의 불빛을 노려본다. 앰버는 후드를 조여 매고 아래로 몸을 낮춘다.

실외. 엘리멘트 시티 거리 - 즉석 사진 촬영 부스
웨이드와 앰버가 즉석 사진 촬영 부스에 멈춰 선다. 그들이 사진을 여러 장 찍는다. 사진이 나왔는데 앰버의 불빛 때문에 노출이 너무 강해져서 두 명의 눈동자만 보일 뿐이다.

실내. 엘리멘트 시티 건물 - 엘리베이터
웨이드와 앰버가 엘리베이터를 탄다. 다른 승객들도 함께 타는데 둘이 어쩔 수 없이 점점 더 가까이 붙게 되었다. 문이 닫히고, 엘리베이터가 올라가면서 둘이 거의 닿을 것 같다. 웨이드가 조금씩 끓기 시작한다.

실외. 전망대 - 계속
그들은 엘리베이터에서 내려 전망대로 가 도시 전경을 바라본다. 아이들 무리가 그들 옆으로 다가온다 - 그녀의 불에 약간 긴장한다. 앰버는 연기 고리를 불어 그것들이 근처 건물들에 우스꽝스러운 얼굴이 되게 한다. 아이들이 박수치며 환호하자 앰버는 감사 인사를 한다. 웨이드가 이를 사랑스럽게 지켜본다. 앰버가 돌아보자 그는 아무 일도 없었다는 듯 딴청 부린다.

---

hurry off 황급히 가다 span (기간에) 걸치다, 포괄하다 marquee 간판 overwhelmed 압도된 cringe 움츠리다, 움찔하다 pull it together 정신을 차리다 scowl 노려보다, 쏘아보다 tighten 조이다 blow out the exposure 사진의 빛이 과하게 노출되다 make out 알아보다 observation deck 전망대 adoringly 사랑스럽게 play it cool 아무렇지 않은 척하다

INT. BERNIE'S SHOP – DAY
Ember is at the counter with an open notebook, drawing sign ideas. Lifting the book, she **steals a peek at** the photo strip of her and Wade. The Sparkler Customer steps up to the counter and lights a sparkler before buying it. Ember grabs the sparkler from him and begins to roil. But she quickly **composes herself** with a breath and calmly hands the sparkler back to the customer. As she looks down to steal a look at the picture of Wade, Bernie walks up, startling her. He almost caught her looking at the photo but she covers it up with a smile. When he walks away, Ember sighs with relief. Ember **crosses off**. Cinder darts into frame and sniffs. She then lifts Ember's book and looks at the picture, excited, **intrigued**.

CINDER   Who IS this guy??

EXT. OUTDOOR CAFE – DAY
Ember and Wade sit at an outdoor cafe in a **courtyard**. A WAITER **drops off** two large mugs full of PINK LIQUID. Wade **downs his in one gulp** and turns purple. Ember goes to drink hers, but the drink boils away before it hits her mouth. Wade laughs. Suddenly, people around them start dancing. It's a **FLASH MOB**! Wade pops up and starts bouncing his stomach to the music. He gets Ember to join him in the dance. Other dancers start **coupling off**. Wade extends his hand to Ember. Ember **backs away**. She wants to take it, but knows she can't. Another dancer knocks Wade backward into the base of a fountain. He reappears spouting out the top. He **strikes** an **elegant pose**. Ember smiles.

387   MINERAL LAKE

EXT. MINERAL LAKE – DAY
Ember and Wade walk around **MINERAL** LAKE. Crystals of minerals grow along the shore. Suddenly, Ember's flame turns GREEN.

WADE   Whoa.

Pan down to reveal she's standing on a crystal.

WADE   How'd you do that?

실내. 버니의 가게 – 낮
카운터에 있는 앰버, 노트에 가게 간판 도안을 그리고 있다. 노트를 들어 올리고 웨이드와 함께 찍은 사진을 몰래 바라본다. 스파클러 폭죽 손님이 카운터에 다가와 돈을 내지도 않고 폭죽에 불을 붙인다. 앰버가 폭죽을 빼앗으며 불타오르려고 한다. 그러나 이내 숨을 고르고 마음을 가라앉힌다. 그리고 침착하게 폭죽을 손님에게 건네준다. 앰버가 웨이드의 사진을 몰래 보다가 버니가 다가오자 화들짝 놀란다. 그는 앰버가 사진 보는 모습을 거의 포착했지만 그녀는 미소로 무마한다. 그가 사라지자 앰버가 안도의 한숨 쉰다. 앰버가 사라진다. 신더가 재빨리 나타나 킁킁 냄새를 맡는다. 신더가 앰버의 노트를 들어 올리고 사진을 바라보는데, 흥분하고 궁금한 표정이다.

신더   **이 남자가 누구지??**

실외. 야외 카페 – 낮
앰버와 웨이드는 주변에 건물들이 있는 야외 카페에 앉아 있다. 웨이터가 핑크색 음료가 가득 담긴 커다란 잔을 놓고 간다. 웨이드가 음료수를 한 입에 꿀꺽하더니 보라색으로 변한다. 앰버도 음료수를 마시려고 하지만 입에 닿기도 전에 끓어 없어진다. 웨이드가 웃는다. 갑자기 주변 사람들이 춤을 추기 시작한다. 플래시 몹이다! 웨이드가 벌떡 일어나 음악에 맞춰 자기 배를 출렁인다. 앰버에게 함께 춤을 추자고 한다. 다른 사람들이 커플로 춤을 추기 시작한다. 웨이드가 앰버에게 손을 내민다. 앰버는 주춤한다. 손을 잡고 싶지만 그럴 수 없다는 것을 안다. 웨이드가 춤을 추던 사람과 부딪혀서 뒤에 있는 분수 안으로 넘어진다. 그가 분수 꼭대기에서 솟아 나온다. 우아한 포즈를 하고 있다. 앰버가 웃는다.

387 광물 호수

실외. 광물 호수 – 낮
앰버와 웨이드가 광물 호수 주변을 걷고 있다. 호수 주변에는 광물 크리스탈이 자라고 있다. 갑자기 앰버의 불빛이 녹색으로 변한다.

웨이드   **와.**

화면이 아래로 내려간다. 앰버가 크리스탈 위에 서 있다.

웨이드   **어떻게 한 거야?**

---

steal a peek at ~를 살짝 엿보다   **compose oneself** 마음을 가라앉히다   **cross off** 빼다, 지우다   **intrigued** 흥미로워 하는   **courtyard** 건물에 둘러싸인 뜰 (마당)   **drop off** 내려놓다   **down in one gulp** 원샷을 하다   **flash mob** 플래시 몹, 떼춤   **couple off** 짝을 짓다   **back away** 물러서다   **strike a pose** 자세를 취하다   **elegant** 우아한

She picks one up crystal.

EMBER It's the **minerals.**

EMBER Check this out. **60**

Showing off, she **twirls** onto another crystal and her flame turns PINK.

WADE (laugh) **Awesome!**

Ember runs along the shore. Hopping between crystals, her fire changing into all the colors of the rainbow.

WADE Wow.

Wade **glances** toward the water.

WADE Watch this!

He runs onto the **surface** of the lake and then **skids** spraying a **fine** mist into the air, creating a rainbow. He comes to a stop, standing in the water. She looks at him, **aglow**.

EXT. FIRETOWN – EVENING
Ember walks under the **elevated** train which **whizzes by** creating a wall of water. She reaches out to touch it but **hesitates**. The wall of water **dissipates**, revealing the shop. Ember, continuing home, enters.

그녀가 크리스탈 하나를 집어 올린다.

앰버 광물 때문에 그런 거야.

앰버 잘 봐.

앰버가 뽐내듯이 또 다른 크리스탈 위에서 빙글 돌자 그녀의 불빛이 핑크색으로 변한다.

웨이드 (웃는다) 멋져!

앰버가 호숫가를 달린다. 크리스탈 사이를 뛰어다니는데 그녀의 불빛이 다양한 무지개 색깔로 변한다.

웨이드 와우.

웨이드가 호수를 바라본다.

웨이드 이것 봐!

웨이드가 호수 위를 질주하다가 갑자기 미끄러지자 작은 물방울 입자가 안개처럼 공중에 뿌려져 무지개를 만든다. 웨이드가 물 위에 멈춰 서 있다. 앰버가 그를 바라보며 환히 빛난다.

실외. 파이어타운 - 저녁
앰버가 고가 전철 밑을 걸어간다. 전철이 쌩하고 지나가자 물이 장벽처럼 흘러내린다. 그녀가 손을 뻗어 건드리려고 하지만 주저한다. 물 장벽이 사라지고 가게가 보인다. 집으로 발걸음을 옮기는 앰버, 안으로 들어간다.

---

mineral 광물 **show off** 뽐내다 **twirl** (춤을 추며) 빙글빙글 돌다 **glance** 바라보다 **surface** 수면 **skid** 미끄러지다 **fine** 미세한 **aglow** 환히 빛나는 **elevated** 고가의, 높은 **whiz by** 쌩하고 지나가다 **hesitate** 망설이다 **dissipate** 사라지다

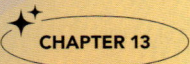

Food Inspection

441 FLOWERS FOR EMBER

EXT. CULVERT – THE NEXT DAY
Water **trickles** through the sandbags. Then a **gush**, as more water pours through and heads to Firetown.

EXT. BERNIE'S SHOP – LATER
A **steady** stream of water runs through the culvert outside the shop.

INT. BERNIE'S SHOP – SAME TIME
Bernie **struggles** to make coal nuts.

BERNIE (efforts)

He turns to see Ember helping a customer with a smile on her face.

FIRISH CUSTOMER Sòbê sh sfá.

EMBER Another?

44] 앰버에게 배달된 꽃

실외. 배수로 - 다음 날
물이 모래주머니 사이로 졸졸 흘러나온다. 잠시 후, 갑자기 더 많은 물이 터져 나와 파이어타운을 향해 흘러간다.

실외. 버니의 가게 - 잠시 후
작은 물줄기가 배수로에서 계속 흘러나와 가게 앞을 지나간다.

실내. 버니의 가게 - 같은 시간
버니가 힘겹게 숯콩을 만들고 있다.

버니 (힘겨워 한다)

버니가 뒤돌아보니 앰버가 미소 띤 얼굴로 손님을 응대하고 있다.

불-어로 말하는 손님 소베 쉬 스파.

앰버 하나 더요?

---

trickle 천천히 흘러가다 **gush** 솟구쳐 나옴 **steady** 지속적인 **struggle to** 애써 ~하다, 힘들게 ~하다

FIRISH CUSTOMER Ìshkshá.

Ember reaches for a bottle on the top shelf but suddenly there's a **RUMBLE** and the shop shakes. An **exposed** pipe bursts. Water shoots out toward the Blue Flame. Bernie and Ember **spring into action**.

EMBER No no no no no no!

BERNIE The water is back!!

They hurry to move the Blue Flame.

BERNIE, EMBER (big pull effort)

Bernie starts to **cough**. Ember runs to **meld** the pipe together and we hear from O.S...

DELIVERY PERSON Ember Lumen? Delivery for Ember.

A DELIVERY PERSON enters with SIX **VASES** of flowers. From across the room, Ember sees TWO EYES in one of the vases. It's Wade! Cinder is too **giddy** to notice the eyes.

CINDER (excited) Flowers for Ember?

EMBER (gasp)

Ember quickly finishes repairing the pipe.

EMBER (effort)

She runs over to **collect** the flowers.

| 불—어로 말하는 손님 | 이쉬크샤. |

앰버가 맨 위 선반에 있는 병을 집으려고 하는데 갑자기 우르르 소리가 나더니 가게가 흔들린다. 밖으로 노출된 파이프가 터진다. 물이 파란 불꽃을 향해 분출된다. 버니와 앰버가 재빨리 움직인다.

| 앰버 | 안 돼 안 돼 안 돼 안 돼! |

| 버니 | 물이 다시 새잖아!! |

그들이 서둘러 파란 불꽃을 옮긴다.

| 버니, 앰버 | (힘을 다해 끌어당긴다) |

버니가 기침하기 시작한다. 앰버가 얼른 뛰어가 파이프를 용접하는데 목소리가 들린다…

| 배달원 | 앰버 루멘 씨? 앰버 씨 배달이요. |

배달원이 여섯 개의 꽃병을 들고 들어온다. 멀리 떨어져 있는 앰버, 꽃병 안에 있는 두 개의 눈을 발견한다. 웨이드이다! 신더는 너무 기뻐서 눈이 있다는 것을 알아차리지 못한다.

| 신더 | (흥분해서) 앰버한테 꽃배달이 왔다고? |

| 앰버 | (화들짝 놀란다) |

앰버가 서둘러 파이프 수리를 마친다.

| 앰버 | (힘을 낸다) |

그녀가 달려와서 꽃을 받는다.

---

rumble 우르르 거리는 소리 **exposed** 노출된 **spring into action** 재빨리 움직이다 **cough** 기침하다 **meld** 용접하다 **vase** 꽃병 **giddy** 기쁜 **gasp** 헉하고 놀라다 **collect** 받다, 모으다

EMBER	(rushing) Oh excuse me. Hehe, these are beautiful.
EMBER	I'm gonna go put these away. **61**

Arms full, she kicks open the basement door and **darts** out.

EMBER	(effort, nervous laugh)

INT. BERNIE'S SHOP – BASEMENT – CONTINUOUS
Ember puts the vases on the floor.

EMBER	What are you doing here?

Wade's mouth **appears** below his eyes. As he **explains**, he **pours** the water from the other vases into his head. With each pour he grows taller and **reforms**.

WADE	I got bad news. The sandbags didn't hold.
EMBER	Uh, obviously!
WADE	Yeah. And I also got worse news.

Almost back to form, he pulls his shirt into place and **plucks** flowers out of his head.

WADE	I'd forgotten a TINY **detail** about the last time I saw that city crew.

459 HARD FEELINGS

EXT. **CONSTRUCTION** SITE – FLASHBACK – DAY
Wade is **scolded** by his Earth Element EX-BOSS.

EX-BOSS	You knocked over three tons of cement **dust**. Half the guys still haven't **recovered**...

REVEAL a group of angry WATER CONSTRUCTION WORKERS covered in cement, frozen like **statues**.

앰버	(달려와서) 오 실례해요. 헤헤, 아름답네요.

앰버	치워 둘게요.

양손 가득 꽃병을 안고 앰버는 지하실 문을 찬 뒤 뛰어들어간다.

앰버	(힘겹게 문을 열고, 긴장한 듯 웃으며)

실내. 버니의 가게 - 지하실 - 계속
앰버가 꽃병을 바닥에 내려놓는다.

앰버	여기서 뭐 하는 거야?

웨이드의 눈 밑으로 입이 나타난다. 다른 꽃병에 있는 물을 머리에 부으면서 그가 말한다. 물을 부을 수록 키가 커지면서 원래 모습으로 변한다.

웨이드	안 좋은 소식이 있어. 모래주머니로는 물을 막지 못해.

앰버	어, 물론이지!

웨이드	맞아. 그리고 더 안 좋은 소식이 있어.

거의 원래 모습으로 돌아와서, 웨이드는 셔츠를 제대로 갖춰 입고 머리에서 꽃을 빼낸다.

웨이드	작업반을 만난 거에 대해 아주 사소한 걸 깜박하고 있었어.

459 돌처럼 굳은 감정

실외. 건설 현장 - 과거 회상 - 낮
웨이드가 자기 옛 상사인 흙 원소에게 야단 맡고 있다.

옛 상사	네가 시멘트 가루를 3톤이나 넘어뜨려서 인부 절반이 아직 회복을 못하고 있잖아…

화가 난 물 인부들이 시멘트에 뒤덮여 마치 석상처럼 굳어 있다.

---

dart 쏜살같이 달리다 **appear** 나타나다 **explain** 설명하다 **pour** (물 등을) 붓다 **reform** 다시 형태를 잡다 **pluck** 뽑다 **detail** 세부 사항 **construction site** 공사장 **scold** 꾸중하다 **dust** 가루, 먼지 **recover** 회복하다 **statue** 석상

395 WATERED DOWN

INT. BERNIE'S SHOP – BACK TO SCENE
Ember and Wade are where we left them.

WADE ...I guess you could say they still have **HARD** feelings. Heh heh. Because they won't help us.

EMBER Wade, Gale's deadline is tomorrow. We need more sandbags.

WADE But that didn't work before.

EMBER Well I can't just do NOTHING!!

JUST THEN the basement door opens. It's Bernie, coming down the stairs.

BERNIE Ember, did you fix **leak**?

Bernie sees Wade.

BERNIE Huh? It's you again!!

WADE Who, me?

BERNIE You're the guy who started all this!

Bernie **grabs** a **poker** and **swings** at Wade.

WADE (high-pitched yell) Ahhh!

EMBER No, dad! Different guy. Not all water looks **alike**.

395 물을 태우다

실내, 버니의 가게 - 현재 장면
앰버와 웨이드가 현재 장면으로 돌아온다.

웨이드 …그들이 아직도 내게 돌처럼 굳은 감정을 갖고 있나 봐. 헤헤. 우리를 도와주지 않으려는 걸 보면 말이야.

앰버 웨이드, 게일 씨가 준 시한은 내일이야. 모래주머니가 더 필요해.

웨이드 하지만 전에는 그게 효과가 없었잖아.

앰버 그렇다고 손을 놓고 있을 수는 없어!!

그때 지하실의 문이 열린다. 버니가 계단을 내려온다.

버니 앰버, 누수는 고쳤니?

버니가 웨이드를 바라본다.

버니 어? 또 너군!!

웨이드 누구요, 저요?

버니 이렇게 만든 장본인은 바로 너잖아!

버니가 부지깽이를 들고 웨이드에게 휘두른다.

웨이드 (크게 소리치며) 아아아!

앰버 아니에요, 아빠! 다른 사람이에요. 물이라고 다 똑같이 생긴 건 아니죠.

---

hard 언짢은, 딱딱한 leak 누수, (물이) 새다 grab 잡다, 쥐다 poker 부지깽이 swing 휘두르다 high-pitched 고음의, 높은 음역대의 alike (모습이) 비슷한

BERNIE	(sees Wades badge) You are city inspector?	
WADE	Uhh–	
EMBER	No! (prompting Wade) Right??	
WADE	Right. I am not an inspector.	

*Wade puts his hand over his badge, but his water **MAGNIFIES** it, especially the word "INSPECTOR." He tries again with his other hand, making the word even bigger.*

BERNIE	You ARE inspector. Why you **poking around**? Is this because of water leak?	
EMBER	No! Not because of water in ANY way.	
EMBER	He's a different kind of inspector. Right??	
WADE	Yeah, yeah... I'm a... I'm a... FOOD inspector. I've come to **inspect** your food.	
BERNIE	(annoyed, **suspicious**) Hmmm. (sotto to Ember) I think he's **lying through his feet.** [62]	
EMBER	(sotto) **Teeth.** [62]	
BERNIE	Whatever!	
BERNIE	(to Wade) **Food upstairs. Come.**	

버니	(웨이드의 명찰을 보고) 시청 조사관이야?
웨이드	어…
앰버	아니요! (웨이드에게 재촉하며) 그렇죠??
웨이드	그래요. 저는 조사관이 아니에요.

웨이드가 손으로 명찰을 가리지만, 물로 인해 더 확대되어 보인다. 유난히 "조사관"이라는 단어가 도드라진다. 다른 손으로 다시 가리는데 그 단어가 더 커 보인다.

버니	너 조사관이잖아. 왜 여기저기 쑤시고 다니는 거야? 누수 때문이야?
앰버	아니에요! 물 때문이 아니라.
앰버	다른 걸 조사하는 사람이에요. 그렇죠??
웨이드	네, 네. 저… 저는… 식품 조사관이에요. 이곳 음식을 조사하러 왔어요.
버니	(짜증나고 의심스러워 하며) 흠… (앰버에게 작은 목소리로) 새파란 거짓말을 하는 것 같아.
앰버	(작은 소리로) 새빨간이요.
버니	뭐든 간에!
버니	(웨이드에게) 음식은 위층에 있어. 따라와.

---

badge 명찰 **prompt** 말을 유도하다 **magnify** 확대하다 **poke around** 뒤지다, 쑤시고 다니다 **inspect** 조사하다
suspicious 의심스러운 **sotto** 작은 목소리로 **lie through one's teeth** 새빨간 거짓말을 하다 **upstairs** 위층

Bernie walks out. Ember **shoots** Wade **a look**.

EMBER (hissing) Food inspector??

WADE I panicked!

EMBER (frustrated grunt)

INT. BERNIE'S SHOP – RIGHT AFTER
Bernie stands behind the counter, **eyeing** Wade on the other side.

BERNIE You really food inspector?

WADE As far as you know, yeah.

Bernie SLAMS a **plate** of burning kol-nuts on the counter in front of Wade. Wade **gulps**.

BERNIE Then inspect THIS.

EMBER Dad...

BERNIE Ê... shútsh.

Wade **leans** over the plate and quickly sniffs.

WADE Yep, all looks good to me.

BERNIE No no no no. Inspect with your mouth.

버니가 나간다. 앰버가 웨이드를 흘긋 바라본다.

앰버 (화내며 낮게 말하며) 식품 조사관이라고??

웨이드 멘붕이었다고!

앰버 (짜증이 나서 끙 소리를 낸다)

실내. 버니의 가게 - 그 직후
버니가 카운터 뒤에 서서 맞은 편에 있는 웨이드를 뚫어지게 바라본다.

버니 정말 식품 조사관이야?

웨이드 그렇게 생각하시면 그렇죠.

버니가 불타는 숯콩 접시를 웨이드 앞 카운터에 쾅 하고 올려 둔다. 웨이드가 침을 꿀꺽 삼킨다.

버니 그럼 이걸 조사해 봐.

앰버 아빠…

버니 에… 슈트쉬.

웨이드가 접시 위로 몸을 숙이고 재빨리 냄새를 맡는다.

웨이드 네, 괜찮아 보이네요.

버니 아니 아니 아니. 입으로 조사를 해야지.

---

shoot a look 힐끗 보다 **hiss** 화를 내다 **panicked** 놀란, 공황 상태의 **grunt** (짜증) 끙 소리를 내다 **eye** 쳐다보다 **plate** 접시 **gulp** 꿀꺽하고 침을 삼키다 **lean** (몸을) 기울이다, 숙이다

Bernie **takes** a big **bite** and blows fire. Wade uses a spoon to bring a coal to his mouth and blows on it.

WADE (hesitant, blows)

Flarry, Flarrietta and other customers watch, holding their breath. He takes his first **flaming** bite – it **sizzles** all the way down his **throat**.

WADE (closes mouth around coal, swallows, **in pain**)

The coal reaches his belly. Wade screams. He **clamps** his hands over his mouth.

WADE (**muffled** scream)

Unable to **contain** it, a giant bubble emerges from his mouth.

WADE (muffled **regurgitation**)

The bubble hits Bernie in the head. It pops and a scream comes out!

WADE (scream)

EMBER You see, he likes it.

Wade coughs but then **holds** it **in**. He smiles and **gives a thumbs up**.

WADE (coughs, small laugh)

He can only nod because his throat is burning.

BERNIE (laugh) You must try these. **Straight** from Fire Land.

Bernie pours a pile of coals onto Wade's plate. Ember starts to realize what her dad **is up to**.

버니가 크게 한 입 먹고는 불을 뿜는다. 웨이드는 숟가락으로 석탄 하나를 떠서 자기 입으로 가지고 가서 후후 바람을 분다.

웨이드 (주저하며, 입김을 분다)

플레리와 플라리에타, 그리고 다른 손님들도 숨을 참고 이 광경을 지켜본다. 그가 생애 처음 불타는 음식을 먹는다 – 목구멍으로 넘어가면서 지글지글 끓는다.

웨이드 (석탄을 입에 넣고 꿀꺽 삼킨다. 고통스러워한다)

석탄이 웨이드의 배까지 내려간다. 웨이드가 소리를 지른다. 그가 양손으로 입을 꽉 막는다.

웨이드 (입을 막고 소리를 지른다)

참지 못하고 커다란 기포가 입 밖으로 터져 나온다.

웨이드 (입 밖으로 기포가 역류해 나온다)

기포가 버니의 머리를 친다. 뻥 터지고 큰 비명 소리가 들린다!

웨이드 (비명을 지른다)

앰버 **보셨죠, 좋아하네요.**

웨이드가 기침하지만 참는다. 그는 웃으며 엄지를 치켜 올린다.

웨이드 (기침하며, 작게 웃는다)

식도가 타고 있어서 머리를 끄덕일 수 밖에 없다.

버니 (웃으며) **이것도 먹어 봐. 파이어랜드에서 직송한 거야.**

버니는 석탄 더미를 웨이드의 접시에 붓는다. 앰버가 아빠의 의도를 파악한다.

---

take a bite 한 입 먹다 **hesitant** 망설이는 **flaming** 불이 붙은 **sizzle** 지글지글 끓다 **throat** 식도 **in pain** 고통스러워서 **clamp** 꽉 고정하다, 잠그다 **muffled** 소리를 죽인 **contain** 억누르다, 참다 **regurgitation** 역류 **hold in** 뱉지 않고 참고 있다 **give a thumbs up** 엄지를 들어 칭찬하다 **straight** 바로, 곧장 **is up to** ~하는 의도이다

205

EMBER Dad. Those are too hot.

WADE (croaks) I'm okay. I love hot food.

Wade takes another bite of flaming coals.

WADE (inhale, takes bite, painful swallow)

WADE (trying to **keep it together**)

His head fills with huge air bubbles that pop out of his face and force him **backwards**. He falls into **shelf**, spilling water all over the shop.

BERNIE Hey! Watch your water! (then) So, did we pass?

WADE Mmmhmmm. A plus.

WADE (tastes his mouth) Actually...

WADE After the heat **dies down**, that's really good. If you don't mind...

Wade grabs a cup and **scoops** more kol-nuts. He drips water on top of it with his finger. The coals **go out** with a HISS. Ember realizes what Wade is doing and tries to get his attention and wave him off — no no no!

EMBER (gasp, **neck slicing** hand gesture) Mmmm mmmmm!

Bernie watches, getting **increasingly** annoyed. Wade drinks.

앰버	아빠, 그건 너무 뜨거워요.

웨이드	(쉰 목소리로) 전 괜찮아요. 뜨거운 음식 좋아해요.

웨이드가 다시 불타는 석탄을 입에 집어넣는다.

웨이드	(숨을 크게 들이쉬며 입에 넣고 고통스러워하며 삼킨다)

웨이드	(정신 차리려고 노력한다)

커다란 공기 방울들이 그의 머리를 가득 채우는데 갑자기 공기 방울들이 얼굴 밖으로 터져 나오자 그가 뒤로 나자빠진다. 선반을 넘어뜨리며 쓰러진 웨이드, 가게 사방으로 물이 튄다.

버니	이봐! 물 조심해! (그리고) 그래, 우리 통과됐나?

웨이드	으으음, A 플러스 등급이에요.

웨이드	(입맛을 다시며) 그런데…

웨이드	열이 식으니까 정말 맛있네요. 실례가 안 된다면…

웨이드가 컵을 쥐고 숯콩을 더 퍼담고는 그 위에 자기 손가락으로 물을 떨어뜨린다. 석탄이 쉭 하며 식는다. 앰버는 웨이드의 의도를 파악하고 그에게 눈치 주려고 손짓하는데 – 아니 아니 아니야!

앰버	(헉하며, 손으로 목을 긋는 시늉을 하며) 으음 음음!

버니가 이를 지켜보며 점점 분노한다. 웨이드가 마신다.

croak 목이 쉰 듯이 꺽꺽대며 말하다　keep it together 침착함을 유지하다　backwards 뒤로　shelf 선반　die down 줄어들다, 차츰 잦아들다　scoop 뜨다, 들어올리다　go out (불 등이) 꺼지다　neck slicing 목을 따는 시늉　increasingly 점점 더

WADE
(lip smacks) See, it's really **tasty** if you **water** it **down** a little—

Bad choice of words, Bernie **EXPLODES**.

BERNIE
Water us down? Water us down?!!

BERNIE
Where's camera?!

Bernie **pulls out** a camera and **snaps a photo of** Wade's **terrified** face.

BERNIE
We will NEVER be watered down by you. Get out!!

Ember comes out from behind the counter.

EMBER
Alright, sir. You gotta go.

BERNIE
(angry huffing)

Wade sets the mug down and **hurries toward** the door, **shrugging** at Ember. Bernie huffs and swears in Firish.

BERNIE
Ìsh ì k'áì pó?!

EMBER
Dad, don't worry. I've got this.

BERNIE
Khshkff fì íkht' shíbù áù!

Ember hurries out after Wade.

EXT. BERNIE'S SHOP – CONTINUOUS
JUST OUTSIDE THE DOOR, Ember catches Wade:

| 웨이드 | (입맛을 다시며) 보셨죠, 물을 약간 타면 정말 맛있다니까요— |

웨이드의 단어 선택이 잘못됐다. 버니가 폭발한다.

| 버니 | 물을 탄다고? 물을 타?!! |

| 버니 | 카메라 어디에 있어?! |

버니가 카메라를 꺼내서 웨이드의 겁에 질린 얼굴 사진을 찍는다.

| 버니 | 우리가 물 탈 일은 절대 없을 거야. 나가!! |

앰버가 카운터 뒤에서 뛰어나온다.

| 앰버 | 알았어요, 조사관님. 얼른 가세요. |

| 버니 | (화를 내며 씩씩거린다) |

웨이드가 잔을 내려놓고 황급히 출구로 향하며 앰버에게 어깨를 으쓱한다. 버니는 씩씩대면서 불-어로 욕한다.

| 버니 | 이쉬 이 카이 포?! |

| 앰버 | 아빠, 걱정 마세요. 제가 해결할게요. |

| 버니 | 크흐쉬크프 피 이크흐트 쉬부 아우! |

앰버가 웨이드를 따라 서둘러 밖으로 나간다.

실외. 버니의 가게 - 계속
문밖에서 앰버가 웨이드를 따라간다:

---

lip smack 입맛을 다시다 **tasty** 맛있는 **water down** 물을 태우다 **explode** 폭발하다 **pull out** 꺼내다 **snap a photo of** ~의 즉석 사진을 찍다 **terrified** 겁을 먹은 **huff** 씩씩거리다 **hurry toward** ~로 황급히 이동하다 **shrug** 어깨를 으쓱하다

EMBER (with resolve) Look, meet me at the beach and we'll make more sandbags.

EMBER We have to **figure out** how to fix those doors.

INT. BERNIE'S SHOP – CONTINUOUS
BACK INSIDE THE SHOP, Ember finds Bernie still **seething**.

BERNIE Water want to water us down? Then water no longer allowed in shop!

He pins Wade's photo to the wall under a sign, "**BANNED**."

BERNIE He is panned!

EMBER (correcting him) Um... banned.

BERNIE Banned!

Agitated, he starts coughing dark smoke. It's the WORST COUGHING FIT we've seen from him to date.

BERNIE (coughing)

Ember rushes to **comfort** him.

EMBER Àshfá, it's okay. It's all going to be okay.

Ember looks at Wade's photo with worry.

앰버	(단호하게) 이봐, 해변에서 만나 모래주머니를 더 만들어야 해.

앰버	그 문을 고칠 방법을 찾아봐야겠어.

실내. 버니의 가게 – 계속
다시 가게 안, 앰버는 여전히 씩씩대고 있는 버니를 본다.

버니	우리에게 물을 태우겠다고? 그럼 물은 더 이상 우리 가게에 못 들어와!

버니가 "출입 금지" 표시가 있는 벽에 웨이드의 사진을 핀으로 고정시킨다.

버니	"출석 금지"야!

앰버	(그의 말을 고쳐주며) 음… 출입 금지예요.

버니	출입 금지!

흥분해서 기침하는데 검은 연기가 나온다. 지금까지 버니가 한 기침 중에 가장 심각해 보인다.

버니	(기침한다)

앰버가 달려와 그를 편안하게 해 준다.

앰버	아슈파, 괜찮아요. 다 괜찮을 거예요.

앰버가 걱정스러운 표정으로 웨이드의 사진을 바라본다.

---

with resolve 결의에 찬 **figure out** 알아내다 **seethe** (분노 등) 부글거리다, 속을 끓이다 **ban** 금지하다 **correct** 고쳐주다 **agitated** 화가 나서 **comfort** 위로하다, 달래다

Glass Vivisteria

410 CANDLELIGHT

EXT. BEACH – SUNSET
On the beach, the sun **sets** over the water. Ember **shovels** sand while Wade holds the bag open.

WADE — I don't think this is going to work.

EMBER — Well it won't **unless** you **hold** the bag **straight**.

WADE — Maybe your dad will understand.

Ember **SCOFFS** and keeps shoveling.

WADE — I'm serious. Look, I know it can be tough. I mean with my dad... we were like **oil and water**. (deep regret) I never got a chance to fix that. (then) But you guys are different. It might be time to tell him.

410 촛불

실외. 해변 – 석양이 질 무렵
해변, 바다 위 석양이 지고 있다. 웨이드가 주머니를 벌리고 앰버가 삽으로 모래를 떠서 넣는다.

웨이드   이건 안 될 것 같아.

앰버   주머니나 똑바로 잡아.

웨이드   너희 아빠도 이해하실 거야.

앰버가 코웃음 치며 삽질을 계속한다.

웨이드   진지하게 말하는 거야. 이봐, 그게 힘들다는 거 알아. 우리 아빠하고도… 우린 물과 기름 같은 사이였어. (크게 후회하는 듯) 그걸 해결할 수 있는 기회가 없었지. (목소리 톤을 바꾸며) 하지만 너와 아빠의 경우는 다르잖아. 지금이 아빠에게 말할 수 있는 절호의 찬스일 수도 있어.

set (해가) 지다   **shovel** 삽질을 하다   **unless** ~하지 않는 한   **hold ~ straight** 똑바로 들다   **scoff** 비웃다   **oil and water** 상극   **regret** 후회, 후회하다

EMBER   (increasing intensity) Yeah, right. And tell him what?? That I got us shut down and DESTROYED HIS DREAM??

On "dream" she FLARES PURPLE, melts the shovel and lets out a yell: Then **collapses** to her knees. Her fire slows down and shrinks to a **candlelight**, soft, gentle. Revealing an inner light that is **prismatic**, reflecting **caustics** around her. Deeply vulnerable.

EMBER   (sigh) I think I'm failing. (then) My Àshfá should have retired YEARS ago but he doesn't think I'm ready. ⁶³ You have no idea how hard they've worked or what they've had to **endure**, the family they left behind... ⁶⁴ (beat, her big question) How do you repay a **sacrifice** that big? It all feels like a **burden**... How can I say that?

She **hangs her head**.

EMBER   I'm a bad daughter.

WADE   Hey, no. You're doing your best.

She shakes this off, not ready to **go deeper**, then gets uncomfortable with her **fragile** flame.

EMBER   (sniff) I'm a mess. ⁶⁵

| 앰버 | (점점 감정이 격해지며) 그래, 맞아. 근데 무슨 말을 하라는 거야?? 나 때문에 가게 문을 닫고 아빠의 꿈이 산산조각 났다는 거?? |

"꿈"이란 말에 보라색으로 불타오르는 앰버, 들고 있던 삽이 녹고 큰 소리를 지른다. 그리고 무릎을 꿇고 주저앉는다. 그녀의 불꽃이 잠잠해지면서 촛불처럼 줄어드는데 부드럽고 온화하다. 그녀 안에 있는 오색찬란한 불빛이 물결 일렁이듯 주변을 비춘다. 마음 깊이 연약한 모습이다.

| 앰버 | (한숨) 난 안 될 것 같아. (목소리 톤이 바뀌며) 우리 아슈파가 몇 년 전에 은퇴하셔야 했는데 내가 준비되지 않았다고 생각하셨어. 넌 잘 모를 거야. 그들이 얼마나 열심히 일했는지, 무엇을 참아 왔는지 그리고 고향에 남겨 두고 온 가족들도 말이야… (정적, 매우 어려운 질문을 한다) 그렇게 큰 희생을 어떻게 갚아 드리지? 너무 짐이 큰 것 같아… 내가 그렇다고 어떻게 말씀드릴 수 있겠어? |

그녀가 고개를 떨군다.

| 앰버 | 난 나쁜 딸이야. |
| 웨이드 | 이봐, 아니야. 넌 최선을 다하고 있잖아. |

앰버는 이런 생각을 떨쳐 버리려고 한다. 아직 더 깊게 말할 정도는 아니다. 그리고 자신의 연약한 불꽃이 불편하다.

| 앰버 | (훌쩍이며) 내 꼴이 엉망이네. |

intensity 강도, 강렬함 collapse 주저앉다 candlelight 촛불 prismatic 오색찬란한 caustics 물결처럼 일렁이는 빛 endure 견디다 sacrifice 희생 burden 큰 짐 hang one's head 고개를 떨구다 go deeper 진지한 대화를 하다 fragile 깨지기 쉬운 mess 엉망인 상태

She tries to **collect herself** and **blaze up** to cover her vulnerable light, but before she can:

WADE Nah, I think you're even more beautiful.

Ember smiles back at him, her flame growing bright again. She looks out at the ocean, the sun meets the **horizon**.

EMBER Maybe you're right when you said my temper is me trying to tell me something.

Wade **notices** where Ember is sitting, the sand is **molten**.

WADE Whoa, look what your fire did to the sand. It's glass.

Ember **breaks off** a piece of the glass, melting it in her hands. She **forms** it into a **sphere** and uses her fire to create a design inside, what she feels – a fragile Vivisteria flower. WADE WATCHES **mesmerized**.

WADE It looks like a Vivisteria flower.

SUDDENLY Ember **has a realization**.

EMBER I know how to seal those doors.

She hops up and starts to run, leaving the glass Vivisteria in the sand.

그녀가 마음을 추스르고 연약한 불꽃을 감추려고 다시 활활 타오르는데, 이때:

웨이드　아니야, 넌 지금이 더 아름다워.

앰버가 그에게 미소 지으며, 그녀의 불꽃이 다시 밝아진다. 그녀가 바다를 바라보는데 태양이 수평선과 만난다.

앰버　내 성질머리가 나에게 무슨 말을 하는 거라고 했잖아. 그게 맞는 것 같아.

웨이드는 앰버가 앉아 있는 곳을 바라본다. 모래가 녹아 있다.

웨이드　와, 네 불꽃이 모래를 어떻게 했나 봐. 유리야.

앰버가 유리 조각을 떼어 내 손으로 녹여 공모양을 만든다. 그 안에 자신의 불을 이용해서 본인 느낌대로 어떤 모양을 만들어 낸다 – 바로 연약한 비비스테리아 꽃이다. 웨이드가 넋을 잃고 바라본다.

웨이드　비비스테리아 꽃 같아.

갑자기 앰버가 무언가를 깨닫는다.

앰버　그 문을 봉쇄하는 방법이 생각났어.

앰버, 유리 비비스테리아를 모래 위에 두고 황급히 일어나 달려간다.

collect oneself 마음을 가라앉히다　**blaze up** 활활 타오르다　**horizon** 수평선　**notice** 발견하다, 알아차리다　**molten** 녹은　**break off** 떼어내다　**form** 만들다　**sphere** 공 모양, 구　**mesmerized** 완전히 매료된　**have a realization** 깨닫다

471 GLASS REPAIR

EXT. CULVERT – LATER THAT NIGHT
It's dark. Ember takes a deep breath and then puts her hand on the stack of sandbags holding the doors shut.

EMBER (deep breath)

There's an EXPLOSION of LIGHT and GLASS as Ember **seals** the culvert door using all the sand. But this time it's not a **blast** of light. This time she is **OWNING the experience**... it's almost like watching a dance or someone paint with **passion**. She seems free and alive and is **GLOWING** with JOY... and her light is vulnerable, beautiful. Wade can't help but try to take it all in – the glass, the caustics, her light.

EMBER (efforts) **Yes!**

EMBER (big throw effort)

EMBER (panting, jump effort)

When she finishes, she and Wade stand back and **admire** her work. Ember is **out of breath** but her light is peaceful.

EMBER (panting)

Ember **steps back** next to Wade who bites his lip trying hard not to cry.

EMBER (scoff) Are you crying?

WADE Yes. I've just never been punched in the face with beauty before.

Suddenly the earth VIBRATES.

471 유리로 복구하다

실외. 배수로 – 그날 밤 늦게
어둡다. 앰버가 심호흡을 크게 하고 문을 막고 있는 모래주머니 더미에 손을 올린다.

앰버 (심호흡을 크게 한다)

앰버가 모든 모래를 이용해 배수로 문을 봉합하자 빛과 유리가 폭발한다. 그런데 이번에는 단순히 빛이 폭발하는 것이 아니다. 지금 그녀는 이 일에 완전히 몰두하고 있다… 이건 마치 춤이나 누군가 열정적으로 그림 그리는 것을 보는 것 같다. 지금 그녀는 자유롭고 살아 있는 느낌이다. 그리고 기쁨으로 빛이 난다… 그녀의 빛은 연약하지만 아름답다. 그녀가 만드는 유리, 물결 같은 빛의 일렁임, 그리고 그녀의 불빛 – 웨이드는 이 모든 것에 빠져들지 않을 수 없다.

앰버 (열심히 유리를 만든다) 그래!

앰버 (힘을 다해 유리를 넓게 펼친다)

앰버 (숨을 헐떡이며, 풀쩍 뛰어내려 온다)

그녀가 작업을 끝낸다. 앰버와 웨이드가 뒤로 물러서서 작업의 결과물을 감탄하며 바라본다. 앰버는 숨이 차지만 그녀의 빛은 평온하다.

앰버 (숨을 헐떡인다)

앰버가 뒤로 물러서서 웨이드 옆에 선다. 그는 울지 않으려고 입술을 깨문다.

앰버 (놀리듯) 우는 거야?

웨이드 그래. 아름다움에 한 대 맞은 기분이야.

갑자기 땅이 진동한다.

seal 가두다, 봉하다 **blast** 폭발, 폭발하다 **own the experience** 완전히 빠지다, 몰두하다 **passion** 열정 **glow** 빛나다 **admire** 감탄하다 **out of breath** 숨이 가쁜 **step back** 뒤로 물러나다 **scoff** 비웃다

EMBER	(laugh into gasp)

> An **enormous** boat passes through the canal, sending sheets of water into the culvert. They look to the glass as water RUSHES in... they're **poised to** run, and take a couple steps back. But the glass holds. It SPLASHES, then **settles**, only filling the very bottom of the culvert behind the doors.

EMBER	It worked!

WADE	I'll have Gale **come by** right after work. ⁶⁶ I'll let you know the second I hear anything. ⁶⁷

EMBER	You think this'll be good enough for her?

WADE	Honestly? (concerned) It's hard to know. She could go either way.

> Ember nods... nervous. Wade takes something out of his pocket.

WADE	(remembering) Oh. Here... I saved this for you.

> He **hands** it to her, it's the glass Vivisteria. Ember takes it in her hand. She never **imagined** she could make something so beautiful.

WADE	It's special.

앰버	(웃다가 화들짝 놀란다)

거대한 배가 운하를 지나가면서 엄청난 양의 물이 배수로로 흘러 든다. 물이 밀려들자 두 사람은 유리를 바라본다… 도망갈 준비를 하고 뒤로 몇 발짝 물러 선다. 그러나 유리가 물을 막는다. 물이 철썩 부딪히지만 이내 잠잠해진다. 배수로 문 뒤 바닥까지만 물이 차오른다.

앰버	**됐어!**
웨이드	**게일 씨에게 퇴근하고 와보라고 할게. 내가 소식을 듣는 대로 네게 알려 줄게.**
앰버	**게일 씨가 만족할까?**
웨이드	**솔직히?** (걱정하며) **잘 모르겠어. 그럴 수도, 아닐 수도 있지.**

앰버가 고개를 끄덕인다… 불안한 마음이다. 웨이드가 주머니에서 무언가를 꺼낸다.

웨이드	(마침 생각났다는 듯) **오. 이거… 내가 챙겼어.**

그가 건넨 것은 바로 유리 비비스테리아다. 앰버가 그것을 받아든다. 자신이 이렇게 아름다운 것을 만들 수 있을 거라고 생각도 못했다.

웨이드	**특별한 거잖아.**

---

enormous 거대한 **poised to** ~할 태세를 갖춘 **settle** 잦아들다, 해결하다 **come by** 들르다 **either way** 둘 중에 한 쪽 **nod** 고개를 끄덕이다 **hand** 건네주다 **imagine** 상상하다

461 DAD'S BURDEN

EXT. BERNIE'S SHOP – THE NEXT EVENING
Shimmering rays of light **spill** out of an upstairs window.

INT. BERNIE'S SHOP – EMBER'S ROOM – CONTINUOUS
Ember sits on her bed, secretly looking at the glass Vivisteria. Her light **refracts** through it and dances on the walls. Suddenly, she hears Bernie coughing downstairs.

BERNIE (O.S.) (coughing)

She quickly gets up.

INT. BERNIE'S SHOP – RIGHT AFTER
Ember runs down the stairs to see Bernie repairing the wall. He looks **exhausted**.

BERNIE (coughing)

EMBER Àshfá, you okay?

He sees her and smiles.

BERNIE Yes. Yes. Just too much to fix.

Ember **pulls over** a can.

EMBER I'll **take care of** it. [68] YOU need to rest. And that's an order.

Bernie **salutes**.

BERNIE Yes, ma'am.

BERNIE, EMBER (laugh)

461 아빠의 부담

실외. 버니의 가게 - 다음날 저녁
희미하게 일렁이는 불빛이 위층 창문에서 새어 나온다.

실내. 버니의 가게 - 앰버의 방 - 계속
앰버가 침대에 앉아서 몰래 유리 비비스테리아를 바라보고 있다. 그녀의 빛이 유리 비비스테리아를 통과해 벽 위에서 춤을 춘다. 갑자기 아래층에서 버니의 기침 소리가 들린다.

버니 (화면 밖) (기침한다)

그녀가 재빨리 일어난다.

실내. 버니의 가게 - 그 직후
앰버가 계단을 내려가 보니 버니가 벽을 수리하고 있다. 그는 지쳐 보인다.

버니 (기침한다)

앰버 아슈파, 괜찮으세요?

버니가 그녀를 보고 미소를 짓는다.

버니 그래. 그래. 고칠 게 너무 많네.

앰버가 통을 치운다.

앰버 제가 할게요. 쉬세요. 명령이에요.

버니가 거수경례한다.

버니 네, 대장님.

버니, 앰버 (웃는다)

---

shimmer 희미하게 빛나다 **ray** 빛살, 광선 **spill** 쏟아지다, 쏟다 **refract** 굴절시키다 **exhausted** 피곤한 **pull over** 움직이다, 길 한쪽으로 빠지다 **take care of** 해결하다 **salute** (거수) 경례하다

They both sit. Bernie takes his daughter's hands in his own.

BERNIE Ember, I see a change in you. Happier. Calmer with customers, and with that... (with disgust) ...food inspector.

He gestures to PHOTO of Wade on the "BANNED!" board.

BERNIE Always putting shop first. You prove I can trust you.

They stand and Bernie starts for the stairs. He stops to cough. Bernie **turns back** to Ember.

BERNIE I'm so lucky I have you.

Ember smiles **briefly**, but her **face falls**. She pulls out the flyer from Fern then turns to the picture of Wade on the board.

INT. BERNIE'S SHOP – CINDER'S **MATCHMAKING** OFFICE
Dozing Cinder suddenly sits **BOLT UPRIGHT** and sniffs.

CINDER Love!

EXT. BERNIE'S SHOP – LATER
Ember gently closes the shop door. She **sneaks** to her scooter and drives off. JUST THEN, Cinder exits the shop, sniffing. Her eyes **dart**, **suspicious**.

CINDER (sniffing)

She turns in the **direction** Ember rode off and follows the **scent**.

두 사람, 앉는다. 버니가 딸의 손을 잡는다.

버니   앰버. 네가 변하는 게 보이는구나. 더 행복해 보여. 손님들도 침착하
       게 대하고, 그… (경멸하는 표정으로) …식품 조사관도 말이야.

       그가 "출입 금지!" 게시판에 붙은 웨이드의 사진을 가리킨다.

버니   항상 가게를 우선 순위로 하더구나. 내가 널 믿을 수 있다는 걸 증명
       해낸 거야.

       그들이 일어서고 버니가 계단 쪽으로 걸어가다 기침하며 멈춰 선다. 버니가 그녀를 돌아본다.

버니   난 행운아야. 네가 있으니 말이야.

       잠시 미소를 짓는 앰버, 이내 표정이 어두워진다. 펀에게 받은 팜플렛을 꺼내고 고개를 돌려 출입
       금지 게시판에 붙은 웨이드의 사진을 바라본다.

       실내. 버니의 가게 - 신더의 중매 사무실
       졸고 있던 신더가 갑자기 몸을 일으키고 냄새를 맡는다.

신더   사랑이야!

       실외. 버니의 가게 - 잠시 후
       앰버가 조용히 가게 문을 닫는다. 몰래 스쿠터를 타고 간다. 바로 그때, 신더가 가게 밖으로 나와 냄
       새를 맡는다. 수상한 느낌이 들어 눈이 커진다.

신더   (냄새를 맡는다)

       신더는 앰버가 스쿠터를 타고 지나간 방향으로 냄새를 따라간다.

disgust 혐오 turn back 뒤를 돌아보다 briefly 간략하게 face fall 실망한 표정을 짓다 matchmake 중매를 서다 dozing
졸고 있는 bolt 재빨리, 갑자기 upright 똑바로, 위로 sneak 몰래 가다 dart 쏜살같이 달리다, 빠르게 눈길을 주다 suspicious 의
혹을 갖는, 수상쩍은 direction 방향 scent 냄새

Chapter 15

Meet the Ripples

 15. mp3

481 MEET THE RIPPLES

EXT. WATER DISTRICT – WADE'S MOM'S APARTMENT – NIGHT
Ember **parks** her scooter and approaches the entrance to a tall, waterfall covered apartment building. She **gulps** at the **splendor**. As she walks up to the WATER **DOORMAN**, Wade opens the door and is **THRILLED** to see her.

WADE   Ember! You found it! Everything ok?

EMBER   Please tell me that you have some good news from Gale.

EMBER   I'm getting really worried about my dad. This has to **break my way**. [69]

WADE   Yeah, I haven't heard from her yet, but she **SWORE** she'd call tonight. [70] (then) Actually, my family **stopped by** for dinner? You, want to come up and wait for the call together?

481 리플 가족을 만나다

실외. 물 구역 - 웨이드 엄마의 아파트 - 밤
앰버가 스쿠터를 세우고 폭포수로 뒤덮인 고층 아파트 입구로 걸어간다. 아파트의 웅장한 모습을 보고 침을 꿀꺽 삼킨다. 앰버가 물 경비원에게 다가가는데 웨이드가 문을 열고 매우 반가워한다.

웨이드 앰버! 잘 찾아왔네! 괜찮은거야?

앰버 게일 씨에게 좋은 소식을 들었다고 제발 말해 줘.

앰버 아빠가 정말 걱정돼. 잘돼야 한다고.

웨이드 응, 아직 그녀에게 들은 것은 없지만, 오늘 밤에 꼭 전화 주겠다고 했어. (목소리 톤을 바꾸고) 우리 식구들이 저녁 먹으러 왔거든. 올라가서 같이 전화를 기다릴래?

park 주차하다 **gulp** 침을 꿀꺽 삼키다 **splendor** 화려함 **doorman** 경비원, 문지기 **thrilled** 흥분한 **break one's way** 일이 잘 진행(해결)되다 **swear** 맹세하다 **stop by** 잠시 들르다

EMBER Your family?

AROUND THE CORNER, unseen by Wade and Ember, Cinder sniffs, looking for Ember's **trail**.

CINDER (sniffing)

She stops in her tracks when she sees Ember talking to SOMEBODY– but from her POV, Wade is **obscured**.

EMBER Um... okay, I'll **come up** for a bit.

Cinder **ducks**, **peering** over a **ledge**.

CINDER (gasp, grunt)

BACK WITH Ember and WADE: the DOORMAN opens the front door and **tips** his hat. It's pretty **ritzy**. Ember is **taken aback**.

EMBER I'm sorry... You LIVE here?

WADE It's my mom's place.

EMBER Oh my gosh.

Wade and Ember enter the building. Cinder hurries up to the Doorman and tries to walk in.

CINDER (laugh)

He **blocks** her path.

DOORMAN I'm afraid I can't let you in. **Residents** and guests only.

Cinder **pretends to** leave, then suddenly does a spin **dodge** around the doorman, but he quickly extends him arm creating a wall of water.

| 앰버 | 너희 가족? |

길모퉁이에서 신더가 앰버의 흔적을 찾으며 냄새를 맡고 있는데, 웨이드와 앰버의 눈에는 띄지 않는다.

| 신더 | (냄새를 맡는다) |

신더가 앰버의 흔적을 찾다가 멈춰 선다. 앰버가 누군가와 이야기하는 것을 목격하지만- 그녀의 시선에서는 웨이드의 모습이 잘 보이지 않는다.

| 앰버 | 음… 알았어, 잠시 있다 갈게. |

신더가 몸을 숙이고 난간 위로 몰래 바라본다.

| 신더 | (헉하며 놀라며, 꿍 소리를 낸다) |

화면은 다시 웨이드와 앰버를 보여 준다: 경비원이 문을 열어 주고 모자를 살짝 들어올리며 인사한다. 아주 호화로운 곳이다. 앰버가 놀란다.

앰버	근데… 너 여기에 사는 거야?
웨이드	우리 엄마 집이야.
앰버	끝내주네.

웨이드와 앰버가 건물 안으로 들어간다. 신더가 서둘러 경비원에게 다가가 들어가려고 한다.

| 신더 | (웃는다) |

경비원이 그녀를 가로막는다.

| 경비원 | 못 들어가십니다. 입주민과 손님만 출입 가능해요. |

신더가 나가는 척하다가 경비원 주위를 돌아 다시 들어가려고 한다. 이때 그가 재빨리 팔을 뻗어 물 장벽을 만든다.

---

trail 흔적 obscured 애매한, 불분명한 come up 올라가다 duck 몸을 숙이다 peer 유심히 보다 ledge 벽 돌출부 tip 기울이다 ritzy 화려한, 호화로운 taken aback 깜짝 놀란 block 막다 resident 거주자 pretend to ~한 척하다 dodge 피하다 extend 연장하다

| CINDER | Ah, okay. I under-STAND. |

Cinder spins the other direction, but he creates a second wall of water with his other arm.

CINDER	(efforts)
CINDER	You're **surprisingly** good at your job!
DOORMAN	You're surprisingly fast for your age. 71
CINDER	You have NO idea.

Cinder suddenly spins her fire into a **tornado**! The Doorman gulps.

INT. WADE'S MOM'S APARTMENT – CONTINUOUS
Wade's mom, BROOK, opens the door.

BROOK	Ember! Oh I'm so excited to finally meet you. (unsure) Do we **hug** or... wave or... don.'t want to **put** you **out** ha ha.
EMBER	Um, a hello is fine.
BROOK	**Hardly**. Wade hasn't stopped talking about you since the day you met. The boy is **smitten**!

Brook waves them into the apartment.

신더	아, 알았어요. 알겠다… 고요.

신더가 반대 방향으로 도는데 경비원이 이번에도 다른 팔로 물 장벽을 만든다.

신더	(열심히 움직인다)
신더	보기에 비해 일 잘하네요!
경비원	나이에 비해 빠르시네요.
신더	아마 상상도 못할 걸요.

신더가 갑자기 불 회오리로 변한다! 경비원이 침을 꿀꺽 삼킨다.

실내. 웨이드 엄마의 아파트 – 계속
웨이드의 엄마인 브룩이 문을 연다.

브룩	앰버! 드디어 만나네. (확신 없이) 포옹할까 아니면… 춤을 출까… 꺼뜨리면 안 되니까 하하.
앰버	음. 그냥 인사가 좋을 것 같아요.
브룩	그걸론 부족한 걸. 웨이드가 너를 만난 날부터 계속 네 이야기만 하더라니까. 얘가 홀딱 반한 것 같아!

브룩이 둘에게 아파트 안으로 들어오라며 손짓한다.

surprisingly 놀랍게도 tornado 회오리바람 unsure 확신하지 않은 hug 포옹하다 put out (불을) 꺼뜨리다 hardly 거의 ~하지 않은 smitten 홀딱 반한

WADE		Mom!
BROOK		Oh, come on. I'm your mother. I know when something's "**lighting you up**." I just didn't know she'd be so SMOKEY!
BROOK		(pretend coughs)

They all laugh. Ember stops sooner.

BROOK		Come this way. Meet the rest of the family.

Ember starts to follow but is stopped in her tracks when she sees the apartment is one big swimming pool with floating furniture.

EMBER		(gasp)

The space is NOT made for Fire people... in fact it feels a little dangerous. Brook **steps into** the pool and Ember **hangs behind. Awkward beat**. Then Wade grabs a floaty chair from the side and the welcome mat from the **foyer**. He places the mat on the chair. Ember steps on, it's **precarious**. As Wade guides her into the **living room**:

BROOK		Oh honey! You won't believe what your baby niece did today! [72]
BROOK		She... she smiled.

Brook starts to **tear up** which gets Wade going.

232

웨이드	엄마!

브룩	오, 애야. 난 엄마잖니. 누가 네 마음에 "불을 지핀다"는 건 다 알고 있어. 상대가 이렇게 화끈한 미인인 줄은 몰랐네!

브룩	(연기 때문에 기침하는 척한다)

모두 웃는다. 앰버가 먼저 웃음을 멈춘다.

브룩	이쪽으로 와. 가족들을 소개할게.

앰버가 따라가다가 멈춰 선다. 아파트가 가구들이 떠다니는 하나의 거대한 수영장인 것을 본 것이다.

앰버	(허걱 놀란다)

이곳은 불에게 적합하지 않다… 사실 조금 위험하게 느껴진다. 브룩이 수영장 안으로 들어가고 앰버는 뒤에 서 있다. 어색한 정적이 흐른다. 웨이드가 옆에 있던 튜브 의자와 현관 발판을 가져온다. 의자 위에 발판을 올린다. 앰버가 그 위에 올라서는데 위태로워 보인다. 웨이드가 그녀를 거실로 데리고 간다.

브룩	얘야! 오늘 네 아기 조카가 뭘 했는지 아니?

브룩	걔가… 웃었어.

브룩이 눈물을 흘리기 시작하자 웨이드도 훌쩍인다.

---

light up 밝히다　**smokey** 화끈한, 연기나는　**step into** ~로 들어가다　**hang behind** 뒤에 남다, 처지다　**awkward** 어색한　**beat** 정적　**floaty** 물에 뜨는　**foyer** (주택, 아파트의) 현관 입구　**precarious** 불안정한, 위태로운　**living room** 거실　**tear up** 눈물이 나다

WADE No, she didn't. [73]

She **nods**. They both **burst into tears**.

BROOK, WADE (burst into tears)

Ember watches, **wide-eyed**.

INT. WADE'S MOM'S APARTMENT – DINING ROOM – LATER
Ember and Wade follow Brook through a waterfall curtain. Wade holds his arm above Ember to keep her dry. The family **gathers** around an **inflatable** dining table. Everyone is Water.

WADE Hey everyone! This is Ember!

ALAN Hey!

WADE That's my brother Alan and his wife Eddy.

EDDY Hi!

ALAN And we got two kids that are swimming around here somewhere. (calling out) Marco! Polo!

Two heads pop out of the water. One **chases** the other, **slapping** him with a **pool noodle**.

POLO Hi. Uncle Wade!

Suddenly they see Ember. Whoa.

MARCO Do you die if you fall in water?

Marco starts to shake Ember's floaty.

EMBER Whoa!

웨이드	설마요.

그녀가 고개를 끄덕인다. 두 사람은 눈물을 터트린다.

브룩, 웨이드	(눈물을 터트린다)

앰버는 그들을 보고 눈이 휘둥그레진다.

실내. 웨이드 엄마의 아파트 – 거실 – 잠시 후
브룩이 폭포 커튼을 통과하고 앰버와 웨이드가 그녀 뒤를 따른다. 웨이드는 앰버가 젖지 않도록 머리 위로 팔을 들어 보호해 준다. 가족들이 공기를 불어 넣은 튜브 식탁에 모여 있다. 모두 물 원소이다.

웨이드	다들 안녕! 여기는 앰버예요!
앨런	안녕하세요!
웨이드	우리 형 앨런, 그리고 형수님 에디야.
에디	안녕하세요!
앨런	저희는 애가 둘이에요. 저쪽에서 물장구를 치고 있을 텐데. (외친다) 마르코! 폴로!

물속에서 머리 두 개가 올라온다. 수영장 스티로폼 막대기로 서로 때리면서 술래잡기한다.

폴로	안녕, 웨이드 삼촌!

갑자기 그들이 앰버를 본다. 감탄한다.

마르코	물에 빠지면 죽어요?

마르코는 앰버가 앉아 있는 튜브 의자를 흔든다.

앰버	어머!

---

nod 고개를 끄덕이다 burst into tears 눈물을 터트리다 wide-eyed 커진 눈으로 gather 모이다 inflatable 부풀리게 되어 있는 chase 추적하다 slap 때리다 pool noodle 스티로폼으로 된 수영장용 긴 막대기

WADE	MARCO!
ALAN	(then to Ember, trying to make light, embarrassed) Kids. Heh he. (dead serious) Don't hate us.

Alan pulls Marco off and ushers the kids away.

MARCO	(strain)
POLO	(laugh)

Ember **regains** her balance and smiles awkwardly. Wade feels bad. He walks Ember and her floaty over to the dinner table.

WADE	Anyway… that's my little sib Lake. And her girlfriend Ghibli.
GHIBLI	'Sup.
WADE	They're students at Element City School for the Arts.
LAKE	Yeah, following in Mom's wake.
BROOK	Oh nonsense, I'm just an architect. [74] The real artist is my brother Harold.

Reveal Harold, standing in front of a very large painting.

웨이드	마르코!
앨런	(목소리 톤을 바꿔서 앰버에게, 당황하지만 농담조로) 애들 장난이에요. 헤헤. (매우 심각한 말투로) 우리 미워하지 마세요.

앨런이 마르코를 떼어 내고 아이들을 데리고 간다.

마르코	(안간힘을 쓴다)
폴로	(웃는다)

앰버가 다시 균형을 잡고 어색하게 웃는다. 웨이드는 기분이 좋지 않다. 튜브 의자 위에 있는 앰버를 데리고 식탁으로 간다.

웨이드	자… 저기는 내 동생 레이크 그리고 여자친구 기블리야.
기블리	안녕.
웨이드	얘들은 엘리멘트 시티 미대 학생들이야.
레이크	그래, 엄마의 뒤를 따르고 있지.
브룩	오, 그러지 마. 난 그냥 평범한 건축가일 뿐이야. 진짜 예술가는 내 남동생 해롤드지.

해롤드가 거대한 그림 앞에 서 있다.

---

make light 대수롭지 않게 여기다 **embarrassed** 당황스러운 **dead serious** 매우 심각한 **usher away** 데리고 가다 **strain** 안간힘을 쓴다 **regain** 다시 회복하다 **sib** 형제자매 (= sibling) **follow in one's wake** ~의 선례를 따르다 **nonsense** 말도 안 되는 소리 **architect** 건축가

HAROLD   Oh, I just **dabble in** watercolors. [75] (dad joke) Or as we like to call them, "colors."

*Brook sets a dish down on the table and sits. As they talk, everyone takes a seat and the **meal** begins.*

BROOK   Oh don't listen to him. He's a wonderful painter. One of his paintings just got in the Element City Museum's **permanent collection**.

EMBER   Wow. That is so cool. My only talent is "clean up on aisle 4!"

WADE   Talk about being **modest**– Ember's got an **incredible** creative flame! I've never seen anything like it.

*Wade looks **lovingly** toward Ember. Harold jumps in.*

HAROLD   (loud and slow) I just have to say that you speak SO well and clear— [76]

*Wade **shoots** him **a look**. Ember keeps her cool.*

EMBER   Hmph. Yeah, it's amazing what talking in the same language your entire life can do.

HAROLD   (embarrassed) Doh!

*Alan tries to break the **tension**.*

| 해롤드 | 오, 그냥 수채 물감으로 장난치는 수준이지. (아재 개그한다) 아님 우리 물 원소들은 그냥 "물감"이라고 해야 되나? |

브룩이 접시를 식탁에 내려놓고 있다. 그들은 대화하며 모두 자리에 앉아 식사를 시작한다.

| 브룩 | 오 그냥 겸손한 척하는 거야. 정말 훌륭한 화가란다. 동생 그림 한 점이 최근에 엘리멘트 시티 박물관에 영구 소장됐지. |

| 앰버 | 와. 대단하네요. 저의 유일한 재능은 "4번 진열대 청소하기!"인걸요. |

| 웨이드 | 겸손이라고 하면- 앰버는 정말 창의적인 불꽃을 가지고 있어요! 그렇게 훌륭한 걸 본 적이 없다고요. |

웨이드가 앰버를 사랑스럽게 바라본다. 이때 해롤드가 끼어든다.

| 해롤드 | (큰 목소리로 천천히) 우리 말을 정말 또박또박 잘 하네요- |

웨이드가 해롤드에게 눈치를 준다. 앰버는 냉정심을 유지한다.

| 앰버 | 음. 네, 평생 여러분과 같은 언어를 쓰니까 그런 거겠죠. |

| 해롤드 | (당황하며) 이런! |

앨런이 어색함 분위기를 풀려고 한다.

---

dabble in ~를 취미로 하다, 재미로 ~를 하다   **meal** 식사   **permanent** 영구적인   **collection** 소장품   **modest** 겸손한
incredible 놀라운   **lovingly** 사랑스럽게   **shoot a look** 힐끗 보다   **tension** 긴장

ALAN (changing the subject) Uh, hey Ember, did Wadey here ever tell you that he's **deathly afraid** of sponges?

EMBER (intrigued) No.

499 SPONGE TRAUMA

FLASHBACK:
INT. KINDERGARTEN HALLWAY – DAY

WADE (V.O.) I was **traumatized**...

A five-year-old Wade is walking down the school **hallway** when a janitor drops a large sponge. Curious Wade **hangs back** and **tentatively** pokes it. Wade reaches out and touches it with his finger—it immediately starts to suck in his water. Panicking, he tries to **pull away** but the suction is too strong and it **soaks** him up **entirely**!

5-YEAR-OLD WADE (screaming, panic)

Close on the sponge with little Wade's terrified eyes **peering out**.

400 WATER DINNER

BACK TO PRESENT:
Everyone except Wade is **cracking up**, especially Ember.

BROOK I still can't use a sponge around him!

앨런	(대화 주제를 바꾸면서) 어, 저 앰버, 웨이드가 스폰지를 정말 무서워한다고 하던가요?
앰버	(흥미로운 듯) 아뇨.

499 스폰지 트라우마

과거 회상:
실내. 유치원 복도 - 낮

웨이드	(목소리) 엄청난 충격이었다고…

다섯 살의 웨이드가 유치원 복도를 지나가는데 청소부가 큰 스폰지를 떨어뜨린다. 호기심이 많은 웨이드가 그 자리에 서서 조심스럽게 스폰지를 건드린다. 웨이드가 손을 뻗어 손가락으로 스폰지를 건드리는데- 갑자기 스폰지가 그의 물을 빨아들인다. 당황한 웨이드, 빠져나가려고 하지만 흡입하는 힘이 너무 강해서 완전히 빨려 들어가 버린다!

다섯 살의 웨이드	(겁을 먹고 소리친다)

스펀지에 갇혀 버린 어린 웨이드, 겁을 먹은 눈동자가 스펀지 밖을 바라본다.

400 물 가족의 식사

다시 현재로 돌아온다:
웨이드를 제외한 모든 사람들이 깔깔대며 웃는다. 특히 앰버가 더 크게 웃는다.

브룩	아직도 쟤 근처에서는 스펀지를 못 쓴다니까!

deathly afraid 몹시 두려워하는 intrigued 흥미로워 하는 traumatized 정신적인 충격을 받은 hallway 복도 hang back 뒤에 남다, 망설이다 tentatively 시험적으로 pull away 움직이다, 벗어나다 soak 흡수하다 entirely 완전히 peer out 밖을 보다 crack up 마구 웃다

WADE	I was **stuck** in there for hours.

Alan is pouring from a **pitcher** but as he laughs, it slips from his hand and SHATTERS.

ALAN	Oh!
BROOK	Alan! That was new!

Ember picks up two **shards** of glass and blows on them, melting them together.

ALAN	My bad. I'm all **whirlpools** tonight…
EMBER	I can fix it.

Without thinking, EMBER gathers all of the pieces and **heats** them up. She blows into the **molten** glass.

EMBER	(inhale)

Her light grows **vulnerable**, **prismatic**, **caustics** shining. In the **process** she molds the glass into a **gorgeous**, colorful piece of art… just like the dam. She **gets lost** in the moment, and doesn't notice that the whole family watches **mesmerized**. She finishes and **places** it on the table then sees that everyone stares, **slack-jawed**.

EMBER	Oh, uhm…

She ZIPS up her fire.

EMBER	Sorry.

웨이드	몇 시간 동안 거기에 갇혀 있었다고요.

유리 주전자를 들고 물을 따르는 앨런, 크게 웃다가 주전자를 놓쳐 산산조각 깨진다.

앨런	이런!

브룩	앨런! 그거 새 건데!

앰버가 유리 조각 두 개를 집어 들고 입김을 불어 용접한다.

앨런	죄송해요. 오늘 밤 완전 엉망이네요…

앰버	제가 고칠 수 있어요.

곧장 앰버가 깨진 조각들을 모아서 녹인다. 앰버가 녹은 유리 덩어리에 입김을 불어 넣는다.

앰버	(숨을 들이쉰다)

그녀의 불빛은 연약하지만 다채롭고 물결이 일렁이듯 빛난다. 앰버는 유리를 녹여서 우아하고 화려한 예술 작품을 탄생시킨다… 배수로에서 유리 댐을 만든 것과 비슷하다. 앰버는 너무 몰두한 나머지 가족들이 넋을 놓고 보고 있는 지도 모른다. 물 주전자를 완성해서 식탁 위에 올려놓자 모두들 입을 떡 벌리고 자신을 바라보고 있다는 것을 알게 된다.

앰버	어, 음…

그녀가 불꽃을 바로한다.

앰버	죄송해요.

stuck 갇힌 pitcher (항아리 모양의) 주전자 shard 조각 whirlpool 자쿠지 욕조, 소용돌이 heat 녹이다 molten 녹은 vulnerable 연약한 prismatic 오색찬란한 caustics 물결처럼 일렁이는 불빛 process 과정 gorgeous 화려한 get lost 몰입하다 mesmerized 넋을 놓고 감탄하는 place 놓다 slack-jawed 입을 떡 벌린

243

HAROLD	That was **incredible**.

The family **applauds**.

The family	(impressed, cheers)

Ember is **flattered**.

EMBER	It's just melted glass.
BROOK	Just melted glass? Every building in the new city is built from "just melted glass." Oh no, you have to do something with that **talent**.

Ember notices the view from their floor to **ceiling** windows of the city, **glistening** with lights. Wade leans to her and whispers.

WADE	See, I told you you're special.

She smiles back. It's a lovely moment. Wade suddenly gets an idea, an **actual bubble** floats up through his head;

WADE	(gasp) Ooh, thought bubble!
WADE	Maybe after dinner we play "The Crying Game?"

Everyone is excited to play.

EMBER	Let me guess: you try to cry?
WADE	We try NOT to cry.

해롤드   정말 멋졌어.

가족들이 박수를 보낸다.

가족   (감동 받고, 환호한다)

앰버, 기뻐한다.

앰버   그냥 유리를 녹인 것뿐이에요.

브룩   그냥 유리를 녹인 거라고? 신도시에 있는 건물 모두가 "그냥 유리를 녹인 거"로 지어진 거야. 그 재능을 절대로 썩히면 안돼.

앰버가 통창 밖으로 화려하게 빛나는 시티의 전경을 바라본다. 웨이드가 그녀를 향해 몸을 숙이고 속삭인다.

웨이드   거봐, 넌 특별하다고 했잖아.

그녀가 그에게 웃어 보인다. 다정한 순간이다. 웨이드에게 갑자기 좋은 생각이 떠올랐다. 실제로 공기 방울이 그의 머릿속에서 떠오른다;

웨이드   (헉하며) 오, 생각 방울이에요!

웨이드   저녁 먹고 "울기 게임" 하는 거 어때요?

게임할 생각에 모두들 기뻐한다.

앰버   혹시, 먼저 울기 게임이야?

웨이드   울지 않기 게임이야.

incredible 믿을 수 없는 **applaud** 박수치다, 환호하다 **flattered** 기쁜 **talent** 재능 **ceiling** 천장 **glisten** 반짝이다 **actual** 사실상의 **bubble** 방울

INT. WADE'S MOM'S APARTMENT – SHORTLY AFTER
They're gathered in the living room area, it's game time. Wade turns over an **hourglass** timer.

WADE You have one minute. Go!

Brook and Harold **face off** against each other.

HAROLD 1979. November. You were—

Brook **bursts into tears**. Her team throws their hands up, the other team **celebrates**.

ALAN, EDDY, POLO (cheers)

LAKE, GHIBLI, WADE, MARCO (disappointed)

Ember smiles, this is fun.

BROOK (bawling) –Never got a chance to say goodbye to **Nana**. Damn, you're good.

HAROLD Okay, Ember, Wade, you're up.

Ember and Wade face off.

EMBER Yeah this is almost **unfair**. Because I have **literally** never cried.

EMBER You got **no chance**. [77]

WADE Sounds like a **challenge**.

Harold **flips** the timer.

실내. 웨이드 엄마의 아파트 – 잠시 후
게임하러 모두들 거실에 모였다. 웨이드가 물시계를 뒤집는다.

웨이드 1분이에요. 시작!

브룩과 해롤드가 서로 대결한다.

해롤드 1979년. 11월. 누나가 –

브룩이 눈물을 터트린다. 그녀의 팀은 매우 실망하고, 상대 팀은 환호한다.

앨런, 에디, 폴로 (환호한다)

레이크, 기불리, 웨이드, 마르코 (실망한다)

앰버가 웃는다. 이거 재밌네.

브룩 (오열하며) –할머니께 작별 인사도 못 했잖아. 이런, 너 잘하네.

해롤드 자, 앰버, 웨이드, 너희 차례야.

앰버와 웨이드가 대결한다.

앰버 어 이거 불공평한데. 난 절대 눈물을 안 흘리거든.

앰버 넌 못 이길 거야.

웨이드 해 보면 알겠지.

해롤드가 시계를 뒤집는다.

---

hourglass 모래시계 face off ~와 대결할 준비하다, 경기를 시작하다 burst into tears 눈물을 터트리다 celebrate 축하(환호)하다 bawl 엉엉 울다 Nana 할머니 be up (게임 등을) 할 차례이다 unfair 불공평한 literally 정말로, 그야말로 no chance 가능성이 없음 challenge 도전 flip 뒤집다

HAROLD	Ready, go!
WADE	Butterfly. **Windshield** wipers. Half a butterfly.

Everyone tears up. Ember is **unmoved**.

EDDY, ALAN	(sniff)
WADE	Okay. An old man on his **deathbed**. Remembers the summer he fell in love. She was **out of his league** and he was young and scared. (sniff, tearing up) He let her go thinking surely summer would come again. (sniff) It never did.

Wade is moved to tears by his own words, as is everyone **except for** Ember.

BROOK	(sniffling)
HAROLD	(sniffling) **Almost out of time.**

Wade smiles at Ember, and **takes the plunge**. As he speaks, his family leans in, **captivated**.

WADE	Ember, when I met you I thought I was **drowning**. But that light, that light inside you has made me feel so alive. And all I want now is to be near it. Near you. Together.

We ZOOM close into Ember's eye. There is a small **glimmering** flame in her **pupil**... it becomes EMBER. She floats with WADE and they dance around each other... she **sheds** her outer light and we see her full vulnerable light as they spin. It's lovely. They reach out to touch hands, but Ember suddenly pulls back, the magic is broken. She falls away from him...

| 해롤드 | 준비, 시작! |

| 웨이드 | 나비. 자동차 와이퍼, 반쪽이 된 나비. |

모두 눈물이 고인다. 앰버는 반응이 없다.

| 에디, 앨런 | (훌쩍인다) |

| 웨이드 | 알겠어. 임종을 앞둔 노인이 있어. 자신이 사랑에 빠졌던 여름을 추억하고 있지. 그 여자는 그가 감히 넘볼 수 없는 대상이었어. 그는 어렸고 겁이 났지. (훌쩍이며 눈물이 고인다) 여름이 다시 올 거라고 생각하고 그녀를 떠나보낸 거야. (훌쩍인다) 하지만 그 여름은 다시 오지 않았지. |

웨이드는 자신이 한 말에 감동받아 눈물을 흘린다. 앰버를 제외하고 모두 눈물 바다이다.

| 브룩 | (훌쩍인다) |

| 해롤드 | (훌쩍인다) 시간 거의 다 됐어. |

웨이드가 앰버에게 미소 짓는다. 그리고 마지막 칼을 빼 들기로 한다. 그가 말을 시작하자 가족들이 완전히 빠져든다.

| 웨이드 | 앰버, 널 만났을 때 난 물에서 허우적거리고 있었어. 하지만 네 안에 있는 그 불빛이 나를 살렸지. 내가 지금 원하는 건 그 불빛 곁에 있는 거야. 네 곁에 함께 말이야. |

앰버의 눈동자가 줄인된다. 동공 안에서 작은 불꽃이 반짝인다… 그 불꽃은 앰버가 되어 웨이드와 함께 공중을 떠다니며 춤을 춘다… 그들이 회전하자 그녀의 겉에 있는 불빛이 벗겨지고 속에 있던 나약한 불빛이 나타난다. 그 불빛은 사랑스럽다. 팔을 뻗는 두 사람, 손을 잡으려고 하지만 갑자기 앰버가 물러나면서 마법이 사라진다. 그녀가 그에게서 멀어진다…

---

windshield 자동차 전면 유리 **unmoved** 감동을 받지 않은 **deathbed** 임종 **out of one's league** ~의 수준보다 높은 **except for** 제외하고 **take the plunge** 오랜 생각 끝에 어떤 일을 단행하기로 하다 **captivate** 넋을 빼앗다 **drown** 익사하다 **glimmer** 깜빡이다 **pupil** 눈동자 **shed** 벗다, 없애다

PULL OUT and we see a **LAVA** TEAR DROP that drips out of Ember's eye, rolls down her cheek and into the pool. The entire family is **caught up in** the emotional connection Ember and Wade just made, **stunned**.

The family (moved, aw)

Just then, THE PHONE rings. The moment is broken. Wade rushes to pick it up. Ember tries to read his **expression**.

WADE (into phone) **Hello? Gale, hi.**

INTERCUT WITH:
EXT. CULVERT – SAME TIME
Gale and TWO AIR CITY WORKERS stand **skeptically** at the repaired doors. Gale does not look happy.

GALE (you idiots) **Glass?? You repaired it with glass??**

Behind Gale an Air Worker punches the glass.

AIR WORKER (efforts) **Hey hey!**

GALE **Hold the storm...**

Wade **swallows hard**. Ember looks nervous. Gale watches as another worker slams the glass with a large hammer, the glass **holds**. The workers give her a thumbs up.

GALE **TEMPERED glass. Solid as a rock. I like it.**

GALE **Consider the tickets cancelled.**

Wade hangs up, smiling, teary eyed with joy. Ember can't believe it.

EMBER **We did it!?**

화면이 줌아웃된다. 앰버의 눈에서 나온 용암 눈물이 뺨을 타고 흘러 수영장으로 떨어진다. 가족들 모두 앰버와 웨이드의 정서적인 교감에 흠뻑 빠져 있다. 다들 감동받은 모습이다.

가족 (감동 받고 탄식한다)

바로 그때 전화가 울린다. 감정이 깨진다. 웨이드가 황급히 전화를 받으러 간다. 앰버는 그의 표정을 읽으려고 한다.

웨이드 (수화기에 대고) 여보세요? 게일 씨, 안녕하세요.

장면 전환:
실외. 배수로 - 같은 시간
게일과 공기 직원 두 명이 복구된 문 앞에 회의적인 표정을 하고 서 있다. 게일의 표정이 좋지 않다.

게일 (멍청한 놈아) 유리가 뭐야?? 유리로 보수 공사한 거야??

게일 뒤에서 공기 직원이 주먹으로 유리를 때린다.

공기 직원 (힘차게 펀치를 날리며) 여기요!

게일 잠깐만…

웨이드가 침을 꿀꺽 삼킨다. 앰버도 긴장한 표정이다. 게일은 다른 직원이 큰 망치로 유리를 내리치는 모습을 바라본다. 유리가 멀쩡하다. 직원들이 그녀에게 엄지를 들어 보인다.

게일 강화 유리군. 바위만큼 단단하지. 좋았어.

게일 위반 딱지는 취소하지.

웨이드가 전화를 끊고 미소를 짓는다. 기쁨의 눈물이 맺힌다. 앰버는 이를 믿을 수가 없다.

앰버 우리가 해낸 거야!?

---

lava 용암　caught up in ~에 사로잡힌　stunned 놀란　moved 감동을 받은　expression 표정　skeptically 회의적으로　swallow hard 침을 꿀꺽 삼키다　hold 견디다　tempered glass 강화 유리　solid 견고한

WADE Yup!

EMBER, WADE (laugh)

Ember pulls the brochure out her pocket and **triumphantly** burns it.

WADE Awesome!

Wade runs toward her, arms **outstretched**.

EMBER (laugh)

WADE Wooo!

Ember opens her arms, they'**re about to** hug but stop themselves.

EMBER Oh! Um.

WADE Oh. (laugh)

Suddenly, Polo pops up behind Wade and **smacks** him with a pool noodle.

POLO (laugh)

WADE (pained) Oh!

INT. WADE'S MOM'S APARTMENT – HALLWAY – SHORTLY AFTER
LATER at the door, Brook says goodbye to Ember and Wade. Brook holds the **repaired** glass vase.

EMBER Thank you Mrs. Ripple. This was... this was really great.

웨이드	그래!

앰버, 웨이드	(웃는다)

앰버는 주머니에서 팜플렛을 꺼내 기세등등하게 태워 버린다.

웨이드	좋았어!

웨이드가 양팔을 벌리고 그녀에게 달려간다.

앰버	(웃는다)

웨이드	오 오 오!

앰버도 팔을 벌린다. 두 사람, 포옹하려다가 멈춘다.

앰버	오! 음.

웨이드	오. (웃는다)

갑자기 폴로가 웨이드 뒤에서 나타나 스티로폼 막대기로 그를 때린다.

폴로	(웃는다)

웨이드	(아파하며) 오!

실내. 웨이드 엄마의 아파트 - 복도 - 잠시 후
잠시 후 문 밖에서 브룩이 앰버와 웨이드에게 작별 인사를 한다. 브룩은 앰버가 고친 유리 화병을 들고 있다.

앰버	감사해요 웨이드 어머님. 정말… 정말 좋았어요.

---

triumphantly 의기양양하게 **awesome** 멋진 최고의 **outstretched** 펼친 **be about to** 막 ~하려고 하다 **smack** 때리다
repaired 고친

BROOK	Yeah, it was. And I mean what I said about your talent. I have a friend who **runs** the best glass making firm in the world. During dinner, I **slipped out** and I made a call. And I told her about you. They're looking for an intern. It could be an amazing **opportunity**.

EMBER	For real? [78]

BROOK	It's a long way from the city, but it would be an **incredible** start. You have a bright future. (then, re: vase) Look at me! I have an **original** Ember!

Ember smiles nervously and turns to go.

WADE	Hold up. I'll **walk you out**. [79]

Wade follows her out.

브룩	나도 그랬어. 그리고 네 재능에 대해서 내가 한 말 있잖니. 내 친구가 전 세계에서 최고의 유리 제조 회사를 하고 있거든. 저녁 먹으면서 내가 슬쩍 전화해서 네 이야기를 했어. 인턴을 구하고 있대. 정말 좋은 기회가 될 거야.
앰버	진짜요?
브룩	시티에서는 좀 멀지만 그건 엄청난 시작이 될 거야. 넌 미래가 밝아. (그러고, 화병을 보며) 이것 봐! 내가 앰버 작품을 가지고 있네!

앰버가 불편한 듯 웃으며 돌아선다.

웨이드	잠깐. 내가 배웅해 줄게.

웨이드가 그녀를 따라나간다.

run 운영하다 slip out 살짝 빠져나가다 opportunity 기회 incredible 믿을 수 없는 then 목소리 톤을 바꿔서 original 원래의, 본래의 walk someone out 배웅하다

How to Repay Dad's Sacrifice

502 CINDER FINDS OUT

EXT. WADE'S MOM'S APARTMENT – RIGHT AFTER
The doorman is now a half-**steamed** water wall, but still holding strong.

DOORMAN   (out of breath) I'm afraid you're still going to have to wait out here ma'am.

Cinder's tornado slows to a stop. She tries to **catch her breath**.

CINDER   (out of breath) And I'm afraid... I will **throw up**.

CINDER   (heavy breaths)

Cinder **dizzily** walks away.

CINDER   (sigh, head shake)

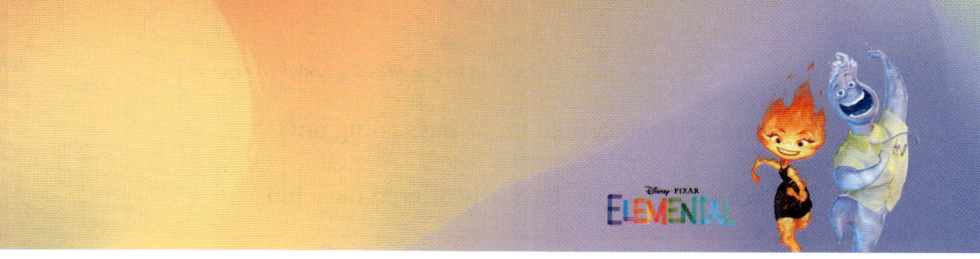

502 신더가 알아차리다

실외. 웨이드 엄마의 아파트 - 그 직후
경비원은 반쯤 증발된 물 장벽이 되어 있지만, 여전히 잘 버티고 있다.

경비원 (숨을 헐떡이며) **아무리 그래도 밖에서 기다리셔야 합니다, 부인.**

신더의 회오리가 서서히 멈춘다. 그녀도 숨을 고른다.

신더 (숨을 헐떡이며) **아무래도… 토할 것 같아.**

신더 (크게 숨을 쉰다)

신더는 어지럼을 느끼며 걸어간다.

신더 (한숨 쉬고 고개를 흔든다)

steam 증기를 내뿜다 out of breath 숨을 헐떡이며 catch one's breath 숨을 고르다 throw up 토하다 dizzy 어지러운, 현기증을 느끼는

                    Behind her, Wade rushes to **catch up to** Ember as she hops on her scooter.

WADE   Ember! Ember, hold up. What's going on?

EMBER   I can't believe she basically **offered** me **a job**.

WADE   I know! Could be cool!

EMBER   Yeah, super cool, Wade! I could move out and make glass in a **far-away** city. Do whatever I want.

WADE   I don't understand.

EMBER   I'm going home.

                    She starts her scooter.

WADE   Fine, then I'm going with you.

                    Wade **hops on** the back of the scooter.

EMBER   Ugh!

                    She **GUNS** the scooter and zips into the night. Wade **hangs** on **for dear life**.
                    ANGLE ON Cinder, she sees them drive off.

CINDER   A WATER guy??

                    EXT. BRIDGE
                    ON EMBER AND WADE as they drive fast.

WADE   (yelling over the noise) Look—

EMBER   (growl)

그녀 뒤로, 웨이드가 스쿠터에 올라타는 앰버에게 달려온다.

웨이드 앰버! 앰버, 기다려. 왜 그러는 거야?

앰버 너희 엄마가 내게 일자리를 제안하시다니 믿을 수 없어.

웨이드 그러니까! 멋질 거야!

앰버 그래, 정말 멋지지, 웨이드! 집을 나와 멀리 떨어진 시티에서 유리를 만드는 거. 내가 원하는 대로 하는 거지.

웨이드 네가 왜 그러는 건지 이해가 안 돼.

앰버 집에 갈래.

그녀가 스쿠터 시동을 건다.

웨이드 좋아, 나도 같이 가겠어.

웨이드가 스쿠터 뒤에 올라탄다.

앰버 으!

그녀가 스쿠터를 총알처럼 몰고 밤거리로 질주한다. 웨이드는 스쿠터를 꽉 붙잡는다. 신더가 화면에 잡히고, 그녀는 그들이 가는 모습을 지켜본다.

신더 물이잖아??

실외. 다리
앰버와 웨이드가 스쿠터를 타고 질주한다.

웨이드 (주변 소음보다 더 크게 소리지르며) 이봐—

앰버 (화가 나서 으르렁거린다)

---

catch up to ~를 따라잡다 **offer a job** 일자리를 제공하다 **far-away** 멀리 떨어진 **hop on** ~에 뛰어오르다 **gun** (차 등을) 총알같이 몰기 시작하다 **hang** 매달리다 **for dear life** 필사적으로

WADE My mom was just trying to be helpful! She doesn't know how excited you are to run the shop!

EMBER (frustrated) Arrgh!!

Ember guns it. They **weave** through traffic. The **inertia** and **G-Forces stretches** Wade out a bit.

WADE What is the matter??

EMBER Nothing!

WADE Yeah? Because we're going like a thousand, and– BUS!

She **swerves** to avoid a bus. Wade stretches from the force.

WADE Ah!

EMBER You don't know me, Wade! Ok? So stop pretending like you do.

WADE What is this about? [80]

EMBER Nothing. Everything. I don't know. It's...

She **SLAMS the brakes** and **SKIDS** to a stop in front of the shop, the Blue Flame glowing from inside the dark windows.

EXT. BERNIE'S SHOP – CONTINUOUS

EMBER (panting) I don't think I actually DO want to run the shop, okay? THAT'S what my temper has been trying to tell me... I'm **trapped**.

웨이드	우리 엄마는 도와주려고 했던 것뿐이야! 엄마는 네가 가게하는 걸 얼마나 좋아하는지 모르신다고!
앰버	(짜증내며) 아아아!!

앰버가 속력을 내고 자동차 사이를 지나간다. 관성과 중력으로 웨이드의 몸이 늘어난다.

웨이드	왜 그러는 거야??
앰버	아무것도 아니야!
웨이드	그래? 천 킬로로 달리는 것 같아서- 버스야!

그녀가 방향을 틀어 버스를 피한다. 관성 때문에 웨이드의 몸이 늘어진다.

웨이드	아!
앰버	넌 나를 몰라, 웨이드! 알겠어? 그러니까 아는 척하지 말라고.
웨이드	왜 그러는 거야?
앰버	아무것도 아니야. 아니 다 그래. 모르겠어. 그냥…

갑자기 브레이크를 잡는 앰버, 가게 앞에 미끄러지듯 선다. 어두운 창문 안에서 파란 불꽃이 밝게 빛나고 있다.

실외. 버니의 가게 - 계속

앰버	(숨을 헐떡이며) 내가 정말 가게를 하고 싶은 게 아닌 것 같아, 알겠어? 내 성질머리가 계속 그렇게 말하는데… 그냥 갇혀 버린 기분이야.

---

frustrated 짜증이 나서 **weave** 이리저리 빠져나가다 **inertia** 관성 **G-force** 중력 **stretch** 늘어나다 **swerve** 방향을 틀다 **slam the brakes** 급정거하다 **skid** 미끄러지다 **trapped** 갇힌

She **gets off** the bike and faces the shop. Wade joins her.

EMBER (looking at Flame) **You know what's crazy?** Even when I was a KID, I would **pray** to the Blue Flame to be good enough to **fill my father's shoes** someday. [81] Because this place is his dream. But I never once asked... what I wanted to do.

EMBER (sigh) I think that's because deep down I knew it didn't matter.

EMBER Because the only way to repay a **sacrifice** so big is by sacrificing your life too.

Wade stares at Ember. SUDDENLY we hear:

CINDER Ember!

EMBER (gasp)

We follow tiny **distant** Cinder up on the train **platform**.

CINDER Don't move!!

EMBER Oh, **blaze!** My mother.

Cinder hurries down the stairs and runs up to them.

CINDER (panting)

EMBER Mom, it's okay. He's just a friend.

앰버가 스쿠터에서 내려 가게를 마주한다. 웨이드가 그녀 옆으로 다가온다.

앰버 (파란 불꽃을 바라보며) 말도 안 되는 게 뭔지 아니? 어렸을 때부터 난 파란 불꽃에게 언젠가 아빠를 대신할 수 있을 만큼 좋은 딸이 되게 해 달라고 기도했어. 이곳은 아빠의 꿈이니까. 하지만 난 한번도… 내가 뭘 원하는 지 물어보지 않았지.

앰버 (한숨 쉬며) 그게 중요하지 않다는 것을 알고 있었기 때문인지도 몰라.

앰버 그렇게 큰 희생에 보답하는 유일한 방법은 내 인생을 희생하는 것이니까.

웨이드가 앰버를 바라본다. 이때 갑자기 목소리가 들린다:

신더 앰버!

앰버 (화들짝 놀란다)

저 멀리 전철 승강장에 서 있는 신더의 모습이 보인다.

신더 거기 꼼짝 말고 있어!!

앰버 이런 불씨! 우리 엄마야.

신더가 허겁지겁 계단을 내려와 그들에게 달려온다.

신더 (숨을 헐떡인다)

앰버 엄마. 괜찮아요. 그냥 친구예요.

get off 내려오다 **pray** 기도하다 **fill one's shoes** ~를 대신하다. 이어받다 **sacrifice** 희생 **distant** 멀리 있는 **platform** 승강장 **blaze** 불씨

CINDER	Si— (breathes heavy, finger up, then) SILENCE!
EMBER	(gasp)
CINDER	I could smell you from over there! You **stink**.
EMBER	What are you talking about??
CINDER	YOU know what I'm talking about!

Ember sniffs herself.

EMBER	You're smelling love on me?

Ember **glances at** Wade... is she... in love?

CINDER	(a warning) If your father find out. (then) Fire and Water cannot be together! I **prove** it! Come with me.

Cinder goes into the shop, gesturing for them to follow.

| 신더 | 조— (깊은 숨을 몰아 쉰다. 손가락을 들고 목소리 톤을 바꾸며) **조용해!** |

| 앰버 | (헉하며 놀란다) |

| 신더 | 저기서부터 네 냄새가 났어! 고약한 냄새. |

| 앰버 | 무슨 말이에요?? |

| 신더 | 무슨 말인지 네가 잘 알잖아! |

앰버가 자기 냄새를 맡는다.

| 앰버 | 저한테 사랑 냄새가 나요? |

앰버가 웨이드를 바라본다… 내가 사랑에… 빠졌다고?

| 신더 | (경고하며) **아빠가 아시면…** (목소리 톤을 바꾸고) **불과 물은 함께 할 수 없어! 내가 보여 주지! 따라와.** |

신더가 그들에게 따라오라고 손짓하며 가게 안으로 들어간다.

---

breathe heavy 헐떡거리다 **stink** 냄새가 나다 **glance at** 바라보다 **warning** 경고 **prove** 증명하다

Blessing Denied

508 ZERO OUT OF TEN

INT. CINDER'S MATCHMAKING OFFICE – SOON AFTER
Ember and Wade sit across from Cinder, two **sticks** stand on the table between them.

CINDER **I splash this on your heart to bring love to the surface!**

Cinder ANGRILY splashes Ember with oil. Then, she ANGRILY splashes Wade, leaving a little **oil-slick**. He **flinches** at first but then enjoys it.

WADE (pleasant) **Mmmm.**

Cinder gestures to the sticks.

CINDER **And then you must light these with your fire and I read the smoke.**

Ember sniffs herself. Then she lights a stick. Cinder turns to Wade and gestures **smugly**. His **turn**. He looks at his finger. No way to light the flame.

508 확률 제로

실내. 신더의 중매 사무실 – 잠시 후
앰버와 웨이드가 앉아 있고 맞은 편에는 신더가 있다. 탁자 위에는 두 사람 사이로 막대기 두 개가 세워져 있다.

신더   이걸 너희 마음에 뿌리면 사랑이 나타나지!

신더가 화가 난 듯 앰버에게 기름을 뿌린다. 그리고 웨이드에게도 뿌리자 그의 몸에 작은 기름띠가 생긴다. 웨이드가 움찔하더니 이내 즐거워한다.

웨이드   (즐거워하며) 음.

신더가 막대기를 가리킨다.

신더   그리고 이 막대기에 네 불을 붙이면 내가 그 연기를 읽는 거야.

앰버는 자기 냄새를 맡는다. 그리고 막대기에 불을 붙인다. 신더가 웨이드를 보며 어디 해 보라는 듯 손짓한다. 웨이드가 불을 붙일 차례이다. 자기 손가락을 바라본다. 그가 불을 붙일 방법은 없다.

---

stick 막대기 **splash** (물 등을) 뿌리다 **surface** 수면 **oil-slick** 기름띠, 기름층 **flinch** 움찔하다 **light** 불을 피우다 **smugly** 잘난 체하며, 보란 듯이 **turn** 차례

| CINDER | See, Ember, it cannot be. |

Wade sees Ember's **disappointment**. He gets a thought.

| WADE | Actually... |

He stands between Ember and the sticks.

| EMBER | (sotto) What are you doing? |

Then he **pulls up** his shirt. He **refracts** Ember's light through his **torso**, causing a **magnifying glass** effect. He focuses the beam of light onto the stick. The stick lights and starts smoking, surprising Cinder and Ember both. The **intermingling** smoke turns into a **double-helix**. Cinder reads the smoke.

| CINDER | (sniff) |

Ember watches her mom read the smoke... could it actually tell them something? They are all **caught up** in the moment. Suddenly we hear:

| BERNIE | (O.S.) Cinder? |

| CINDER | (gasp) |

| BERNIE | (O.S.) Who down there? |

Ember's eyes grow **in horror**.

| EMBER | (gasp) It's my dad. You have to go! |

512 GIRL TALK

INT. BERNIE'S SHOP – RIGHT AFTER
Cinder and Ember rush Wade out the front door just as Bernie enters from upstairs.

| 신더 | 봤지, 앰버, 절대 이루어질 수 없어. |

웨이드는 앰버의 실망한 얼굴을 바라본다. 그에게 좋은 생각이 떠올랐다.

| 웨이드 | 사실… |

웨이드가 앰버와 막대기 사이에 선다.

| 앰버 | (작은 목소리로) 뭐 하는 거야? |

그가 셔츠를 올린다. 그의 가슴으로 앰버의 빛을 굴절시켜 돋보기 효과를 만든다. 웨이드가 불빛의 초점을 막대기에 맞춘다. 막대기에 불이 붙어 연기가 나기 시작한다. 앰버와 신더가 깜짝 놀란다. 연기가 섞이면서 이중 나선을 이룬다. 신더가 연기 점괘를 읽는다.

| 신더 | (킁킁 냄새를 맡는다) |

앰버는 엄마가 연기 점괘를 읽는 모습을 바라본다… 연기가 정말로 무슨 말을 하는 것일까? 그들 모두 집중하고 있다. 이때 갑자기 목소리가 들린다:

버니	(화면 밖) 신더?
신더	(헉하며 놀란다)
버니	(화면 밖) 아래 누구 있니?

앰버의 눈이 두려움으로 커진다.

| 앰버 | (허걱 놀란다) 아빠야. 빨리 가! |

512 여자들의 이야기

실내. 버니의 가게 - 그 직후
신더와 앰버가 웨이드를 문 밖으로 서둘러 보내려는데 버니가 위층에서 내려온다.

---

disappointment 실망 **pull up** 들어올리다 **refract** 굴절시키다 **torso** 가슴 **magnifying glass** 돋보기 **intermingle** 혼합하다, 섞이다 **double-helix** 이중 나선 **caught up** 빠져드는 **in horror** 두려워하며

WADE Wait, are we a match?

His hand **gets caught** in the **door jamb**.

WADE (yell)

BERNIE What's going on? I wake up and nobody upstairs??

After a **struggle**, we hear Wade **escape**.

WADE (strains)

EMBER It was just me. I was... **double checking** the locks. And mom came down and...

We're with Bernie as he walks over to them.

CINDER Yes and we... (bad lying) ...began looking at this door. We don't talk about this door enough!

EMBER (hissed, sotto) **Pull it together!** [82]

Bernie smiles.

BERNIE Well, since you are **awake**... I was going to tell you tomorrow, but... I'm too excited to sleep. [83] In two days... I **retire!**

CINDER (gasp)

EMBER Oh!

웨이드	잠깐만요, 우리 궁합은 맞나요?

웨이드의 손이 문 사이에 끼인다.

웨이드	(소리 지른다)
버니	무슨 일이야? 일어났더니 위층에 아무도 없던데??

잠시 소란스럽다가 웨이드가 도망가는 소리가 들린다.

웨이드	(아파한다)
앰버	저예요. 제가… 문이 잠겼나 확인하고 있었어요. 엄마가 내려오셔서…

버니가 그들에게 다가간다.

신더	맞아, 우리가… (거짓말을 잘 못한다) …이 문을 보기 시작했는데. 문 얘기를 충분히 안 해서!
앰버	(작은 목소리로 화를 내며) 정신 차려요!

버니가 미소 짓는다.

버니	자, 네가 안 자고 있으니까… 내일 말해 주려고 했는데… 너무 흥분해서 잠을 잘 수 있어야지. 이틀 뒤에… 나 은퇴할 거야!
신더	(허걱 놀란다)
앰버	오!

---

get caught 끼이다　door jamb 문설주　struggle 저항, 싸움, 소동　escape 도망가다　double check 재확인하다　lock 잠금장치　pull it together 정신을 차리다　awake 깨어난　retire 은퇴하다

CINDER	Oh Bernie!
EMBER	Two days?
BERNIE	Yes.
BERNIE	We're going to **throw BIG party.** [84] A **grand** reopening!

Bernie **takes Cinder by the hand** and spins her.

BERNIE	That way I can tell whole world my daughter take over.

Cinder is **overjoyed**. Ember looks **sick to her stomach**.

CINDER	(laugh)
BERNIE	And I have gift for you.
BERNIE	I've had this **for a while,** but after our talk I know now is the time.

Bernie walks to the counter and pulls out a large box. He puts his hand on it and pauses, getting serious.

BERNIE	Before I give it to you, I need you to understand what it means to me.

519 BLESSING DENIED

EXT. FIRE LAND – SHORE – FLASHBACK
We're back in Fire Land. A group of Fire Elements watch as two **figures**, Bernie and Cinder, walk toward a boat.

신더	오 버니!
앰버	이틀이요?
버니	그래.
버니	성대한 파티를 열 거야. 화려하게 재개장 파티를 하는 거지!

버니가 신더의 손을 잡고 춤을 추듯 그녀를 돌린다.

버니	온 세상에 우리 딸이 가게를 물려받는다고 말할 거야.

신더가 매우 기뻐한다. 앰버는 안색이 좋지 않다.

신더	(웃는다)
버니	네게 줄 선물이 있어.
버니	오랫동안 가지고 있었는데 말이 나온 김에 주는 게 좋지.

버니가 카운터로 가서 큰 상자 하나를 꺼낸다. 상자 위에 손을 올리고 가만히 서서 진지해진다.

버니	이걸 주기 전에 이것이 내게 어떤 의미인지 알았으면 해.

519 축복을 거절 당하다

실외. 파이어랜드 – 해안가 – 과거 회상
화면은 파이어랜드의 예전 모습을 다시 보여 준다. 여러 명의 불 원소들이 버니와 신더가 배로 걸어 가는 모습을 바라보고 있다.

throw party 파티를 열다 grand 성대한 takes someone by the hand 손을 잡다 take over 이어받다 overjoyed 매우 기쁜 sick to one's stomach 속이 좋지 않은 for a while 잠시 동안 deny 거부하다 figure 형체

BERNIE (V.O.) When I left Fire Land, I gave my father the "Bà Ksô," the Big Bow.

Bernie turns back toward his parents and does the **CEREMONIAL** Bow.

BERNIE (V.O.) It is the highest **form** of respect. But my father did not return the Bow, did not give me his **blessing**.

A **heartbroken** Bernie, still in the bow, looks to his **stoic** father.

BERNIE (V.O.) He say, if we leave Fire Land, we will lose who we are.

Bernie **hangs his head**.

BERNIE (tearful breath)

515 BERNIE'S GIFT

INT. BERNIE'S SHOP – BACK TO SCENE
Back to Bernie today, tears in his eyes.

BERNIE They never got to see all of this.

He gestures to the shop.

BERNIE They didn't get to see that I NEVER forgot we are Fire. This is burden I still carry.

버니	(목소리) 파이어랜드를 떠날 때 난 아버지에게 "바 크소"라는 큰절을 올렸어.

버니가 뒤를 돌아 부모님에게 큰절을 올린다.

버니	(목소리) 존경의 의미가 담긴 가장 큰 의식이지. 하지만 아버지는 맞절을 하지 않으셨어. 나를 축복하지 않으신 거지.

절하는 버니, 무표정한 아버지를 바라보며 가슴이 무너진다.

버니	(목소리) 파이어랜드를 떠나면 우리의 참 모습을 잃어버릴 거라고 하셨지.

버니가 고개를 떨군다.

버니	(흐느끼며 숨을 삼킨다)

515 버니의 선물

실내. 버니의 가게 - 현재 장면
다시 현재 장면으로 돌아온다. 버니의 눈에 눈물이 고인다.

버니	부모님은 이 모든 것들을 보지 못하셨어.

그가 가게를 가리킨다.

버니	우리가 불임을 잊지 않았다는 것을 못 보신거야. 그게 아직도 내 마음의 짐으로 남아 있단다.

---

ceremonial 의식의 bow 절 form 형태 blessing 축복 heartbroken 가슴이 아픈 stoic 무표정한, 냉정한 hang one's head 고개를 떨구다

Cinder **wells up**. Bernie is NEVER this open about his emotions.

BERNIE Ember, it is important that you know you have MY blessing every day you come in here. So I have this made for you.

Bernie opens the large **package**. It's a neon sign for the shop with her name on it: EMBER'S FIREPLACE. Ember's eyes widen, stunned. Bernie **beams** with **pride**.

EMBER Wow, Àshfá.

Bernie flares up, excited, full of **YOUTHFUL** energy.

BERNIE It's gonna be big, bright! Everyone is gonna see this. EMBER'S FIREPLACE! We **unveil** it at grand reopening!

BERNIE (happy chuckle)

CINDER Come Bernie, you need your rest.

Cinder **SHOOTS** EMBER **a look** as they go. Later, Ember sits on the floor, alone in the shop, staring at the sign, turning it on and off. Her flame **dims** and she quietly starts to cry.

신더도 눈물이 난다. 버니는 자신의 감정을 이렇게 솔직하게 말한 적이 없다.

버니 앰버, 네가 태어난 순간부터 매일 난 너를 축복한단다. 그래서 너를 위해 이걸 만들었어.

버니가 큰 상자를 연다. "앰버의 파이어플레이스" 라고 적힌, 앰버의 이름이 있는 가게 네온 간판이다. 앰버가 놀라 눈이 커진다. 버니가 자랑스럽게 웃는다.

앰버 와, 아슈파.

버니가 흥분해서 불타오른다. 젊음의 에너지가 충만하다.

버니 크고 화려하게 타오를 거야! 모두가 이 간판을 보겠지. 앰버의 파이어플레이스! 재개장할 때 공개하자구나!

버니 (행복하게 웃는다)

신더 버니, 이제 쉬어.

두 사람, 함께 걸어간다. 신더가 앰버를 흘깃 바라본다. 잠시 후, 앰버가 가게 바닥에 혼자 앉아 있다. 간판을 바라보며 전원을 켰다 껐다 한다. 그녀의 불꽃이 약해지고 조용히 울기 시작한다.

well up (눈물 등이) 고이다 **package** 꾸러미 **beam** 활짝 웃다 **pride** 자부심 **youthful** 젊은 **unveil** 발표하다, 덮개를 벗기다 **shoot a look** 힐끗 보다 **dim** 줄어들다

Bubble Date

521 GOODBYE GIFT

EXT. **CULVERT** – THE NEXT DAY
A boat goes by and a WAVE of water **spills** into the culvert. We see that the glass dam still holds, but water is almost to the top, **creating enormous PRESSURE**. A TINY **crack appears**.

INT. BROOK'S APARTMENT – HALLWAY – THAT EVENING
There's a knock on the door. Wade opens it and is thrilled to find Ember.

WADE Ember! So what'd your mom say? About our reading?

She's **subdued**, holding a box.

EMBER Nothing. Look, I have a gift for you.

Wade steps out into the hall. Ember hands him the box. He reaches in and pulls out the Vivisteria glass.

WADE And you came all the way here to give it to me? (then, realizing) Wait, why are you giving me gifts?

521 이별 선물

실외. 배수로 – 다음 날
배 한 척이 지나가자 큰 파도가 배수로로 흘러넘친다. 유리 댐이 여전히 건재하지만 물이 거의 맨 위까지 차올라 수압이 매우 높아진다. 유리에 미세한 균열이 생긴다.

실내. 브룩의 아파트 – 복도 – 그날 저녁
현관문에서 노크 소리가 들린다. 문을 여는 웨이드가 앰버를 보고 매우 반가워한다.

웨이드 앰버! 너희 어머니가 뭐라고 하셔? 우리 궁합은?

그녀가 상자 하나를 들고 있다. 우울한 표정이다.

앰버 아무 말도 안 하셔. 저기, 줄 게 있어.

웨이드가 복도로 나온다. 앰버가 그에게 상자를 건넨다. 그가 상자 안에 손을 넣어 유리 비비스테리아를 꺼낸다.

웨이드 이거 주려고 여기까지 온 거야? (목소리 톤을 바꾸면서, 어떤 의미인지 깨닫고) 잠깐만, 왜 나에게 선물을 주는 거야?

---

culvert 배수로 **spill** 쏟아지다 **create** (상태) 야기하다 **enormous** 거대한 **pressure** 압력 **crack** 갈라짐, 틈 **appear** 나타나다 **subdue** 진압하다, 가라앉히다

Ember looks away. Wade **gets it**. She's ending things.

WADE
Oh no. No, no, no, no no.

But he gets an idea.

WADE
Hold on. I think I have something to show you. (energized, excited) Just give me two seconds! And you're going to need a pair of boots!

On Ember, **puzzled**.

541 EMBER JUMPS IN

EXT. GARDEN CENTRAL STATION – SOON AFTER
Ember and Wade walk toward a **deserted** GARDEN CENTRAL STATION, passing the VIVISTERIA SIGN we saw in Ember's flashback. It now has a **banner** over it, CLOSED.

EMBER
Wade, what are we doing here?

WADE
Just wait!

They stop in front of a **chain link fence**. Wade takes off his shirt, throws it over the fence and then walks right through, diving back into his shirt on the other side. Ember also walks right through, melting the metal.

WADE
Why do they even have these?

EMBER
Eh, who knows.

They continue on toward the station. The NO FIRE sign still stands in the **entryway**. Wade **knocks** it **over**.

INT. GARDEN CENTRAL STATION – SUBWAY ENTRANCE – CONTINUOUS
The station is **decrepit**. The TILE on the walls is broken and there are just hints it was once **incredibly ornate**. Entrance stairs from ground level lead down then **vanish** into a dark, flooded tunnel. Reveal Gale in front of the flooded tunnel.

앰버가 눈을 피한다. 웨이드가 그 뜻을 이해한다. 그녀가 그와의 관계를 끝내려고 하는 것이다.

웨이드　　　오 안 돼. 아니 아니 안 된다고.

웨이드에게 어떤 생각이 떠올랐다.

웨이드　　　잠깐만. 네게 보여 줄 게 있어. (활기 찬 모습으로 흥분해서) 2초만 줘! 그리고 장화가 필요할 거야!

앰버, 당황한 표정이다.

541 앰버, 뛰어들다

실외. 가든 센트럴역 - 잠시 후
앰버와 웨이드가 사람이 없는 가든 센트럴역으로 걸어간다. 앰버의 과거 회상 장면에서 보았던 비스테리아 광고판을 지난다. "폐쇄"라고 적힌 현수막이 그 위에 걸려 있다.

앰버　　　웨이드, 여기서 뭐 하는 거야?

웨이드　　　그냥 기다려 봐!

그들이 철망으로 된 울타리 앞에 멈춰 선다. 웨이드가 셔츠를 벗어 울타리 위로 던지더니 거길 그대로 통과하고 건너 편에서 셔츠를 다시 입는다. 앰버 역시 울타리를 그냥 통과하는데 철망이 녹아내린다.

웨이드　　　이건 왜 있는 거야?

앰버　　　어, 낸들 알겠어?

그들이 역으로 계속 걸어간다. '불 출입 금지'를 알리는 푯말이 입구에 여전히 세워져 있다. 웨이드가 넘어뜨린다.

실내. 가든 센트럴역 - 지하철 입구 - 계속
역은 노후됐다. 벽에 있는 타일은 깨졌지만 한때 매우 화려한 곳이었음을 짐작할 수 있다. 1층 입구 계단은 아래에 있는 터널과 이어진다. 터널은 어둡고, 완전히 침수되어 끝이 보이지 않는다. 침수된 터널 앞에 게일의 모습이 보인다.

---

get it 이해하다　**energized** 활기찬　**puzzled** 어리둥절한　**deserted** 사람이 없는, 버려진　**banner** 현수막　**chain link** 철망 **fence** 담장　**entryway** 입구　**knock over** 쓰러뜨리다　**decrepit** 노후한　**incredibly** 놀랄 정도로　**ornate** 화려한 장식의 **vanish** 사라지다

GALE	Hey! It's my favorite fireball!

Ember is puzzled.

EMBER	Hey Gale… what's going on? [85]
WADE	I know you think you have to end this but… (re: water) That flooded tunnel? It goes to the main terminal.
EMBER	O-kay?
WADE	Do you still want to see a Vivisteria?

Ember is **perplexed**. Wade **gestures** toward GALE.

WADE	Gale?

Gale BLOWS a **HUGE** bubble in the water, big enough for Ember to get into.

GALE	(huge inhale, blow)

Gale holds the bubble closed at the water's **surface**. Ember's eyes **widen** as she realizes what Wade's thinking.

EMBER	Wait, I'm supposed to get in there?
WADE	The air should last…

게일	안녕! 내가 최애하는 불덩어리가 왔군!

앰버가 당황한다.

앰버	안녕하세요 게일 씨… 무슨 일이에요?
웨이드	네가 끝내고 싶다는 건 아는데… (물을 가리키며) 저 침수된 터널이, 중앙 터미널로 연결되어 있어.
앰버	그–런데?
웨이드	아직도 비비스테리아가 보고 싶어?

앰버, 당황한다. 웨이드가 게일을 향해 손짓한다.

웨이드	게일 씨?

게일이 입김을 불어 물 안에 큰 공기 방울을 만든다. 앰버가 충분히 들어갈 수 있을 정도의 크기이다.

게일	(크게 숨을 들이쉬고, 입김을 분다)

게일이 공기가 빠져나가지 않도록 수면 위에서 공기 방울을 꽉 붙잡고 있다. 웨이드가 어떤 생각을 하는지 알고서 앰버의 눈이 커진다.

앰버	잠깐만, 내가 저 안으로 들어가는 거야?
웨이드	공기는…

---

perplexed 당혹스러운 gesture 손짓(몸짓)을 하다 huge 거대한 surface 수면 widen 커지다, 넓어지다 last 지속하다

GALE … at least twenty minutes.

Ember looks to Wade, **hesitant**.

WADE THEY said you couldn't go in there… Why does ANYONE get to tell you what you can do in your life?

EMBER (exhale)

Ember deep in thought, looks at the bubble, then back to Wade. He **gives** her an **encouraging nod**.

EMBER (**determined** grunt)

Ember **steps to** the edge of the water. GALE **breathes** more air into the bubble. Ember jumps in.

EMBER (pump up breaths, jump effort)

In the bubble, Ember opens her eyes – it worked!

EMBER Whoa.

Getting her bearings, she looks out from the bubble down the long dark **passageway**. Wade swims around and gives her two thumbs up. He grabs her bubble and starts swimming them deeper. From the surface, Gale waves.

543 BUBBLE DATE

INT. SUBWAY TUNNEL – UNDERWATER – CONTINUOUS
Wade holds Ember's bubble and swims them down the **staircase**.

EMBER (nervous breathing)

게일	…적어도 20분 정도 유지될 거야.

앰버는 망설이며 웨이드를 바라본다.

웨이드	네가 저기에 못 들어간다고 했다며… 네 인생인데 왜 다른 사람들의 말을 들어야 하는 거지?
앰버	(숨을 내쉰다)

깊은 생각에 잠긴 앰버, 공기 방울을 바라본다. 그러고 다시 웨이드를 바라본다. 그가 그녀에게 용기를 주듯 고개를 끄덕인다.

앰버	(단호하게 결심한 듯)

앰버가 물 가장자리로 걸어간다. 게일이 방울 안에 더 많은 공기를 불어 넣는다. 앰버가 뛰어든다.

앰버	(가쁘게 심호흡하고, 힘껏 뛰어든다)

공기 방울 안에서 앰버가 눈을 뜬다 – 성공이다!

앰버	와.

주변에 익숙해지자 그녀는 공기 방울 밖에 있는 길고 어두운 통로를 바라본다. 웨이드가 주위를 헤엄치면서 그녀에게 두 엄지 손가락을 치켜 올려 준다. 그가 공기 방울을 붙잡고 더 깊은 곳으로 이동한다. 물 위에서 게일이 손을 흔든다.

543 공기 방울 데이트

실내. 지하철 터널 – 물속 – 계속
웨이드는 앰버가 타고 있는 공기 방울을 붙잡고 계단 아래로 내려간다.

앰버	(긴장한 듯 숨을 쉰다)

---

hesitant 주저하는 **give a nod** 끄덕이다 **encouraging** 용기를 주는, 격려하는 **determined** 결심이 선 **step to** ~로 걸어가다 **breathe** 공기를 불어 넣다 **get one's bearings** 환경에 익숙해지다 **passageway** 통로, 복도 **staircase** 계단

Ember looks to Wade who gives her a **reassuring** smile. They reach the bottom of the stairs and emerge into an old train station. Ember's light **illuminates** the walls. It's gorgeous. Somehow, **preserved** under water, is the **opulence** of another **era**... beautiful tile walls, **vaulted** ceilings. Ember looks up at the GARDEN CENTRAL STATION platform sign. Wade and Ember explore an old subway car, looking through its windows into the interior. Ember's glow lights up their surroundings and startles **a school of fish**. They swim at Ember, **swirling** around her bubble.

EMBER   (laugh)

Ember and Wade follow the fish up a staircase. It opens up into the GRAND BALLROOM of the station. And in the middle of it, growing in the **double-helix**, is the **DORMANT** Vivisteria plant. No flowers. Wade and Ember are **entranced** at seeing it. Wade pushes Ember closer and as her light hits the vine, the bud closest to them **BLOOMS**.

EMBER   (whispered) A Vivisteria.

Ember's light grows almost entirely **prismatic**, **casts caustics**. They're both in awe. They swim up the vine. As Ember's light hits the plant, more flowers bloom. Another cloud of fish sends Ember's bubble spinning.

EMBER   Whoa.

More BLOOMS. She glows brighter and the vine EXPLODES with flowers. They swim together through the vines. Ember reaches toward the blooms. It's a shared, magical moment. BUT suddenly the bubble begins to **shrink** around Ember as air is used up.

WADE   (worried gasp)

The bubble's wall touches the top of Ember's flame.

앰버가 웨이드를 바라본다. 그는 미소 지으며 앰버를 안심시킨다. 그들이 계단 아래로 내려와 옛날 전철역으로 들어간다. 앰버의 불빛이 벽을 비춘다. 정말 멋지다. 아름다운 타일벽과 아치형의 천장 등 또 다른 시대의 화려함이 물속에 잘 보전되어 있다. 앰버가 위를 올려다 본다. 가든 센트럴역이라는 승강장 표시가 보인다. 웨이드와 앰버는 창문으로 옛날 지하철 안을 들여다본다. 앰버의 불빛이 주변을 비추자 물고기 떼가 놀란다. 물고기 떼가 그녀를 향해 다가와서 공기 방울 주변을 돌아 지나간다.

앰버 (웃는다)

앰버와 웨이드가 물고기 떼를 따라 계단 위로 이동한다. 계단이 지하철 역의 연회장까지 이어진다. 연회장 중앙에는 이중 나선 구조로 자라고 있는 비비스테리아 나무가 있다. 아직 꽃이 피지 않았다. 이를 바라보는 웨이드와 앰버, 완전히 매료되었다. 웨이드가 앰버를 밀고 더 가까이 다가가는데 그녀의 불빛이 덩굴에 닿자, 가까이 있던 봉오리에서 꽃이 활짝 피어난다.

앰버 (속삭이며) **비비스테리아야.**

앰버의 불빛이 밝아진다. 오색찬란한 빛깔이 주변에 물결치듯 비친다. 두 사람 감탄한다. 그들이 덩굴을 향해 위로 올라간다. 앰버의 빛이 닿자 더 많은 꽃이 피어난다. 다른 물고기 떼가 접근하자 앰버가 타고 있는 공기 방울이 회전한다.

앰버 **와.**

더 많은 꽃들이 피어난다. 그녀가 더 밝게 빛나자 꽃들이 덩굴에서 폭발하듯 피어난다. 두 사람, 함께 덩굴 사이를 지나간다. 앰버가 꽃을 향해 손을 뻗는다. 두 사람이 함께 하는 마법 같은 순간이다. 그런데 갑자기 앰버 주위로 공기 방울이 줄어들기 시작한다. 공기를 거의 다 써 버린 것이다.

웨이드 (걱정하며 화들짝 놀란다)

공기 방울 벽이 앰버의 불꽃 윗부분과 맞닿는다.

reassuring 안심시키는 **illuminate** 빛을 비추다 **preserve** 보존하다 **opulence** 풍부, 화려함 **era** 시대 **vaulted** 아치 형태의 **a school of** ~의 무리, 떼 **swirl** 돌다 **double-helix** 이중 나선 구조 **dormant** 휴면기의 **entranced** 감탄한 **bloom** 꽃을 피우다 **prismatic** 오색찬란한 **cast** (빛을) 발하다 **caustics** 물결처럼 일렁이는 빛 **shrink** 줄어들다

EMBER	(sharp inhale) **Ouch!**

WADE	**Hey! You're running out of air!** [86]

Ember is **alarmed**. Wade looks around and **spots** an exit. He swims her shrinking bubble as fast as he can up the **stairwell**. As Ember's bubble gets tighter, she starts to **hyperventilate**, burning up what little oxygen she has left.

EMBER	(fast panting)

WADE	**Almost there. Try to breathe slow and steady.**

Ember nods and manages to slow her breathing down as Wade pushes her up.

EMBER	(slower panting)

Wade swims **with all his might**.

EMBER	(**scared** panting)

They see light— they must be **nearing** the surface. They **break through** just **in time**.

551 FIRST TOUCH

EXT. MINERAL LAKE – OLD SUBWAY ENTRANCE – CONTINUOUS
Ember and Wade **burst out of** an old entrance at Mineral Lake. They lay there breathing heavily.

EMBER, WADE	(catching her breath)

| 앰버 | (급하게 숨을 들이쉰다) 앗! |

| 웨이드 | 공기가 없어지고 있어! |

앰버가 놀란다. 웨이드가 주변을 둘러보더니 출구를 발견했다. 그는 줄어드는 공기 방울을 최대한 빨리 계단 위로 옮기려고 한다. 공기 방울이 점점 좁아지자 앰버가 과호흡하기 시작한다. 얼마 남지 않은 산소를 태우고 있다.

| 앰버 | (빠르게 숨을 헐떡인다) |

| 웨이드 | 거의 다 왔어. 천천히 일정하게 숨을 쉬도록 해 봐. |

앰버가 고개를 끄덕이고 천천히 호흡한다. 웨이드가 그녀를 위로 밀어 올린다.

| 앰버 | (좀 더 천천히 숨을 쉰다) |

웨이드는 온 힘을 다해 발장구를 친다.

| 앰버 | (겁을 먹고 숨을 헐떡인다) |

불빛이 보인다 – 수면에 가까워진 것이다. 그들이 아슬아슬하게 밖으로 튀어 올라온다.

551 첫 스킨십

실외. 광물 호수 – 옛날 지하철 입구 – 계속
앰버와 웨이드가 광물 호수에 있는 옛날 지하철 입구 밖으로 튀어나온다. 그들이 바닥에 누워 가쁘게 숨을 쉰다.

| 앰버, 웨이드 | (숨을 고른다) |

---

run out of ~를 다 써버리다 alarmed 놀란 spot 발견하다 stairwell 계단 hyperventilate 숨이 가빠지다 with all one's might 있는 힘을 다해서 scared 겁이 난 near ~에 다다르다 break through 뚫고 나가다 in time 제때에 burst out of ~에서 튀어나오다

Wade looks at Ember, worried.

WADE I'm so sorry, I should never have—

She **springs up onto her feet**.

EMBER Are you kidding? That was amazing.

EMBER I finally saw a Vivisteria! (laugh)

Wade stands and walks toward her.

WADE It was **inspiring**. You were inspiring.

Ember looks at him, suddenly serious. Wade just looks into her eyes, calm. He holds his hand out to her.

EMBER No. Wade, we can't touch.

WADE Maybe we can.

Ember **furrows her brow**. She takes a few steps away and **stares at** the water.

EMBER No.

WADE But can't we just **prove** it.

She turns back to Wade.

EMBER Prove what?

WADE Let's see what happens, and if it's a **disaster** then we'll know this would never work.

웨이드가 걱정스럽게 앰버를 바라본다.

웨이드 정말 미안해. 그러지 말았어야 했—

앰버가 재빨리 일어선다.

앰버 무슨 말이야? 정말 굉장했어.

앰버 마침내 비비스테리아를 봤잖아! (웃는다)

웨이드가 일어나 그녀를 향해 다가간다.

웨이드 정말 멋졌어. 너도 그랬고.

앰버가 그를 바라본다. 갑자기 진지해진다. 웨이드도 그녀의 눈을 바라보는데 평온한 모습이다. 그가 그녀를 향해 손을 뻗는다.

앰버 안 돼. 웨이드. 우린 만질 수 없어.

웨이드 그럴 수도 있지.

앰버가 미간을 찌푸린다. 그녀가 몇 발짝 물러서더니 물을 바라본다.

앰버 안 돼.

웨이드 증명해 보이면 되잖아.

앰버가 그를 향해 돌아선다.

앰버 뭘 증명하자는 거야?

웨이드 어떻게 될지 보는 거야. 실패하면 이건 안 된다는 걸 깨닫게 되는 거지.

spring up onto one's feet 뛰어오르듯 일어서다 **inspiring** 감동적인 **furrow one's brow** 미간을 찌푸리다 **stare at** ~를 바라보다 **prove** 증명하다 **disaster** 완전 실패작, 대재앙

EMBER	But it actually could be a disaster. I could **vaporize** you. You could **extinguish** me. And then—
WADE	Let's... let's start small.

Wade holds his hand out to Ember. After a moment, she **tentatively** reaches towards it. She **hovers** her hand over his. Her hand **flickers** and his starts to bubble.

EMBER	(react, pull away)

She tries again. Placing her palm in his, they TOUCH, in awe. Water boiling, steam, **chemistry**.

EMBER	(small gasp)

They're touching and they're okay... **equalizing**. His water gently **simmers** from her heat. She pulls her steaming hand away and examines it. She looks to Wade, also inspecting his hand. They step closer and press their **fingertips** and then their full palms together. Wade's water pushes back to match the strength of her heat. Their hands find a **tingly equilibrium**. It's a magical moment, a coming together like a kiss. They lock eyes then **grasp** both hands and lean in. In each other's arms, they dance.

앰버 하지만 실패할 게 뻔하잖아. 내가 너를 증발시키거나 네가 나를 꺼트리겠지. 그리고…

웨이드 시작해 보자… 조금씩 말이야.

웨이드가 앰버에게 손을 뻗는다. 잠시 후 앰버도 망설이며 손을 뻗는다. 그녀가 자신의 손을 그의 손 위에 올린다. 그녀의 손이 흔들리고 그의 손이 끓어오른다.

앰버 (이에 반응하며 손을 빼낸다)

앰버는 다시 시도한다. 자신의 손바닥을 그의 손바닥 위에 올린다. 손이 맞닿는다. 매우 놀랍다. 물이 끓어 수증기가 된다. 화학 반응이 일어난다.

앰버 (작은 소리로 헉하며 놀란다)

그들이 접촉하고 있지만 괜찮다… 서로 비슷해진다. 그의 물이 그녀의 열로 부드럽게 끓어오른다. 그녀가 김이 나는 손을 빼서 유심히 바라본다. 그리고 웨이드를 바라보는데 그도 자기 손을 확인한다. 그들이 서로에게 더 가까이 다가가 손끝을 마주치더니 손바닥 전체를 맞닿는다. 웨이드의 물이 앰버의 화끈한 열기를 만난다. 그들의 손은 짜릿한 평정 상태를 맞이한다. 서로가 하나가 되는 마법과 같은 순간이다. 두 사람의 시선이 고정된다. 양손을 붙잡고 서로에게 몸을 기댄다. 그리고 서로의 팔에 안겨 춤을 춘다.

---

vaporize 증발시키다　**extinguish** (불을) 꺼뜨리다　**tentatively** 망설이며　**hover** (허공을) 맴돌다　**flicker** 깜박거리다　**chemistry** 화학 반응　**equalize** 같아지다, 동등하게 하다　**simmer** (부글부글 계속) 끓다　**fingertip** 손끝　**tingly** 따끔거리는　**equilibrium** 평정 상태, 안정　**grasp** 움켜잡다

It's Over

🎧 19. mp3

566 IT'S OVER

WADE (intimate, soft) **I'm so lucky.**

SUDDENLY there's a quick POP:
– A tired Bernie from before, heading upstairs to bed:

BERNIE **I'm so lucky I have you.**

MORE **flashes**:
– Ember and Bernie at the Blue Flame together.
– Ember helping a tired Bernie up from the counter.
– Bernie and Ember sharing a warm **hug**.
– Ember's new SIGN.
She ZIPS up her fire, covering her **vulnerable** light, and pulls away from Wade.

EMBER (gasp) **I have to go.**

She runs away **along** the lake path.

566 끝이야

웨이드 (다정하고 부드럽게) 난 정말 행운아야.

갑자기 다음 장면이 빠르게 등장한다:
- 지친 버니가 자러 계단을 올라가는 이전 장면:

버니 난 정말 행운아야. 네가 있으니 말이야.

다음 장면도 빠르게 흘러간다.
- 앰버와 버니가 파란 불꽃 옆에 함께 있다.
- 앰버가 카운터에서 피곤한 버니를 일으켜 준다.
- 버니와 앰버가 따뜻하게 포옹한다.
- 앰버 이름이 있는 새 간판이 보인다.
그녀가 불꽃을 바로 잡고 연약한 불꽃을 감춘다. 그러고 웨이드에게서 떨어진다.

앰버 (헉하고) 가야겠어.

그녀가 호수 길을 따라 뛰어간다.

intimate 친밀한 **flash** 빠르게 지나가는 장면 **hug** 포옹하다 **vulnerable** 연약한 **along** ~를 따라서

WADE	Wait, what?
WADE	Where are you going?

She starts up the Wetro stairs and Wade follows.

EMBER	Back to my life at the shop. Where I **belong**. I take over tomorrow.

Wade jumps in front of her, stopping her.

WADE	Whoa whoa whoa, hold up. You don't WANT that. You said so yourself.
EMBER	It doesn't matter what I want.
WADE	Of course it does!!

*She moves past him, up the stairs. Wade, totally **confused**, follows.*

WADE	Listen LISTEN!! You've got an **opportunity** to do something you WANT with your life!

This stops her. She turns around.

EMBER	WANT? Yeah, that may work in your rich kid **follow-your-heart** family. But getting to "do what you want" is a **luxury**. And not for people like me.
WADE	Why not?? Just tell your father how you feel. This is too important. Maybe he'll agree.
EMBER	(scoff) Oh, ha. Yeah.

웨이드	잠깐, 왜 그래?
웨이드	어디 가는 거야?

그녀가 웨트로 정류장의 계단을 올라가고 웨이드가 따라간다.

앰버	가게에 있던 나의 삶으로 돌아가는 거야. 내가 있어야 할 곳 말이야. 난 내일 가게를 이어받을 거야.

웨이드가 그녀 앞에 뛰어가 그녀를 막아선다.

웨이드	워워워, 잠깐. 그걸 원하는 건 아니잖아. 너도 그렇게 말했고.
앰버	내가 뭘 원하는지는 중요하지 않아.
웨이드	당연히 중요하지!!

앰버가 그를 지나 계단 위로 올라간다. 웨이드는 매우 혼란스러운 표정으로 그녀의 뒤를 따라간다.

웨이드	내 말 좀 들어봐!! 네 인생에서 진짜 원하는 것을 할 수 있는 기회가 온 거야!

이 말을 듣고 그녀가 멈춘다. 앰버, 뒤를 돌아본다.

앰버	원하는 거? 그래, 그건 너처럼 "꿈을 좇는" 부잣집 도련님에게나 통하는 말이지. "내가 원하는 것"을 하는 건 사치라고. 나같은 사람에게는 말도 안 되는 일이야.
웨이드	뭐가 어때?? 아빠께 네 감정을 말씀드려. 정말 중요한 거잖아. 아빠가 동의하실 수도 있어.
앰버	(비웃으며) 오, 하. 그래.

---

belong 속하다 **confused** 혼란스러운 **opportunity** 기회 **work** 통하다, 적용되다 **follow one's heart** 마음대로 하다 **luxury** 사치

There's no WAY she will do that. Wade **sets his jaw**.

WADE   Funny. And this whole time I thought you were so strong, but it **turns out**… you're just afraid. ⁸⁷, ⁸⁸

That hurts. Ember **BLAZES**.

EMBER   Don't you DARE judge me. ⁸⁹ You don't know what it's like to have parents who gave up EVERYTHING for you. ⁹⁰

They're on the Wetro **platform** now. A train has **pulled into** the station.

EMBER   I'm FIRE, Wade. I can't be anything more than that. It's what I am, and what my FAMILY is. It's our way of LIFE. I cannot **throw** all of that **away** JUST FOR YOU.

WADE   I don't understand!

EMBER   And that alone is a reason this could never work.

EMBER   (as **boards** the train) It's over, Wade.

The train **pulls away**. Wade is left alone on the platform.

INT. TRAIN CAR – CONTINUOUS
Inside, Ember stops. She is about to cry. She **takes a deep breath**, puts her hood on and armors up.

앰버는 절대 그렇게 하지 않을 것이다. 웨이드가 단호하게 말한다.

웨이드 참 웃기지. 지금까지 난 네가 강하다고 생각했어. 하지만 결국… 넌 두려운 거야.

그 말에 그녀는 상처 받는다. 앰버가 불타오른다.

앰버 네가 뭔데 날 판단해? 널 위해서 모든 것을 희생한 부모를 뒀다는 게 무슨 의미인지 알기나 해?

그들이 웨트로역 승강장에 서 있다. 전철이 역에서 대기하고 있다.

앰버 난 불이야, 웨이드. 그 이상 다른 것이 될 수 없어. 그게 내 모습이고 내 가족도 그래. 그게 우리의 삶이야. 단지 널 위해서 그걸 버릴 수 없어.

웨이드 이해를 못 하겠어!

앰버 우리가 이루어질 수 없는 이유는 그걸로 충분해.

앰버 (전철에 오르면서) 우린 끝났어, 웨이드.

전철이 출발한다. 웨이드가 승강장에 혼자 남겨졌다.

실내. 전철 안 – 계속
전철 안, 앰버가 멈춰서 울음을 터트리려고 한다. 깊이 숨을 들이쉬는 앰버, 후드를 뒤집어쓰고 각오를 단단히 한다.

---

set one's jaw 단단히 결심하다 **turn out** ~가 드러나다 **blaze** 불타오르다 **don't you dare** ~ 감히 ~하기만 해 봐 **platform** 승강장 **pull into** (기차 등이) 들어오다 **throw away** 버리다 **board** 승차하다 **pull away** 움직이기 시작하다 **take a deep breath** 깊은 숨을 쉬다

Grand Reopening

588 GRAND REOPENING

EXT. BERNIE'S SHOP – THE NEXT EVENING
The street outside the shop is set for a party. A stage has been **erected**, lights **hung**. The community has **gathered** for the big event.

PARTY GUESTS (walla)

Inside the shop, Bernie lights a lantern, the one he brought with him from Fire Land, with the Blue Flame. Outside, Ember and Cinder sit on stage together. They all wear colorful, **festive outfits**. Ember smiles as Bernie exits the shop. He climbs on stage, places the flame on a **pedestal**, and takes the microphone.

BERNIE   Everyone. Welcome!

BERNIE   It is good to see your faces. (getting emotional) I am honored to have served you. [91]

BERNIE   But it's time to move on. (to Ember) Come.

588 성대한 재개장식

실외. 버니의 가게 – 다음 날 저녁
가게 밖 거리에 파티가 준비되어 있다. 무대가 세워지고 조명이 달려있다. 큰 행사를 위해 많은 사람들이 모여 있다.

파티 손님들 (웅성거린다)

가게 안에서 버니가 파란 불꽃으로 파이어랜드에서 가져온 랜턴을 밝힌다. 밖에서 앰버와 신더가 무대 위에 함께 앉아 있다. 그들 모두 화려한 축제 분위기의 의상을 입고 있다. 버니가 가게에서 나오자 앰버가 미소 짓는다. 그가 무대로 올라가 단상에 불꽃을 올려놓고 마이크를 잡는다.

버니 여러분, 환영합니다!

버니 여러분 얼굴을 보니 너무 반갑네요. (감정이 격해지며) 여러분을 위해 일했다는 것은 제게 큰 영광입니다.

버니 하지만 이제는 떠날 때가 되었네요. (앰버에게) 이리 오렴.

---

erect 세우다 hang 걸다 gather 모이다 festive 축제 분위기의 outfit 옷 pedestal 단상, 받침대 emotional 감성적인
honored 영광의

Ember stands next to him.

BERNIE My daughter. You are the Ember of our family fire... That is why, I am so proud to have you take over my life's work.

A rope hangs on the microphone stand. Bernie take it in his hands and with a **squeeze**, he lights it. The rope burns like a fuse leading to **decorations** covering the sign on the front of the shop. There's a big BLAZE and when the fire passes we see that Ember's SIGN is lit up. Everyone **applauds**.

BERNIE (winks to Ember) **Pretty good trick, huh?**

Bernie then gently **picks up** the lantern and turns to Ember.

BERNIE This is lantern I bring from old country. Today, I **pass it on to** you.

People in the crowd are **touched**. Ember reaches to take the lantern, but **hesitates**. This is a big moment. But just as she's about to grab it;

WADE (O.S.) **I thought of other reasons.**

Ember looks up. A train passes and when the SPLASH of water clears we see Wade, standing **heroic**.

EMBER Wade?

PARTY GUESTS (gasp, **murmuring**)

Ember is shocked. Cinder looks nervously at Bernie.

CINDER (under her breath) **Oh boy.**

EMBER What are you doing here?

앰버가 그의 옆에 선다.

버니 딸아. 넌 우리 불 집안의 타오르는 불꽃이란다… 그래서 네가 내 인생의 업적을 이어받는 게 정말 자랑스럽구나.

마이크 스탠드에 줄이 달려 있다. 버니가 줄을 양손에 들고 꽉 움켜쥐자 불이 붙는다. 줄이 폭약의 도화선처럼 가게 앞 간판을 덮고 있는 장식까지 타들어 간다. 큰 불이 붙는다. 불이 잠잠해지자 앰버의 간판 조명이 켜진다. 모두가 박수를 보낸다.

버니 (앰버에게 윙크하며) 묘기 좀 부렸어, 괜찮지?

버니가 조심스럽게 랜턴을 들고 앰버를 돌아본다.

버니 이 랜턴은 내가 살던 나라에서 가지고 온 거야. 오늘 내가 너에게 이걸 넘겨주마.

모여 있던 사람들이 감동한다. 랜턴을 받으려고 손을 뻗는 앰버, 잠시 망설인다. 매우 중요한 순간이다. 앰버가 랜턴을 잡으려는데;

웨이드 (화면 밖) 다른 이유를 생각해 봤어.

앰버가 고개를 든다. 전철이 지나가고 물이 튄다. 물이 사라지자 웨이드의 모습이 보인다. 그가 영웅처럼 서 있다.

앰버 웨이드?

파티 손님들 (화들짝 놀라 웅성거린다)

앰버, 놀란다. 신더는 안절부절하며 버니의 눈치를 살핀다.

신더 (작은 소리로) 오 맙소사.

앰버 여기서 뭐 하는 거야?

---

squeeze 꽉 누르기, 쥐어짜다 decoration 장식 applaud 박수치다 trick 속임수 pick up 집어 올리다 pass on to ~에게 전해 주다 touched 감동을 받은 hesitate 망설이다 heroic 영웅적인 murmur 중얼거리다 under one's breath 작은 목소리로

Wade walks toward her, entering the party.

WADE You said me not understanding is the reason we can never work. But I thought of other reasons. A bunch of them. Like, number 1: you're Fire, I'm Water. I mean, come on that's crazy. Right?

*A guest near him **nods**.*

BERNIE Who is this?

CINDER (bad lying) No idea.

*But Wade is **focused** in on Ember. He continues toward the stage.*

WADE Number 2: I'm **crashing** your party. [92] Like what kind of a **jerk** am I?

EMBER (unflinching) A pretty big one.

WADE Right?

WADE Number 3...

WADE I can't eat your... delicious foods!

*Wade takes a hot coal from Flarry and Flarrietta's table and **swallows**. He lets it boil down his **throat**. His head bubbles and **pops**.*

WADE (strained) VERY **unpleasant**.

BERNIE (to Cinder) Wait, I know him! He is food **inspector**!

웨이드가 행사장으로 들어와 그녀에게 다가간다.

웨이드 넌 내가 이해를 못하기 때문에 우리가 이루어질 수 없다고 했지. 하지만 다른 이유를 생각해 봤어. 여러 가지가 있더군. 첫째: 넌 불이고 난 물이야. 내 말은, 이건 정말 미친 짓이야. 안 그래?

그의 옆에 있던 손님이 고개를 끄덕인다.

버니 누구야?

신더 (거짓말을 잘 못한다) 모르겠는데.

웨이드는 앰버에게 집중하고 무대를 향해 걸어온다.

웨이드 둘째: 내가 파티를 망치고 있군. 나 정말 멍청한 거 같지 않아?

앰버 (위축되지 않으며) 정말 멍청하지.

웨이드 그렇지?

웨이드 셋째…

웨이드 난 네… 맛있는 음식을 못 먹어!

웨이드가 플레리와 플라리에타의 탁자에 있는 뜨거운 석탄을 집어 들고 삼킨다. 석탄이 그의 목구멍을 타고 내려간다. 그의 머리가 끓다가 터진다.

웨이드 (괴로워한다) 정말 안 좋아.

버니 (신더에게) 잠깐, 저 놈 알아! 식품 조사관이잖아!

---

nod 고개를 끄덕이다 focused 집중한 crash 망치다 jerk 멍청이 unflinching 위축되지 않은 swallow 삼키다 throat 식도 pop 터지다 strain 안간힘을 쓰다 unpleasant 불쾌한 inspector 조사관

WADE · Oh right!

WADE · Number 4!

WADE · I'm **banned** from your father's shop.

> He steps closer.

WADE · There are a MILLION reasons why this can't work. A million "no's." But there's also one "yes."

> Ember is being **drawn in**.

WADE · We touched.

> Bernie and Cinder are shocked.

WADE · And when we did, something happened to us. Something IMPOSSIBLE. We changed each other's **chemistry**.

> They look deep into each other's eyes. Suddenly Bernie **erupts**, **exasperated**.

BERNIE · Enough! What kind of food inspection is this??

> This **yanks** Ember back to reality.

WADE · A food inspection of the heart, sir.

> Bernie steps up to Wade, **confrontational**. Ember is **frozen**.

BERNIE · Who are you???

WADE · (romantic to Ember) **Just a guy who burst into your daughter's life in a flooded old basement.**

웨이드	맞아요!
웨이드	넷째!
웨이드	나는 네 아빠 가게에 출입 금지 당했어.

그가 가까이 다가간다.

웨이드	우리가 안 되는 이유는 백만 가지는 될 거야. 백만 개의 "노"가 있지만 그래도 한 개의 "예스"가 있지.

앰버가 그의 말에 완전히 끌려든다.

웨이드	우리는 닿았어.

버니와 신더가 충격을 받는다.

웨이드	그때 우리에게 무슨 일이 일어난 거야. 절대 불가능한 일이 말이야. 우린 서로의 화학적 성질을 바꾼 거야.

두 사람, 서로의 눈을 지긋이 바라본다. 갑자기 버니가 격분한다. 매우 화가 났다.

버니	그만해! 무슨 이 따위의 식품 조사가 다 있어??

이 말에 앰버가 다시 현실을 직시한다.

웨이드	마음의 양식을 조사하는 겁니다.

버니가 웨이드에게 다가선다. 두 사람이 얼굴을 마주보고 있다. 앰버는 꼼짝하지 않는다.

버니	너 대체 누구야???
웨이드	(앰버에게 로맨틱하게) 물난리 난 오래된 지하실에서 따님의 인생으로 터져 들어간 남자입니다.

---

banned 금지 당한 **drawn in** 관심을 가지는 **impossible** 불가능한 **chemistry** 화학 반응 **erupt** 폭발하다 **exasperated** 몹시 화가 난 **yank** 확 당기다 **confrontational** 대립하는, 마주하는 **frozen** 꼼짝하지 못하는

BERNIE So you ARE the one who burst the pipes! 93

WADE What? Not me, it was...

> Wade's eyes **involuntarily dart** toward Ember. Ember's eyes widen-- no! Too late. Bernie's eyes narrow, he glares at Ember.

BERNIE (hurt, to Ember) You... you burst the pipe??

EMBER I, I...

WADE Ember—

BERNIE Silence!!

WADE No! (to Ember) Take the chance. Let your father know who you really are.

> Ember hesitates torn between Wade and Bernie.

WADE Look, I had **regrets** when my dad died, but because of you I learned to "**embrace** the light while it burns."

WADE (perfect **pronunciation**) Tìshók'. You don't have forever to say what you need to say.

WADE I love you Ember Lumen.

PARTY GUESTS (gasp, murmuring)

WADE And I'm pretty sure you love me too.

버니	파이프를 터트린 게 바로 네놈이구나!
웨이드	네? 제가 아니에요, 그건…

웨이드의 눈이 어쩔 수 없이 앰버에게로 향한다. 앰버의 눈이 커진다… 안 돼! 너무 늦었다. 버니의 눈이 날카로워지고 앰버를 노려본다.

버니	(마음의 상처를 입고 앰버에게) 네가… 파이프를 터트린거니??
앰버	저, 저는…
웨이드	앰버-
버니	조용해!!
웨이드	그렇게 못해요! (앰버에게) 지금이 기회야. 아빠께 너의 진짜 모습을 알려드려.

앰버가 웨이드와 버니 사이에서 갈등한다.

웨이드	우리 아빠가 돌아가셨을 때 난 후회가 많았어. 하지만 너 때문에 "불이 타오를 때 끌어안아야 한다"는 것을 배웠지.
웨이드	(완벽한 발음으로) 티쇼크. 하고 싶은 말을 참고 살기에는 인생은 너무 짧아.
웨이드	사랑해 앰버 루멘.
파티 손님들	(놀라서 웅성거린다)
웨이드	너도 날 사랑한다는 걸 알아.

involuntarily 본의 아니게   dart 눈길을 던지다   regret 후회   embrace 끌어안다   pronunciation 발음

Ember is **torn between** two worlds. She **puts up** her fire wall.

EMBER No Wade. I don't.

EXT. CULVERT – SAME TIME
A **CRACK** suddenly appears in the GLASS DAM.

EXT. BERNIE'S SHOP – BACK TO SCENE
Cinder can't **take** it.

CINDER That's not true! I did their reading!

PARTY GUESTS (gasp, murmuring)

CINDER Bernie, it's love. It's true love.

EMBER No mom, you're wrong.

EMBER Wade, go.

WADE But, Ember—

FLARING UP **HUGE**.

EMBER I DON'T LOVE YOU!

앰버는 두 세계 사이에 서 있다. 그녀가 냉정하게 불 장벽을 친다.

앰버 아니야 웨이드. 난 사랑하지 않아.

실외. 배수로 - 같은 시간
갑자기 유리 댐에 균열이 발생한다.

실외. 버니의 가게 - 다시 현재 화면
신더는 더 이상 참을 수 없다.

신더 그렇지 않아! 내가 점괘를 읽었다고!

파티 손님들 (놀라서 웅성거린다)

신더 버니, 사랑이야. 진정한 사랑.

앰버 아니에요 엄마, 잘못 읽으셨어요.

앰버 웨이드, 가.

웨이드 하지만, 앰버-

그녀가 불꽃을 크게 태우며.

앰버 난 널 사랑하지 않아!

torn between ~의 사이에서 괴로운 put up 세우다 crack 갈라짐, 틈 take 받아들이다 huge 거대한

EXT. CULVERT – SAME TIME
Almost as if the power of her FLARE has reached all of Element City, another CRACK breaks in the dam and WATER starts to **SPRAY out**. It's going to **BLOW**.

EXT. BERNIE'S SHOP – BACK TO SCENE
Back on Ember.

EMBER   GO!

Wade takes the GLASS VIVISTERIA out of his pocket and **places** it on the stage at her feet. He turns and walks out, **heartbroken**. Bernie looks to Ember.

BERNIE   You have been seeing WATER?? [94] (cough)

EMBER   Àshfá I—

BERNIE   (betrayed) You caused leak in shop??? (deeply hurt) I TRUSTED YOU!

Ember looks down, unable to **confess**. Bernie COUGHS more.

BERNIE   You will not take over the shop. (coughs) I no longer retire.

CINDER   (gasp)

PARTY GUESTS (gasp, murmuring)

Bernie grabs the lantern. He **storms** off the stage and into the shop. Ember is **crushed**. She looks down at the glass Vivisteria.

실외. 배수로 - 같은 시간
앰버의 강력한 불꽃이 엘리멘트 시티 전역에 퍼져서 그 영향을 받은 것처럼 댐에 또 다른 균열이 생기고 물이 뿜어져 나온다. 댐이 터지기 일보 직전이다.

실외. 버니의 가게 - 다시 현재 화면
화면이 다시 앰버를 잡는다.

앰버   가란 말야!

웨이드가 주머니에서 유리 비비스테리아를 꺼내 무대 위 그녀의 발 앞에 둔다. 그가 뒤돌아 떠나간다. 마음이 무너진다. 버니가 앰버를 바라본다.

버니   물이랑 사귀고 있었던 거야?? (기침한다)

앰버   아슈파 저는-

버니   (배신감을 느끼고) 네가 가게를 물바다로 만든 거니??? (마음에 큰 상처를 입고) 난 널 믿었어!

고개를 떨꾸는 앰버, 진실을 말할 수 없다. 버니의 기침이 심해진다.

버니   넌 가게를 이어받을 수 없어. (기침하며) 난 은퇴하지 않을 거요.

신더   (허걱 하고 놀란다)

파티 손님들   (놀라서 웅성거린다)

버니가 랜턴을 들고 무대에서 내려와 가게 안으로 들어간다. 앰버는 매우 슬퍼하며 유리 비비스테리아를 내려다본다.

spray out 뿜어 나오다   **blow** 터지다   **place** 놓다   **heartbroken** 마음이 아픈   **betrayed** 배신을 당한   **confess** 고백하다   **take over** 이어받다   **storm** (화가 나서) 쿵쾅대며 걸어가다   **crushed** 실망한, 가슴이 아픈

CHAPTER 21
I Love You, Wade

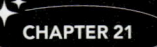 21. mp3

593 DARK EMBER

EXT. BRIDGE – CONTINUOUS
Cross fade to Ember riding her scooter through Firetown and up onto the bridge. Cut to her sitting on a bench, head hung. She's removed her **ceremonial** jacket. She stands and walks to the bridge **railing**. We see a flash of her and Wade, touching for the first time at Mineral Lake. Back on the bridge, she pulls the GLASS Vivisteria ball out of her pocket and sighs. She looks to Firetown, then to Element City.

EMBER   (to herself) **Why can't I just be a good daughter?**

She holds the GLASS Vivisteria ball to her **forehead** then pulls it away. A look of **FRUSTRATION** crosses her face and she goes to throw it into the water, but she can't. She looks directly at the glass Vivisteria. We see her **reflection** WITH a reflection of Element City and Firetown.

SUDDENLY... she hears a **boom in the distance**—
Cut to the CULVERT, the GLASS from the dam **dramatically gives way**. A wall of water POURS out. It's an enormous force, **crumbling** the sides of the culvert and **toppling** a **windmill**. Ember sees that all of that **PENT UP** water is RUSHING down the culvert right toward Firetown. A **DELUGE** is coming and it will hit RIGHT at Bernie's Shop.

593 우울한 앰버

실외. 다리 - 계속

화면이 서서히 교차된다. 앰버가 스쿠터를 타고 파이어타운을 지나 다리로 이동한다. 그녀가 벤치에 고개를 숙이고 앉아 있다. 행사 때 입었던 자켓은 벗어 두었다. 벤치에서 일어나 다리 난간으로 걸어간다. 그녀와 웨이드가 광물 호수에서 처음으로 스킨십을 했던 장면이 빠르게 지나간다. 다시 다리 장면으로 돌아온다. 그녀가 주머니에서 유리 비비스테리아를 꺼내 한숨 쉰다. 파이어타운을 바라보는 앰버, 잠시 후 엘리멘트 시티로 고개를 돌린다.

앰버   (혼잣말로) 난 왜 착한 딸이 되지 못하는 거지?

그녀가 유리 비비스테리아를 잠시 이마에 대었다가 떼어 낸다. 앰버는 좌절한 표정으로 비비스테리아를 물에 던지려고 하지만 그럴 수 없다. 앰버가 유리 비비스테리아를 바라본다. 엘리멘트 시티와 파이어타운, 그리고 자신의 모습이 그 위에 비친다.

이때 갑자기… 멀리서 쾅 하는 폭발음이 들린다-
배수로로 장면 전환, 댐에 있던 유리가 갑자기 터지고 엄청난 양의 물이 쏟아져 나온다. 그 힘이 너무 강력해서 배수로 옆면이 무너지고 풍차도 쓰러진다. 앰버는 갇혀 있던 물이 배수로를 따라 파이어타운으로 빠르게 흘러가는 장면을 목격한다. 홍수가 일어나서 버니의 가게를 덮칠 것이다.

ceremonial 행사의   **railing** 난간   **to oneself** 혼잣말로   **forehead** 이마   **frustration** 좌절   **reflection** 반사된 모습   **boom** 폭발음   **in the distance** 멀리서   **dramatically** 극적으로   **give way** 부서지다   **crumble** 허물다   **topple** 넘어지다, 넘어뜨리다   **windmill** 풍차   **pent up** 억눌린, 답답한   **deluge** 홍수, 범람

EMBER Firetown!

Ember starts her scooter and **rushes off**.

615 ONE WAY TICKET

INT. GRAND GATEWAY – SAME TIME
Wade holds a ticket and emotionally **addresses** his family - Brook, Alan, Eddy, Harold, Lake, Marco and Polo.

WADE Well, one way ticket to anywhere but here.

BROOK Go! Travel the world. Heal that broken heart.

Brook **mimes** holding a baby in her arms.

BROOK (singing, tearing up) **My little drip-drip-baby-boy.**

Tears flow down Wade's face.

WADE (sniffling)

BROOK (crying) **Drip drip drip goes the baby boy—**

HAROLD (tearing up) **I made you a painting.**

HAROLD It's of a **lonely** man **awash** in sadness.

| 앰버 | 파이어타운! |

앰버가 스쿠터의 시동을 걸고 질주한다.

615 편도 티켓

실내. 그랜드 게이트웨이 부두 - 같은 시각
웨이드가 티켓을 들고 감정에 북받쳐서 가족들과 얘기한다. 브룩, 앨런, 에디, 해롤드, 레이크, 마르코, 폴로의 모습이 보인다.

| 웨이드 | 목적지가 없는 편도 티켓이네요. |
| 브룩 | 떠나렴! 전 세계를 다니면서 마음의 상처를 치유하는 거야. |

브룩이 팔에 아기를 안고 있는 듯한 몸짓을 한다.

| 브룩 | (노래하며, 눈물을 흘리면서) 또로록, 또로록 우리 귀여운 아기. |

눈물이 웨이드의 뺨을 타고 흘러내린다.

웨이드	(훌쩍인다)
브룩	(울면서) 또로록, 또로록 아기가 흘러갑니다-
해롤드	(울먹이며) 네게 주려고 그림을 그렸어.
해롤드	슬픔에 젖은 고독남이야.

rush off 황급히 가다 **address** 말을 하다 **mime** 흉내내다 **lonely** 외로운 **awash** 물에 뒤덮인, 넘쳐나는

Harold hands Wade a painting that is **LITERALLY** Wade standing and crying, just as he looks right now. Wade bursts into tears. Everyone **sobs**.

WADE   (crying)

ALAN, EDDY, LAKE, HAROLD (crying)

A siren. Wade suddenly stops crying. Through a doorway, he **spots** steam rising up from Firetown.

WADE   Ember.

630 FIRETOWN FLOOD

EXT. BRIDGE TO FIRETOWN – SOON AFTER
Ember races her scooter across the bridge into Firetown. Ahead of her, water rushes down the **culvert** toward the shop. Ember sees her parents out **in front**, cleaning up from the party, and calls out to them:

EMBER   Mom! Dad!

But they don't hear her. Ahead, the river **slams** into the elevated train track. The track **crashes down**, spilling even more water. **Determined**, Ember speeds up and **pulls off** the bridge, racing the flood of water toward the shop.

EXT. FIRETOWN – CONTINUOUS
Water starts to fill the street. With **dare-devil** moves, Ember crosses the culvert.

EMBER   (impact)

Ember **speeds** along the Firetown sidewalk toward the shop. She calls out to the neighborhood:

EMBER   Water's coming!!

There's a panic as Fire **folks** seek safety. Ember speeds by, the flood at her heels.

해롤드가 웨이드에게 그림을 건네는데, 말 그대로 웨이드가 서서 울고 있고, 바로 지금 모습과 비슷하다. 웨이드가 울음을 터트린다. 모두 눈물 바다가 된다.

웨이드   (울음을 터트린다)

앨런, 에디, 레이크, 해롤드   (울음을 터트린다)

이때 경보가 울린다. 웨이드는 바로 울음을 멈춘다. 출입구 밖으로 파이어타운에서 증기가 솟아오르는 모습이 눈에 들어온다.

웨이드   **앰버.**

630 파이어타운 홍수

실외. 파이어타운으로 가는 다리 – 잠시 후
앰버가 스쿠터를 타고 다리를 건너 파이어타운으로 질주한다. 그녀 앞에서 물이 배수로를 따라 가게를 향해 빠르게 흘러간다. 앰버는 앞에서 부모님이 행사 뒷정리하는 장면을 목격하고 크게 소리친다:

앰버   **엄마! 아빠!**

그러나 그들은 앰버의 소리를 듣지 못한다. 그녀 앞에서 강물이 고가 전철 선로를 덮친다. 선로가 무너지고 더 많은 물이 쏟아진다. 단호한 표정의 앰버, 속도를 올려 다리를 빠져나와 홍수와 경쟁하듯 가게를 향해 질주한다.

실외. 파이어타운 – 계속
거리에 물이 차기 시작한다. 앰버가 대담하게 배수로를 건넌다.

앰버   (사력을 다한다)

앰버는 파이어타운 보도를 따라가게 방향으로 질주한다. 이웃들에게 다급하게 소리친다:

앰버   **물이 오고 있어요!!**

불 주민들이 겁을 먹고 대피한다. 물이 전속력으로 질주하는 앰버의 발까지 올라왔다.

---

literally 그야말로, 말 그대로 **sob** 흐느끼다 **spot** 발견하다 **culvert** 배수로 **in front** 앞에서 **slam** 강타하다 **crash down** 무너지다 **determined** 단호한 **pull off** 벗어나다 **dare-devil** 대담한, 무모한 **speed** 쏜살같이 이동하다 **folk** 사람들

| EMBER | Watch out! Behind you! |

| FIRE PEOPLE | (panic) |

| EMBER | Climb! Climb! |

| EMBER | **Flash flood!** Hurry! |

Ember nears the shop and **desperately** shouts to her parents.

| EMBER | Mom! |

| EMBER | Water! Get to higher ground! |

Cinder grabs Bernie and pulls him to leave.

| CINDER | (gasp) **Bernie!** |

| BERNIE | Eh? |

Ember's scooter starts to **hydroplane**. Water **splashes** up on her leg.

| EMBER | (wincing) Ow! |

The water in the street is getting too deep to ride the scooter. She **leaps off** onto a truck and looks **ahead** as water reaches the shop. The flood of water lifts up the stage from the party, carrying Bernie and Cinder with it. They **cling to** each other as they're **tossed about**.

앰버	조심해요! 뒤에요!
불 사람들	(겁에 질린다)
앰버	올라가요! 올라가!
앰버	돌발 홍수예요! 서둘러요!

앰버가 가게에 다다르자 부모님을 향해 다급하게 소리친다.

앰버	엄마!
앰버	물이에요! 높은 곳으로 올라가세요!

신더가 버니를 붙잡고 대피시키려고 한다.

신더	(허걱 놀라며) 버니!
버니	어?

앰버의 스쿠터가 물 위를 활주한다. 그녀의 다리 위로 물이 튄다.

앰버	(움찔하며) 아!

거리에 있는 물이 더 깊어져 스쿠터를 탈 수가 없다. 트럭 위로 뛰어오르는 앰버, 앞을 보니 물이 가게 앞까지 흘러들었다. 홍수 물이 행사장에 있던 무대를 들어 올린다. 무대 위에 있는 버니와 신더도 함께 휩쓸린다. 이리저리 치이며 흘러가는 두 사람, 서로를 꽉 안고 있다.

---

flash flood 돌발 홍수 desperately 필사적으로 hydroplane 수상 활주하다 splash 물이 튀다 wince 움찔하다 leap off onto ~로 뛰어오르다 ahead 앞에 cling to 붙잡다 tossed about 이리저리 치이는

CINDER, BERNIE (efforts, yells)

Separated from the shop, Bernie **lunges** forward but Cinder grabs him.

BERNIE   The flame! Let me go!

Bernie then sees Ember, leaping on floating **debris** toward the shop.

EMBER   (gasps, efforts)

BERNIE   Ember no!!

She takes one final, **giant** leap and lands, grasping the **transom window** over the shop's front door.

690   WADE RETURNS

INT. BERNIE'S SHOP – CONTINUOUS
Ember climbs through into the shop and **takes in the scene**. Water is leaking in around the front door.

EMBER   (gasp)

Pressure **builds** – **spouts** of water begin to **JET** through the **WIDENING cracks** around the door, AND FLOW toward the BLUE FLAME. Ember grabs sandbags and throws them at the door. Standing on the bags, she presses her whole weight into the door, trying to **hold** against the growing pressure. The rising water **nips** at her feet. It's **dire**.

EMBER   (efforts)

Then suddenly, there's a **bump** and through the glass of the door, TWO EYES appear, and we hear:

신더, 버니   (힘겨워 하며, 소리 친다)

가게에서 멀어지자 버니가 가게를 향해 뛰어들려는데 신더가 그를 붙잡는다.

버니   **불꽃이! 이거 놔!**

버니는 앰버가 떠내려가는 물건 위로 뛰어다니며 가게로 접근하는 모습을 바라본다.

앰버   (숨을 헐떡이며 힘겨워 한다)

버니   **앰버 안 돼!!**

그녀가 마지막으로 매우 높이 뛰어올라 가게 출입문 위에 있는 채광창을 간신히 붙잡는다.

690 웨이드, 돌아오다

실내. 버니의 가게 – 계속
앰버가 가게 안으로 들어가서 주변을 살펴본다. 출입문 주변으로 물이 들어오고 있다.

앰버   (헉하고 놀란다)

수압이 높아지자 – 벌어진 문틈으로 물이 쏟아져 들어와 파란 불꽃을 향해 흘러간다. 앰버가 모래 주머니를 들고 출입문에 쌓는다. 모래주머니 위에 올라서서 높은 수압을 견디며 온 몸으로 문을 막고 있다. 물이 차올라 그녀의 발을 할퀴고 지나간다. 다급한 순간이다.

앰버   (온 힘을 다해 막고 있다)

이때, 쿵 하는 소리가 들리더니 출입문 창문으로 두 개의 눈이 나타난다. 그리고 목소리가 들린다:

---

lunge 달려들다 **debris** 파편 **giant** 거대한 **transom window** 채광창 **take in the scene** 정황을 살피다 **build** 점점 올라가다 **spout** 분출 **jet** 분출하다 **widening** 넓어지는 **crack** 갈라짐, 틈 **hold** 잡고 있다 **nip** 물다, 할퀴고 가다 **dire** 다급한, 대단히 심각한 **bump** 쿵 하는 소리, 부딪히다

323

WADE (muffled)

Ember is **stunned** to see Wade, smashed uncomfortably against the glass. The **ROAR** of the flood is **deafening**.

EMBER Wade??

Wade gestures toward the door handle.

WADE (muffled) Key-hole!

Getting it, Ember **yanks out** the key and Wade painfully, **squeezes** through the keyhole...

WADE Gahhhhhh!!

...and puddles on the ground. He re-forms and **springs into action**, joining Ember at the door.

WADE (effort) I was hoping to make a more heroic entrance.

Together, face to face, they hold back the door.

EMBER You came back after everything I said.

WADE Are you kidding? And miss all this?

Ember smiles. Then sees that the water is almost at the BLUE FLAME.

EMBER (gasp, to Wade) Hold the door!

She grabs more sandbags and races toward the flame, leaping between **shelves**.

웨이드	(물에 잠긴 목소리)

앰버가 웨이드를 보고 깜짝 놀라는데, 그는 창문에 불편한 모양새로 뭉개져 있다. 홍수가 굉음을 내며 몰아친다.

앰버	**웨이드??**

웨이드가 문손잡이를 가리킨다.

웨이드	(물에 잠긴 목소리로) **열쇠—구멍!**

그 말을 이해하고 앰버가 열쇠를 빼내자 웨이드가 안간힘을 쓰며 열쇠 구멍을 통과하는데…

웨이드	**그아아아아!!**

…바닥으로 철썩 떨어지는 웨이드, 원래 몸으로 돌아가 문을 막고 있는 앰버에게 재빨리 다가간다.

웨이드	(안간 힘을 쓰며) **슈퍼 히어로처럼 들어오고 싶었는데.**

두 사람, 얼굴을 마주하고 함께 문을 막는다.

앰버	**내가 그런 말을 했는데도 왔구나.**

웨이드	**장난해? 이 재밌는 걸 놓치라고?**

앰버가 미소 짓는다. 이때 물이 파란 불꽃 근처까지 이동한다.

앰버	(놀라며, 웨이드에게) **문을 막고 있어!**

앰버는 모래주머니를 들고 선반 사이를 뛰어다니며 불꽃을 향해 다가간다.

stunned 놀란 **roar** 울부짖는 소리 **deafening** 귀청이 터질 듯한 **muffled** 덮인, 쌓여진 **get it** 이해하다 **yank out** 재빨리 빼내다 **squeeze** 꽉 누르다, 쥐어짜다 **spring into action** 재빨리 움직이다 **make an entrance** 들어오다 **heroic** 영웅과 같은 **shelf** 선반

WADE   (efforts)

EMBER   (efforts)

She places sandbags in a circle around the Blue Flame. Then she FLAMES BIG and starts to make glass.

EXT. BERNIE'S SHOP – SAME TIME
The waters are **VIOLENT**... Bernie and Cinder watch as the shop sign **tumbles** off the building.

BERNIE   (gasp)

INT. BERNIE'S SHOP – SAME TIME
As water fills the shop, Ember QUICKLY builds a glass **cylinder** around the Blue Flame.

EMBER   (effort)

Wade **does his best** to hold back the door but the water reaches Ember's glass **barrier**.

EMBER   No, no. No, no, no, no, no, no, no.

The windows begin to **burst**.

EMBER, WADE   (gasp)

The door window behind Wade's head **gives way**.

WADE   (impact)

The water rises faster. The lantern from Fire Land, the one that carried the Blue Flame to Element City, **is swept into** the **flow**. So is the photo of Ember's childhood birthday.

WADE   Ember we have to go!

웨이드	(사력을 다해 막는다)
앰버	(힘을 다해 뛰어다닌다)

앰버가 모래주머니를 파란 불꽃 주변에 원 모양으로 쌓는다. 그후 크게 불타오르며 유리를 만들기 시작한다.

실외. 버니의 가게 - 같은 시각
물이 거세게 흘러간다… 버니와 신더는 가게 간판이 떨어져 나가는 모습을 바라본다.

버니	(헉하고 놀란다)

실내. 버니의 가게 - 같은 시각
물이 가게에 차오른다. 앰버가 재빨리 원통형 유리를 만들어 파란 불꽃 주변을 막는다.

앰버	(사력을 다한다)

웨이드가 최선을 다해 문을 막고 있지만 물이 앰버가 만든 유리 장벽까지 흘러간다.

앰버	**안 돼, 안 돼. 아니, 아니, 안 돼.**

창문이 부서진다.

앰버, 웨이드	(허걱한다)

웨이드의 머리 뒤에 있던 출입문 창문도 깨진다.

웨이드	(충격을 받는다)

물이 빠른 속도로 상승한다. 파이어랜드에서 엘리먼트 시티로 파란 불꽃을 담아 왔던 랜턴이 물에 휩쓸린다. 앰버의 어린 시절 생일 사진도 함께 떠내려간다.

웨이드	**앰버, 나가야 해!**

---

violent 거친 **tumble** 떨어지다 **cylinder** 원통, 원기둥 **do one's best** 최선을 다하다 **barrier** 장벽 **burst** 터지다 **give way** 부서지다 **be swept into** ~로 휩쓸리다 **flow** 물살

Wade **strains** as water pours in over his shoulders.

WADE   We have to go. NOW.

EMBER   I can't leave!

The water is rising quickly toward the top of the cylinder.

WADE   I'm sorry to say this but the shop is done. The flame is done.

EMBER   No! This is my father's whole life.

EMBER   I'm not going anywhere! 95

SUDDENLY, WATER **smashes through** a large window and **ROARS in**, taking everything with it. A shelf **topples** and SLAMS into the cylinder, SMASHING through the glass and into the flame.

EMBER   (gasp)

A **gush** of water forces the door open, **knocking** Wade **over**.

WADE   (impact)

Water and debris **surround** the Blue Flame. Ember climbs up on a box to avoid the rising water. She shouts to Wade.

EMBER   (panting) Throw me that lantern!

As Wade swims for the lantern, he's knocked over by a huge wave.

WADE   Ah!

물이 웨이드의 어깨 위로 쏟아지자 그가 안간힘을 쓰며 버틴다.

웨이드 나가야 한다고! 지금 당장.

앰버 난 나갈 수 없어!

물이 빠른 속도로 원통형 유리 위까지 차오른다.

웨이드 이런 말해서 유감이지만 이 가게는 이제 끝났어. 불꽃도 끝났다고.

앰버 아니야! 이건 우리 아빠의 일생이란 말이야.

앰버 난 절대 나가지 않을 거야!

갑자기 큰 창문이 깨지고 물이 거침없이 밀려들어 모든 것을 집어삼킨다. 선반이 쓰러지면서 앰버가 만든 원통형 유리를 부수고 파란 불꽃 위로 넘어진다.

앰버 (허걱 하고 놀란다)

물이 거세게 밀려들어 문이 활짝 열린다. 웨이드가 쓰러진다.

웨이드 (충격을 받고 쓰러진다)

물과 여러 물건의 파편들이 파란 불꽃 주위로 몰려든다. 앰버는 상자 위로 올라가 불어나는 물을 피한다. 그녀가 웨이드에게 소리친다.

앰버 (숨을 헐떡인다) 랜턴을 던져 줘!

렌턴을 향해 헤엄을 치는 웨이드, 그러나 거대한 파도에 휩쓸린다.

웨이드 아!

---

strain 안간힘을 쓰다 **smash through** 돌파하다, 깨부수다 **roar in** 맹렬히 밀려 들어오다 **topple** 쓰러지다 **gush** 분출, 폭발 **knock over** 쓰러뜨리다 **surround** 둘러싸다

Ember, the flame, and Wade are PUSHED VIOLENTLY toward Cinder's office in the OLD FIREPLACE **HEARTH**.

EMBER (impact)

Debris piles up, **sealing** Ember inside... with the BASE of the Blue Flame... but the flame is out.

EMBER No!

Cut to outside the hearth, the shop is underwater. The birthday photo **floats** by, sinking. Ember looks around the hearth. She is **trapped**.

EMBER No, no no no no no.

But just then, Wade climbs out from the debris holding a lantern lit with the Blue Flame.

EMBER Oh Wade!

EMBER Thank you, thank you.

He **hands** it to her. She smiles, **relieved**. They share a moment. Then suddenly Ember **flinches**.

EMBER (pain, wince) Ah!

Water has **seeped in** and hit her leg. She looks up at the **blocked** entrance. Water is **trickling** in through the **cracks**. She goes to the wall of debris and heats it up, melting it to seal the cracks.

EMBER (effort)

The leaks stop, but it's gotten much hotter in the hearth. Wade is boiling.

앰버, 파란 불꽃, 그리고 웨이드가 거침없이 신더의 중매 사무실 쪽으로 밀려가더니 오래된 아궁이 속으로 휩쓸려 들어간다.

앰버 (충격을 받는다)

파편들이 쌓이고 앰버가 그 안에 갇힌다. 파란 불꽃을 떠받치던 밑판이 보인다. 그런데… 불꽃이 꺼졌다.

앰버 안 돼!

아궁이 밖으로 화면이 전환된다. 가게가 물에 잠겼다. 생일 사진이 물속에서 떠다닌다. 앰버는 아궁이 주변을 살펴본다. 완전히 갇혀 버렸다.

앰버 안 돼, 안 돼 안 돼.

바로 그때 웨이드가 파편을 뚫고 나온다. 파란 불꽃이 켜진 랜턴을 들고 있다.

앰버 오 웨이드!

앰버 고마워, 고마워.

그가 랜턴을 건넨다. 그녀가 안심하고 웃는다. 그들이 기쁨을 함께 나눈다. 그런데 갑자기 앰버가 움찔한다.

앰버 (아파하며 움찔한다) 아!

물이 새어 들어와 그녀의 다리를 때린다. 앰버는 꽉 막힌 입구를 바라본다. 물이 틈 사이로 졸졸 새어 들어온다. 앰버는 파편이 쌓인 곳으로 가서 열을 가해 녹이고 그 틈을 메운다.

앰버 (온 힘을 다한다)

누수는 멈추었지만 아궁이 안이 후끈 달아오른다. 웨이드가 끓어오른다.

hearth 아궁이 **seal** 가두다, 봉하다 **float** 떠다니다 **trap** 가두다 **hand** 건네주다 **relieved** 안심한 **flinch** 움찔하다 **seep in** 스며들어 오다 **blocked** 막힌 **trickle** (물 등이) 흐르다, 천천히 가다 **crack** 갈라짐, 틈

331

WADE   It's too hot in here.

> Ember looks up the **chimney stack** – it's open to the sky.

EMBER   Climb!

> Ember starts to climb and Wade follows...
>
> EXT. BERNIE'S SHOP – SAME TIME
> The street outside is a river. A floating bus **crashes** into the side of the shop. The building shakes and the top of the chimney CRASHES DOWN.
>
> INT. BERNIE'S SHOP – HEARTH – SAME TIME
> Wade and Ember are trapped inside the chimney. Debris **tumbles down** around them. The space is small, **tight**. And heating up.

EMBER   BACK UP BACK UP!

WADE   Ah!

> They drop back down into the hearth. It's an even tighter space now, more filled with debris.

WADE, EMBER   (impact)

EMBER   (gasp)

> And it's even hotter. Wade is **steaming**. **Desperate**, Ember tries to burn through the wall of debris. Wade reaches up and tries to move the bricks blocking the chimney, but they don't **budge**.

EMBER   I have to open that up!

WADE   No! The water will come in and you'll be **snuffed out**.

| 웨이드 | 여기 너무 더워. |

앰버가 고개를 들어 큰 굴뚝을 바라본다 - 굴뚝이 바깥 위로 연결되어 있다.

| 앰버 | 올라가! |

앰버가 위로 올라가고 웨이드가 따라간다…

실외. 버니의 가게 - 같은 시각
바깥에 있는 거리는 강이 되었다. 버스가 떠내려와 가게 옆에 부딪힌다. 건물이 흔들리며 굴뚝 윗부분이 무너진다.

실내. 버니의 가게 - 아궁이 - 같은 시각
웨이드와 앰버가 굴뚝 안에 갇힌다. 파편 조각이 두 사람에게 쏟아진다. 굴뚝 안은 매우 협소하다. 열기가 올라 뜨거워진다.

| 앰버 | 내려가, 내려가! |

| 웨이드 | 아! |

그들이 아궁이 쪽으로 다시 내려간다. 파편 조각이 더 많이 쌓여서 공간이 더 좁아졌다.

| 웨이드, 앰버 | (아래로 떨어진다) |

| 앰버 | (숨을 헐떡이며) |

열기가 더 심해졌다. 웨이드가 김을 내뿜는다. 간절하게 앰버가 파편 틈새를 녹여 보려고 애를 쓴다. 웨이드는 굴뚝을 막고 있는 돌덩이들을 치우려고 하지만 꿈쩍하지 않는다.

| 앰버 | 저걸 열어야겠어! |

| 웨이드 | 안 돼! 물이 들어오면 네가 꺼질거야. |

---

chimney stack 큰 굴뚝 **crash** 충돌하다 **tumble down** 굴러 내려오다 **tight** 좁은 **steam** 증기를 내다 **desperate** 필사적인 **budge** 약간 움직이다 **snuff out** (불을) 끄다

EMBER	But you're **evaporating**!
EMBER	I don't know what to do!
WADE	It's okay.
EMBER	No, it's not okay!

Wade is boiling. She's **horrified**. He takes her hand.

WADE	Ember... I have no **regrets**. You gave me something people search for their whole lives.
EMBER	But I can't **exist** in a world without you! I'm sorry I didn't say it before. I love you, Wade.

Steam surrounds them. Ember's **vulnerable** light **casts caustics** on the wall. Wade looks from her to the caustics around the room with a sense of peace.

WADE	(quiet **satisfaction**) I really do love it when your light does that. [96]

They **embrace**. All is silent. Steam fills the hearth.

앰버	하지만 네가 증발하고 있잖아!
앰버	어떻게 해야 할지 모르겠어!
웨이드	괜찮아.
앰버	아냐, 괜찮지 않아!

웨이드가 끓어오른다. 앰버는 겁이 난다. 그가 그녀의 손을 잡는다.

웨이드	앰버… 난 후회하지 않아. 넌 내게 남들이 평생 찾아다니는 소중한 것을 선물했잖아.
앰버	난 너 없이는 살 수 없어! 미리 말하지 못해서 미안해. 사랑해, 웨이드.

수증기가 그들 주변을 둘러싼다. 앰버의 연약한 불빛이 물결이 일렁이듯 벽에 비친다. 그녀를 바라보던 웨이드, 평안한 마음으로 주변에 비친 빛을 응시한다.

웨이드	(조용한 목소리로 행복하게) **네 빛이 저렇게 비칠 때가 참 좋더라.**

그들이 포옹한다. 주변은 조용하다. 수증기가 아궁이를 가득 채운다.

evaporate 증발하다 **horrified** 겁이 난 **regret** 후회 **exist** 존재하다 **vulnerable** 연약한 **cast** 비추다 **caustics** 물결처럼 일렁이는 빛 **satisfaction** 만족 **embrace** 포옹하다

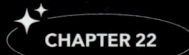

CHAPTER 22

Burnie Returns Ember's Bow

22. mp3

695 CRYING GAME

EXT. BERNIE'S SHOP – LATER
Firetown is a **wreck**. Everything is **soaked**, so much is **destroyed**.

INT. BERNIE'S SHOP – CONTINUOUS
Inside the shop, the WATER has **receded**. Everything we saw of Bernie's world is **ruined**. Bernie, Cinder and others work their way through the debris.

BERNIE, CINDER (efforts)

FIRST CUSTOMER (O.S.) They're in the hearth!

BERNIE, CINDER (gasp)

A large Fire Element **clears** debris **away** from the **opening** to the hearth.

LARGE FIRE ELEMENT (effort)

695 울기 게임

실외. 버니의 가게 - 잠시 후
파이어타운은 쑥대밭이 되었다. 모든 것이 물에 잠기고 많은 곳이 파괴되었다.

실내. 버니의 가게 - 계속
가게 안에 있던 물이 빠졌다. 버니의 가게에 있던 모든 것들이 파괴되었다. 버니와 신더 그리고 여러 사람들이 쓰레기를 치우며 정리하고 있다.

버니, 신더 (힘들게 쓰레기를 치운다)

첫 손님 (화면 밖) 아궁이 속에 있어요!

버니, 신더 (헉하고 놀란다)

덩치 큰 불 원소가 아궁이 입구에 쌓여 있는 파편들을 치운다.

덩치 큰 불 원소 (힘을 쓴다)

---

wreck 만신창이, 폐허 **soak** (액체 등) 담그다 **destroy** 파괴하다 **recede** 물러나다 **ruined** 폐허가 된 **clear away** 치우다 **opening** 입구

They **pull aside** the Blue Flame's **base** and we reveal:
Ember. She's **kneeling** on broken bricks, hugging the lantern with the Blue Flame. Relieved, Bernie and Cinder move toward her. But they stop, she's not getting up or even turn toward them.

EMBER   Wade is **gone.**

Cinder goes to her.

CINDER   Oh my daughter.

EMBER   He saved me.

Bernie's **face falls**, he **knows loss**. Ember stands. Holding the Blue Flame, she faces Bernie and says the most difficult thing she's ever said.

EMBER   Dad... this is all my fault. The shop... Wade– I need to tell you the truth.

Her flame grows dim, vulnerable.

EMBER   I don't want to **run** the shop. I know that was your dream, but it's not mine. I'm sorry. I'm a bad daughter.

Ember hands the lantern to Bernie. He takes it, looks at it in his hand, then puts it down.

BERNIE   Ember, the shop was never the dream. YOU were the dream. You were always the dream.

Ember looks up, surprise, **moved**. She hugs her dad, crying in his arms.

EMBER   I loved him, dad. (crying)

그들이 파란 불꽃의 밑판을 치우자:
앰버의 모습이 보인다. 그녀가 깨진 벽돌 위에 무릎을 꿇고 파란 불꽃이 담긴 랜턴을 끌어안고 있다. 버니와 신더가 안도하며 그녀에게 다가가다가 멈춰 선다. 앰버는 일어나지도 않고 그들을 바라보지도 않는다.

앰버   웨이드가 사라졌어요.

신더가 그녀에게 다가간다.

신더   오 우리 딸.

앰버   그가 절 살렸어요.

버니는 고개를 떨군다. 그녀의 상심한 마음을 이해한다. 앰버가 일어선다. 파란 불꽃을 들고 버니를 바라보며 너무 어려워서 지금까지 하지 못했던 말을 하려고 한다.

앰버   아빠… 다 내 잘못이에요. 가게도… 웨이드도… 사실을 말씀드려야겠어요.

그녀의 불꽃이 사그라든다. 연약해 보인다.

앰버   저는 가게를 하고 싶지 않아요. 그게 아빠 꿈이라는 걸 알지만, 제 꿈은 아니에요. 죄송해요. 전 나쁜 딸이에요.

앰버가 버니에게 랜턴을 건넨다. 그것을 받아 드는 버니, 가만히 바라보고 있다가 아래에 내려놓는다.

버니   앰버, 이 가게는 결코 꿈이 아니었어. 네가 꿈이였지. 넌 항상 나의 꿈이였어.

앰버가 고개를 든다. 놀라고 감동한 표정이다. 그녀가 아빠를 껴안고 울음을 터트린다.

앰버   아빠, 전 그를 사랑했어요. (운다)

---

pull aside 옆으로 밀어내다 **base** 밑판 **kneel** 무릎을 꿇다 **gone** 가 버린, 죽은 **face fall** 실망하는 표정을 짓다 **know loss** 상실의 마음을 이해하다 **run** 운영하다 **moved** 감동받은

Ember kneels, crying. Their light dims even more, cool. Loving. Cinder joins them. Then Ember hears a distant, familiar **whimper**.

WADE
(short cry)

She breaks from her parents' embrace and looks into the hearth. And that's when we reveal **CONDENSATION** in the **chimney**. A SINGLE **DROP** of water falls from the ceiling into a **bucket**. Ember looks up at the condensation... no, it can't be. She gets an idea and says:

EMBER
Butterfly...

She stares **hopefully** up at the ceiling.

EMBER
Butterfly. Windshield wipers. Half a butterfly.

WADE
(soft crying)

A few more drops fall into the bucket. Ember is **energized**... maybe it CAN be...

EMBER
An old man on his **deathbed** remembers the summer he fell in love...

More drops. Water starts to **pool**. Ember gets brighter. We hear a **faint weeping** from WADE.

WADE
(distant weeping)

It's working, Ember can **hardly** believe it.

EMBER
She was out of his league and he was young and scared. [97] He let her go thinking surely summer would come again. It never did.

앰버가 무릎을 꿇고 울고 있다. 그들의 불빛이 더 작아진다. 사랑스러운 장면이다. 신더가 다가와 그들을 껴안는다. 바로 이때 앰버가 멀리서 흐느끼는 소리를 듣는다. 그녀에게 익숙한 소리이다.

웨이드   (짧게 흐느낀다)

앰버가 부모님과의 포옹을 멈추고 아궁이 안을 들여다본다. 굴뚝에 물방울이 맺혀 있다. 천장에 맺혀 있던 물방울이 양동이 안으로 떨어진다. 앰버, 맺혀 있는 물방울을 올려다본다… 아니, 그럴 리가 없다. 그녀에게 좋은 생각이 떠올라 다음과 같이 말한다:

앰버   나비…

그녀가 희망을 가지고 천장을 올려다본다.

앰버   나비. 자동차 와이퍼. 반쪽이 된 나비.

웨이드   (조용히 흐느낀다)

물방울이 몇 개가 양동이로 떨어진다. 앰버가 기운을 차린다… 혹시…

앰버   한 노인이 임종을 앞두고 사랑에 **빠졌던** 여름을 기억하고 있어…

더 많은 물방울이 떨어지고 물이 고이기 시작한다. 앰버가 밝아진다. 웨이드의 희미한 울음소리가 들린다.

웨이드   (멀리서 흐느낀다)

효과가 있다. 앰버는 믿을 수가 없다.

앰버   그녀는 그가 감히 넘볼 수 없는 존재였지. 그는 어리고 겁이 났어. 여름이 다시 올 거라고 생각하고 그녀를 떠나보낸 거야. 하지만 그 여름은 다시 오지 않았지.

---

whimper 훌쩍임   **condensation** 물방울, (기체의) 응결   **chimney** 굴뚝   **drop** 물방울   **bucket** 양동이   **hopefully** 희망을 가지고   **energized** 기운을 얻은   **deathbed** 임종   **pool** (물이) 모이다, 고이다   **faint** 희미한   **weep** 울다   **hardly** 거의 ~아니다

Water is falling harder. Wade's cries are **building**.

WADE (weeping)

Water **streams** off the ceiling into the bucket. Cinder **pieces it together**. She looks up at the ceiling...

CINDER You are perfect match... ten out of ten! [98]

WADE (more weeping)

More rain drops. Bernie looks to Cinder.

BERNIE I don't understand. What's going on?

CINDER Just say something to make Water guy cry, okay?

BERNIE Um, uh... you are no longer panned.

WADE (whimpering) **Banned.**

BERNIE Banned.

WADE (WAILS)

Drops POUR. Ember, drops falling all around her, YELLS to the world:

EMBER I want to **explore** the world with you, Wade Ripple! I want to have you with me, in my life. Forever!

물이 더 거세게 떨어진다. 웨이드의 울음이 커진다.

웨이드 (흐느낀다)

물이 천장에서 줄줄 흘러나와 양동이 안으로 떨어진다. 신더가 상황을 파악한다. 그리고 천장을 올려다보며…

신더 너희들은 천생연분이야… 10점 만점에 10점이지!

웨이드 (더 크게 흐느낀다)

물방울이 더 많이 떨어진다. 버니가 신더를 바라본다.

버니 뭔지 모르겠네. 무슨 일이야?

신더 물을 울게 하는 말만 해, 알았지?

버니 음, 어… 넌 더 이상 출석 금지가 아니야.

웨이드 (흐느끼며) 출입 금지요.

버니 출입 금지.

웨이드 (펑펑 운다)

물방울이 비 오듯 앰버 주변으로 떨어진다. 그녀가 크게 외친다:

앰버 난 너와 온 세상을 다니고 싶어. 웨이드 리플! 너와 함께 하고 싶어, 내 평생. 영원히!

build 커지다, 쌓이다   stream 흐르다   piece together 상황을 파악하다   whimper 훌쩍이다   ban 금지하다   wail 울부짖다
explore 탐험하다

One more drop and then, they stop. The bucket is full. Ember **peers** in... two eyes **appear**. Then a smile. Wade stands up, alive!

WADE   Whoa.

He turns to **face** them. Naked, he picks up his shirt from the **rubble**.

WADE   Your, uh, chimney needs cleaning.

Everyone is **stunned**.

EMBER   (gasps)

And then Ember runs to Wade, throwing her arms around him.

EMBER   (small laugh)

Then, they KISS! LIGHT **shines** through the room. It's **breathtaking**. Cinder **beams**. Bernie **glances away**. They break out to the kiss, look deep into each other's eyes and **embrace**.

CINDER   I KNEW it! My nose ALWAYS knows.

ALL   (chuckle)

DISSOLVE TO:

마지막 물방울이 떨어진다. 양동이가 가득 찼다. 앰버가 안을 들여다보는데… 두 개의 눈이 나타난다. 그리고 미소가 보인다. 웨이드가 일어선다. 그가 다시 살아났다!

웨이드   와.

웨이드가 그들을 돌아본다. 알몸이라서 얼른 돌무더기에서 셔츠를 집어 든다.

웨이드   굴뚝 청소 좀 하셔야겠어요.

모두 놀란다.

앰버   (헉하고 놀란다)

앰버가 달려가 웨이드를 와락 껴안는다.

앰버   (작은 소리로 웃는다)

두 사람, 키스한다. 불빛이 방 전체에 가득 빛난다. 아름다운 순간이다. 신더가 활짝 미소를 짓는다. 버니는 눈을 돌린다. 키스를 마치고 두 사람은 서로의 눈을 바라보다가 포옹한다.

신더   난 알고 있었다니까! 내 코는 못 속여.

모두   (웃는다)

화면이 서서히 어두워진다.

peer 바라보다　**appear** 나타나다　**face** 직면하다, 바라보다　**rubble** 돌무더기　**stunned** 놀란　**shine** 빛나다　**breathtaking** 놀라운, 숨이 막히는　**beam** 밝게 웃다　**glance away** 시선을 피하다　**embrace** 포옹하다　**dissolve** 서서히 어두워지다 밝아지다

725 THE BOW A

EXT. FIRETOWN STREETS – MONTHS LATER
TITLE: MONTHS LATER...

Elements **mingle** on the Firetown sidewalks. Folks are fixing the last of the damage from the flood. The town is almost fully **restored**.

INT. BERNIE'S SHOP – CONTINUOUS
The **fixed-up** shop is busy. We see a fresh pot of Lava Java brewing. We find Clod on a ladder. But he's not working, he's talking to an **age-appropriate** FIRE GIRL.

CLOD If you were a vegetable, you'd be a cute-cumber.

He holds up his arm, revealing a small **cluster** of **blooms**. He **yanks** them **out** and hands her the **bouquet**.

CLOD (pained effort) My queen.

FIRE GIRL (giggle)

Gale walks through **dressed in** a Windbreakers jersey.

GALE Uh! I can't believe I was gonna **shut** this place **down**.

She **backs up** into an Earth Guy who we see is FERN with short, flowering hair. He's also wearing a Windbreakers shirt.

GALE Whoa! Sorry. (gasp, noticing) Fern? You're a Windbreakers fan?

FERN Toot toot.

Gale is immediately **drawn** to him.

725 큰절 A

실외. 파이어타운 거리 – 몇 달 후
자막: 몇 달 후…

원소들이 파이어타운 보도를 걸어 다닌다. 주민들은 홍수 피해를 입은 곳을 막바지로 복구하고 있다. 파이어타운은 예전의 모습을 거의 회복했다.

실내. 버니의 가게 – 계속
다시 복구된 가게는 분주하다. 방금 내린 용암 커피가 보인다. 클로드가 사다리 위에 올라가 있다. 일은 하지 않고 나이가 비슷한 불 소녀와 얘기하고 있다.

클로드   네가 야채로 태어나면, "귀오이"가 될 거야.

그가 팔을 들어 올리자 작은 꽃 여러 송이가 보인다. 꽃송이를 뽑는 클로드. 그녀에게 꽃다발을 만들어 선물한다.

클로드   (아파하며) 나의 여왕님.

불 소녀   (키득거린다)

게일이 윈드브레이커스 점퍼를 입고 걸어간다.

게일   어! 내가 이렇게 멋진 곳을 폐점 시킬려고 했다니.

그녀가 뒷걸음하다 흙 남자와 마주치는데 앞에서 등장한 편이다. 꽃이 핀 짧은 머리를 하고 그 역시 윈드브레이커스 셔츠를 입고 있다.

게일   어! 죄송해요 (그를 알아보고 놀란다) 편? 윈드브레이커스 팬이에요?

편   뚜뚜.

게일이 곧바로 그에게 끌린다.

---

mingle 돌아다니다, 섞이다   restored 복구된, 회복   fixed-up 수리 된   age-appropriate 나이에 맞는   cluster 무리, 묶음   bloom 꽃, 꽃 피우다   yank out 뽑다   bouquet 부케   dressed in ~를 입고서   shut down 폐쇄시키다   back up 뒤로 물러나다   drawn ~에 마음이 이끌린

GALE	Toot. Toooooot.

Flarry and Flarrietta stand behind the counter.

FLARRIETTA	Oy. You know what I like best about running this shop?
FLARRY	Not having to eat Bernie's kol-nuts! (laugh)
FLARRIETTA	(laugh)

Pan to Bernie and Cinder sitting at a table.

BERNIE	(laugh) Sorry. I couldn't hear you through my retirement.

Everyone **BURSTS OUT LAUGHING**... the laughing continues as we go outside...

EXT. BERNIE'S SHOP – SAME TIME
...to find Ember. She **approaches**, **taking a beat** to stand in front of the shop. She looks up, the original shop sign is back, without her name.

EMBER	(happy sigh)

INT. BERNIE'S SHOP – CONTINUOUS
Ember enters quietly and watches the shop, **full of life.**

GALE	Ooh!

The Fire Girl **chases** Clod past the counter.

게일	뚜. 뚜우우우.

플레리와 플라리에타가 카운터 뒤에 서 있다.

플라리에타	이봐. 이 가게를 하면서 제일 좋은 게 뭔지 알아?
플레리	버니의 숯콩을 안 먹어도 되는 거! (웃는다)
플라리에타	(웃는다)

카메라가 이동하며 탁자에 앉아 있는 버니와 신더를 잡는다.

버니	(웃으며) 미안. 은퇴하고는 자네 소리가 안 들리네.

모두가 박장대소하고… 웃음소리가 밖으로 이어지는데…

실외. 버니의 가게 – 같은 시각
…앰버가 걸어온다. 가게 앞에서 잠깐 멈춰 선다. 위를 올려다보는데 옛날 간판이 다시 걸려 있다. 그녀의 이름은 찾아볼 수 없다.

앰버	(기쁨의 탄식을 내뱉는다)

실내. 버니의 가게 – 계속
앰버가 조용히 안으로 들어가 가게를 바라본다. 생기 넘친다.

게일	오!

불 소녀가 클로드를 따라 카운터를 지나간다.

burst out laughing 박장대소하다　**approach** 접근하다　**take a beat** 잠시 멈추다　**full of life** 생기가 도는　**chase** 쫓아가다

CLOD, FIRE GIRL (giggle)

Ember watches everyone with **fondness**. Bernie **feeds** Cinder a kol-nut. Then, he sees Ember. They share a smile. Wade enters.

WADE Hey!

Everyone **greets** him.

BERNIE Wade!

CINDER Hi Wade!

FLARRIETTA Wade!

FLARRY Hi Wade!

CLOD Hey Wade! Yo yo yo!

WADE (laugh)

Wade turns to Ember.

WADE Ember, it's time.

Ember smiles, a little sad.

735 THE BOW B

EXT. GRAND GATEWAY – SOON AFTER
Ember and Wade, **luggage** in hand, stand next to a large boat. Bernie, Cinder and Brook stand **facing** them.

클로드, 불 소녀	(키득 웃는다)

앰버가 모든 이들을 사랑스럽게 바라본다. 신더에게 숯콩을 먹여 주는 버니. 앰버를 보고 함께 미소 짓는다. 웨이드가 들어온다.

웨이드	**안녕하세요!**

모두가 그를 반긴다.

버니	**웨이드!**

신더	**안녕 웨이드!**

폴라리에타	**웨이드!**

플레리	**안녕 웨이드!**

클로드	**안녕 웨이드! 요요요!**

웨이드	(웃는다)

웨이드가 앰버를 돌아본다.

웨이드	**앰버, 시간 됐어.**

앰버가 웃지만 약간 슬퍼 보인다.

735 큰절 B

실외. 그랜드 게이트웨이 부두 - 잠시 후
앰버와 웨이드가 짐가방을 들고 큰 배 옆에 서 있다. 버니와 신더 그리고 브룩이 그들을 바라보고 있다.

fondness 애정 **feed** 먹여주다 **greet** 인사하다 **luggage** 여행용 가방, 짐 **face** 마주하다, 직면하다

WADE You know, I'm not really one for **tearful** goodbyes. [99]

Brook **bursts out crying**.

BROOK (sobbing) Oh Wade, you big liar.

BROOK (singing) **Drip drip drip...**

Wade joins her in the song.

BROOK, WADE (starting to sob) **Goes the baby boy.**

They hug, Brook **lifting** Wade **up**. They hold each other, ugly-crying.

BROOK, WADE (crying)

Bernie and Ember **exchange a look**.

BERNIE Uh, are you sure about this one?

Ember smiles.

EMBER I'm sure. (then, sincere) Dad, I'm sorry the internship is so **far away**. I mean it's the best glass design company in the world, but who knows if it'll become a real job. [100] I'll be back in a few months anyway, and it might not **end up** being anything—

BERNIE Ay-yah, shhh. Go. Start new life. Your mother and I will be here. Now with more time for **hanky-panky**.

웨이드	아시잖아요. 제가 울면서 작별 인사하는 거 안 좋아하는 거.

브룩이 울음을 터뜨린다.

브룩	(흐느끼며) 오 웨이드. 이 거짓말쟁이.

브룩	(노래한다) 또로록, 또로록…

웨이드가 그녀와 함께 노래를 부른다.

브룩, 웨이드	(흐느끼기 시작하며) 아기가 흘러갑니다.

그들이 포옹한다. 브룩이 웨이드를 들어 올린다. 그들이 서로 부여잡고 얼굴을 찡그리며 운다.

브룩, 웨이드	(운다)

버니와 앰버가 서로를 바라본다.

버니	어, 제대로 선택한 거지?

앰버가 웃는다.

앰버	물론이죠. (목소리 톤을 바꾸고 진지하게) 아빠, 인턴직이 너무 멀어서 죄송해요. 전 세계에서 제일 좋은 유리 디자인 회사라서. 정규직이 될 수도 있잖아요? 몇 달 뒤에 다시 올 거예요. 완전히 가는 건…

버니	쉬. 떠나렴. 새로운 삶을 시작해. 네 엄마와 나는 여기에 있을게. 이제 알콩달콩할 시간이 더 많아졌잖아.

---

tearful 눈물을 자아내는 **burst out crying** 울음이 터지다 **sob** 흐느끼다 **drip** (물 등이) 떨어지다, 새다 **lift up** 들어올리다 **exchange a look** 시선을 교환하다 **sincere** 진실된, 진심의 **far away** 멀리 떨어진 **end up** 결국 ~하게 되다 **hanky-panky** 애정 행각

Cinder gives his side a **playful slap**.

CINDER	Ê...shútsh!

They all laugh.

Ember and Wade walk to the boat. Wade starts up the **ramp**. Ember is about to **take a STEP** but **pauses**. Wade looks back. Ember turns to her parents. Ember smiles at Bernie, then sets down her luggage. She stands with **respect** and gives the BIG **CEREMONIAL BOW**. Cinder gasps.

CINDER	(gasp)

Bernie, tears in his eyes, steps **forward** and RETURNS THE BOW. They have a moment. A weight lifted for both of them. The boat sounds its **horn** - time to go. They both stand. Ember picks up her bag. She faces the boat and **takes a deep breath**.

EMBER	(breath)

She **STEPS** onto the ramp and **board**. The screen goes to BLACK.

신더가 장난치듯 그의 옆구리를 때린다.

신더 에… 슈트쉬!

그들 모두 웃는다.

앰버와 웨이드가 배를 타러 간다. 웨이드가 배 입구로 들어가는 경사로에 올라선다. 앰버도 올라서려고 하다가 잠시 멈춘다. 웨이드가 뒤를 돌아본다. 앰버가 부모님을 돌아본다. 앰버가 버니에게 미소 짓는다. 그리고 짐 가방을 내려놓는다. 존경의 마음을 담아 똑바로 서더니 부모님께 큰절을 올린다. 신더가 놀란다.

신더 (헉하며 놀란다)

버니의 눈에 눈물이 맺힌다. 그가 앞으로 나가더니 맞절을 한다. 두 사람의 마음이 통한다. 서로에 대한 마음의 부담이 사라진다. 배에서 경적이 울린다. 이제 떠날 시간이다. 두 사람, 일어선다. 앰버가 가방을 든다. 배를 바라보며 깊은 숨을 들이쉰다.

앰버 (깊은 숨을 들이쉰다)

경사로에 발을 내딛는 앰버, 배에 오른다. 화면이 어두워진다.

playful 장난스러운 **slap** 때리기 **ramp** 배 입구 경사로 **take a step** 걸음을 내딛다 **pause** 정지하다 **respect** 존경심 **ceremonial** 의식의 **bow** 절 **forward** 앞으로 **horn** 경적 **take a deep breath** 숨을 깊이 들이 마시다 **step** 발을 내딛다 **board** (배, 비행기 등에) 오르다

Disney · PIXAR
ELEMENTAL

워크북

스크립트북에서 중요한 표현 100개를 뽑아 담았습니다.

> **1**
>
> **Please keep** all limbs and branches inside.
> 나뭇가지들은 안쪽으로 해 주세요.

엘리먼트 시티의 항구에 배가 도착했어요. 나무 모습을 한 흙 승객들이 배에서 내려오는데 혼잡을 피하기 위해서 이런 재미있는 안내 방송이 흘러나오네요.

Please keep ~은 안내 방송이나 공공 장소의 표지판에서 자주 접할 수 있는 표현이에요. 이때 keep은 '~의 상태를 유지하다', '~하도록 두다'라는 뜻으로 이해하면 좋아요. 보통 〈Please keep + 목적어 + 형용사/전치사구〉의 패턴으로 쓴답니다.

Please keep your belongings with you at all times.
소지품은 항상 가지고 다니시기 바랍니다.

Please keep your feet off the seats.
좌석에 발을 올리지 마세요.

> **2**
>
> And **how do we spell** that?
> 그리고 철자는 어떻게 되죠?

버니와 신더는 불의 언어로 자신의 이름을 말하지만 엘리먼트 시티의 출입국 관리 직원은 이를 어떻게 적어야 할지 몰라서 정확한 철자를 물어보고 있어요.

How do we spell ~?은 영어 단어의 철자를 물어볼 때 많이 쓰는 표현이에요. we 대신 you를 써서 How do you spell ~?이라고 물어보는 경우도 많아요. 대신 What is spelling?이라고 하면 왠지 콩글리시의 느낌이 든답니다.

How do you spell your name?
이름의 철자는 어떻게 되나요?

How do you spell your hometown?
당신 고향의 철자는 어떻게 되나요?

3 | How about we just go with Bernie and Cinder!
버니와 신더라고 하는 건 어떨까요!

버니와 신더의 이름을 어떻게 적어야 할지 몰라 당황한 출입국 관리 직원이 엘리먼트 시티에서 쉽게 부를 수 있는 새 이름을 제안하고 있어요.

How about ~?은 '~하는 건 어때요?'라는 뜻으로 상대방에게 무언가를 제안할 때 쓸 수 있는 표현이에요. about 뒤에는 이 대사처럼 〈주어 + 동사〉의 문장을 써도 되고 ~ing 형태의 동명사를 쓸 수도 있어요. How about you?라는 고정 표현으로도 자주 쓰이는데 '당신은 어떠세요?'라는 뜻으로 대화 중에 상대방의 생각이나 의견을 물어보는 말이에요.

How about we meet once a month for the book club?
북클럽으로 한 달에 한 번 만나는 건 어때요?

How about going to Hampton Beach this weekend?
이번 주말에 햄튼 비치에 가는 건 어때?

4 | I got it, Àshfá!
제가 할게요, 아슈파!

귀여운 불 아이들이 버니의 가게에서 설탕 사탕을 구입하려고 해요. 설탕 사탕을 만드는 일은 아빠의 몫이지만 이번에는 앰버가 자신 있게 나서서 아이들을 닮은 사탕을 만들어 주네요.

I got it.은 회화에서 다양한 의미로 자주 쓴답니다. 먼저 이 대사처럼 자신이 어떤 일을 책임지고 담당하겠다며 '제가 할게요'라는 의미로 쓸 수 있어요. 또한 상대방의 설명을 충분히 이해했다고 할 때도 쓸 수 있는데 이때는 '알겠어요'라는 해석이 어울리죠. 그리고 생각하고 있던 물건을 찾았을 때 '여기에 있네', '찾았어'라는 뜻으로 쓸 수도 있어요.

Why don't you get some rest? **I got it** here.
가서 쉬는 게 어때? 여긴 내가 맡을게.

You don't need to worry a thing. **I got it.**
전혀 걱정하지 않아도 돼. 내가 할 테니까.

5

Water. Keep an eye on them.
물이다. 잘 감시해.

물 청소년들이 가게로 들어오네요. 평소에 물을 좋아하지 않는 아빠는 앰버에게 이들이 사고를 치지 않는지 잘 지켜보라고 해요.

keep an eye on ~은 '~를 잘 감시하다', '~를 유심히 지켜보다'라는 뜻이에요. 흥미로운 건 우리말에서는 '두 눈을 부릅뜨고 지켜보다'라고 하지만, 영어에서는 keep two eyes on ~이라고 하지 않고 keep an eye on ~이라고 한다는 거죠. 한쪽 눈만 뜨면 감시가 더 잘 되는 것일까요?

The man's acting weird. Keep an eye on him.
저 남자 행동이 이상해. 잘 감시해.

I was assigned to keep an eye on the experiment.
실험을 관찰하는 임무를 맡았죠.

6

I'll just take the free one.
공짜 폭죽만 할게요.

어딜 가나 진상 손님은 꼭 한두 명씩 있나 봐요. 이 손님은 '하나 사면 하나 공짜' 행사 중인 폭죽 상품에서 공짜 폭죽만 가져가겠다고 생떼를 부리고 있어요.

해외여행을 계획하고 계시다면 I'll take ~이라는 표현은 꼭 알아 두셔야 해요. '~로 할게요' 혹은 '~를 살게요'라는 뜻으로 쇼핑할 때 자주 쓰는 표현이거든요. 그리고 이 대사의 one은 '한 개'라는 뜻이 아니라 앞에서 언급했던 물건을 지칭하는 대명사예요.

I'll take two of those shirts.
저 셔츠 두 벌 살게요.

I'll take the red hat, not the blue one.
파란 색 말고 빨간 모자로 할게요.

7

Let me make you a new batch!

새로 한 사발 만들어 드릴게요!

몇 년이 지났지만 앰버의 불같은 성질은 변함이 없네요. 오늘도 불평을 늘어놓는 손님 앞에서 또다시 크게 폭발해 버리고 말았어요. 버니가 황급히 다가와 충격을 받은 손님을 달래 주려고 해요.

Let me ~는 '~해 드릴게요'라는 뜻으로 상대방에게 어떤 일을 해 주겠다고 공손하게 말할 때 쓰는 표현이에요. 문을 잡아 주거나, 무거운 짐을 들어줄 때 길게 말하지 않고 Let me.라고 짧게 말하고 호의를 베푸는 것도 좋아요. 이럴 때는 Allow me.라고 하는 것도 괜찮아요.

Let me get some water for you.
물을 갖다 드릴게요.

Let me get you a new fork right away.
새 포크로 바로 갖다 드릴게요.

8

On the house!

공짜로 말이죠!

손님의 불평에 더이상 화를 참지 못하고 앰버가 크게 폭발해 버려요. 아빠가 이를 수습하기 위해서 손님에게 공짜로 숯콩을 만들어 주려고 하네요.

On the house.는 식당이나 술집 등에서 손님에게 무료로 서비스를 제공할 때 쓰는 말이에요. 이 대사처럼 단독으로 쓸 수도 있고 문장 안에서 쓸 수도 있어요. free of charge 혹은 for free 역시 '공짜로'라는 뜻으로 자주 쓰는 표현이에요.

A: **How much is it?**
얼마예요?

B: **Don't worry. It's on the house.**
괜찮아요. 서비스로 드리는 거예요.

9	**I just want you to rest.** 전 그냥 아빠가 쉬셨으면 좋겠어요.

앰버는 버니가 가게를 위해서 평생을 바친 것을 알고 있어요. 기침이 심해진 버니를 걱정하며 이제 그가 은퇴하기를 바라고 있죠.

I want to ~는 '내가 ~했으면 해'라는 뜻으로 행동하는 주체가 '나(I)'이지만 I want you to ~는 '네가 ~했으면 해'라는 뜻으로 행동하는 주체가 '너(you)'이죠. 이 표현은 완곡하게 무언가를 제안하거나 부탁할 때도 쓸 수 있어요.

I want you to open your own business.
난 네가 사업을 했으면 좋겠어.

No matter what you do, I want you to be happy.
무슨 일을 하든 간에 난 네가 행복하길 바라.

10	**And speaking of 'ready,' we are MORE than ready for you to actually BUY something, if you'd ever get up off your lazy ash.** '준비'라고 하니까 말인데요. 저희는 진작부터 장사할 준비가 됐거든요. 엉덩이 붙이고 앉아만 있지 말고 뭐라도 사세요.

버니는 앰버가 가게를 물려받을 준비가 안 되었다고 생각하고 있어요. 하지만 그녀는 실망한 마음을 숨기려고 장난스럽게 이런 농담을 하네요.

Speaking of ~는 상대방의 말에 어떤 생각이 떠올라서 '~라고 하니까 말인데'라는 의미로 하는 말이에요. 이와 관련해서 Speaking of the devil이란 표현도 알아 두세요. 특정 인물에 대해서 대화하고 있는데 우연히 그 사람이 나타났을 때 하는 말로 '호랑이도 제 말하면 온다더니'라는 뜻이에요.

Speaking of summer break, what are you going to do this summer?
여름 휴가 말이 나왔으니까 말인데, 넌 이번 여름에 뭐 할 거니?

Speaking of hobbies, I just finished remodeling my dad's old convertible.
취미 이야기가 나와서 말인데, 최근에 아빠의 낡은 오픈카를 리모델링 했어.

> **11**
>
> And speaking of 'ready,' we are **MORE than** ready for you to actually BUY something, if you'd ever get up off your lazy ash.
>
> '준비'라고 하니까 말인데요. 저희는 진작부터 장사할 준비가 됐거든요. 엉덩이 붙이고 앉아만 있지 말고 뭐라도 사세요.

아빠의 마음을 알게 된 앰버는 실망하지만 일부러 아무일 없다는 듯이 가게의 단골 손님인 플라리에타와 플레리에게 농담을 건네고 있어요.

more than은 '~보다 더', '~ 이상'이라는 뜻으로 비교급에서 자주 쓰는 표현이지만 very, so처럼 형용사의 의미를 강조하는 역할을 하기도 해요. '정말로', '매우'라고 해석하면 자연스러워요.

You're more than welcome to visit our place. Come anytime you want.
매우 환영이죠. 언제든 저희 집에 오세요.

I'm sure she's more than capable of running the store.
그녀가 가게를 정말 잘 운영할 거라고 확신해요.

> **12**
>
> Because I've been **taking it easy on** you so I don't hurt your feelings, Mr. Smokestack.
>
> 기분 상하실까 봐 지금까지 봐 드린 거라구요. 굴뚝 아저씨.

버니는 앰버가 자신보다 배달을 빨리 할 수 없을 거라고 호언장담해요. 그러자 앰버가 장난스럽게 이렇게 말하며 그의 배달 기록에 도전하려고 하네요.

〈take it easy on + 사람〉은 원래 '~에게 잘해 주다', '호의를 베풀어 주다'라는 뜻이에요. 하지만 이 대사처럼 '~를 봐주다', '~를 심하게 다루지 않다'라는 뜻으로 응용해서 쓸 수도 있죠. 회화에서는 Take it easy.라고도 자주 쓰는데 '진정해' 혹은 '천천히 해'라는 뜻으로 심한 감정의 변화가 있는 상대방을 진정시키는 말이에요.

I know you're taking it easy on me. You don't need to treat me like an old man.
봐준다는 거 알아. 하지만 날 노인 취급하지 않아도 돼.

Take it easy on him. This is his first time to play table tennis.
살살해. 저 사람은 탁구를 처음 치는 거니까.

| 13 | **Nice try, Mom.**
안 속아요, 엄마. |

신더의 지상 최대의 과제는 딸을 결혼시키는 것이에요. 할머니의 마지막 유언이 앰버가 결혼하는 것이라고 거짓말까지 하지만 앰버는 절대 넘어가지 않네요.

우리 말에서 '잘했다'라는 표현은 어투에 따라서 그 의미가 달라지죠. Nice try.도 마찬가지예요. Nice try!처럼 밝은 어투로 하면 비록 실패했지만 상대방의 노력을 칭찬하는 말이 돼요. '시도는 좋았어', '잘했어'라고 해석할 수 있죠. 반대로 이 대사처럼 부정적인 말투로 하면 '그건 안 통해', '난 못 속여'와 같은 비꼬는 표현이 된답니다.

Nice try, but I already knew your tricks.
시도는 좋았지만, 네 속임수를 이미 알고 있었다고.

Your shot was out, but it was a **nice try.**
네가 친 건 아웃이었지만, 시도는 좋았어.

| 14 | **Winner winner charcoal dinner!**
제가 이겼네요! |

배달을 마치고 황급히 가게로 들어오는 앰버는 아빠의 기록을 깬 것을 자축하며 이렇게 크게 소리치고 있어요.

이 대사의 원래 표현은 Winner winner chicken dinner!인데 경기를 이기고 자신의 승리를 기뻐하는 자축의 말이에요. chicken dinner라는 단어가 있다고 저녁으로 치킨을 쏘겠다는 의미는 절대 아니니 이 표현으로 마음껏 승리를 만끽하세요.

A: The game's over! **Winner winner chicken dinner!**
경기 끝! 내가 이겼네!

B: Don't brag too much. It was sheer luck.
너무 으스대지 마. 그냥 운이 좋았던 거니까.

> **15** **Now that you have beaten my time there is only one thing you haven't done…**
> 이제 네가 내 기록을 깼으니 한 가지만 더 하면 되는구나…

앰버가 자신의 배달 기록을 깬 것을 알고 버니는 그녀에게 내일 있을 레드 닷 세일을 혼자서 진행할 것을 제안해요. 이제 그녀에게 가게를 물려받을 준비를 시키는 거죠.

Now that ~은 '이제 ~이니까', '~하기 때문에'라는 뜻으로 자주 쓰는 표현이에요. that 뒤에는 〈주어 + 동사〉의 문장 형태를 써 주세요.

Now that we have a new employee, why don't we go out for lunch together?
새 직원도 왔으니까 같이 점심 먹으러 나가는 건 어때요?

Now that we have a new blender, we can drink fresh juice every morning.
새 믹서기가 있으니까 매일 아침 신선한 주스를 마실 수 있겠네.

> **16** **Does this come in a large?**
> 이거 라지 사이즈 있어요?

레드 닷 세일이 시작되자 손님들이 물밀듯이 아니, 불(?)밀듯이 밀려들어요. 손님들은 혼자서 세일 행사를 진행하는 앰버에게 수많은 질문을 쏟아 내고 있어요.

Does this come in ~?은 '이거 ~있어요?' 혹은 '이거 ~로도 나오나요?'라는 뜻으로 쇼핑할 때 사이즈나 색깔을 물어보는 대표적인 표현이에요. 참고로 XXL 사이즈는 'Two-X-Large (투–엑스–라지)'가 아니라 'Double-X-Large (더블–엑스–라지)'로, XXXL은 'Triple-X-Large (트리플–엑스–라지)'라고 한답니다.

Does this come in a medium?
이거 미디엄 사이즈 있나요?

Does this come in a smaller size?
좀 더 작은 사이즈 있나요?

17	**Mind if I test this kettle?**
	이 주전자 테스트 해 봐도 되나요?

레드 닷 세일은 마치 블랙 프라이데이 행사를 방불케 해요. 물건을 망가뜨린 손님부터 환불을 요구하는 손님, 허락도 없이 주전자에 물을 끓이는 손님 등 진상 손님들 때문에 앰버는 다시 성질이 나기 시작해요. 그녀가 화를 다스리고 레드 닷 세일을 무사히 마칠 수 있을까요?

Mind if I ~?은 Do you mind if I ~?를 줄인 표현이에요. 상대방에게 정중하게 어떤 행동을 해도 되는지 물어보는 표현으로 '~해도 될까요?'라고 해석하면 좋아요. 또한 상대방이 나의 심기를 건드리는 행동을 할 때 '그만 해 줄래요?'라는 뜻으로 짧게 Do you mind?이라고 할 수도 있어요.

Do you mind if I use your brush?
붓 좀 써도 될까요?

Mind if I use this chair?
이 의자 써도 될까요?

18	**I'm afraid I'm going to have to write you a ticket.**
	어쩔 수 없이 규정 위반 딱지를 발부해야 할 것 같아.

진상 손님들을 피해 가게 지하실로 내려온 앰버, 역시나 화를 참지 못하고 콰쾅! 하고 대폭발을 하고 말죠. 그 여파로 지하실 파이프가 터져 물과 함께 웨이드가 나타나요. 웨이드는 엘리멘트 시티의 조사관인데 아빠 가게의 파이프를 살펴보더니 가차 없이 위반 딱지를 발부하네요.

이때 ticket은 신호 위반, 속도 위반 등의 위반 딱지를 의미해요. 〈write + 사람 + a ticket〉은 '~에게 위반 딱지를 끊다'라는 뜻이죠. '위반 딱지를 끊기다'라고 할 때는 get a ticket이라고 하세요. 참고로 let go with a warning이란 표현도 알아 두세요. 위반 딱지의 바로 전 단계인 '구두 경고를 하고 보내 주다'라는 뜻이랍니다.

I have no idea why the police wrote me a ticket.
경찰이 내게 딱지를 끊은 이유를 모르겠어.

We might get a ticket if we park here. It's 'Resident only parking.'
여기에 주차하면 딱지를 끊길지도 몰라. 거주자 전용 주차 구역이거든.

19

And this pipe is definitely not up to code.
이 파이프는 규정에 전혀 맞지 않네.

파이프에서 갑자기 터져 나온 웨이드는 알고 보니 엘리멘트 시티의 조사관이었어요. 아빠 가게의 파이프를 살펴보더니 규정 위반이라며 트집을 잡고 있네요.

be up to code는 '규정에 맞다' 혹은 '규정을 따르다'라는 표현이에요. be up to는 〈be up to + 사람〉 패턴으로도 회화에서 자주 쓰는데 '~에 달려 있다' 혹은 '~의 결정에 따르다'라는 뜻이에요.

The inspector is checking if our house is up to code.
조사관은 우리 집이 규정에 맞는지 확인하는 거야.

It's completely up to you to decide your work hours.
네 근무 시간은 전적으로 네가 결정하는 거야.

20

Stop messing with that!
건드리지 마!

웨이드가 규정 위반을 거론하며 파이프 여기저기 건드리자 앰버는 기분이 상해서 이렇게 말을 하고 있어요. 이러다가 앰버가 또 폭발하면 어쩌죠?

mess with ~는 '부주의하게 ~를 만지다', '~를 가지고 장난을 치다'라는 뜻이에요. Stop messing with ~!는 '함부로 만지지 마!' 혹은 '건드리지 마!'라는 의미로 상대방의 장난스러운 행동을 강하게 저지할 때 쓸 수 있는 표현이죠.

Stop messing with the flowers. They are so fragile.
그 꽃 만지지 마. 아주 약하단 말이야.

Would you stop messing with the sculpture? It's not a toy.
조각상 건드리지 말아 줄래요? 장난감이 아니에요.

21 — **Hands off!**
손 떼!

앰버가 위반 딱지 수첩을 낚아채려는 순간 웨이드가 이렇게 소리치고 황급히 전철을 빠져나가요.

Keep your hands off!는 '건드리지 마' 혹은 '손 치워!'라는 뜻으로 상대방에게 경고하는 말이에요. 회화에서는 이렇게 Hands off!라고 짧게 쓸 수 있어요.

Keep your hands off the cookies. They're for your sister.
쿠키 건드리지 마. 네 동생 거라고.

Hands off the pottery. You break it, you buy it.
도자기 건드리지 마세요. 깨뜨리면 사야 해요.

22 — **So it is time to** hand 'em over.
이제 넘겨줘.

앰버가 위반 딱지를 빼앗으려고 엘리멘트 시티까지 웨이드를 쫓아왔군요. 이제는 거대한 불 장벽으로 변해 웨이드를 위협하며 딱지를 넘겨줄 것을 요구하고 있네요.

It is time to ~는 '~할 시간이야', '~하도록 해'라는 뜻으로 상대에게 어떤 행동을 하라고 촉구할 때 쓰는 표현이에요. It's를 생략하고 Time to ~라고 할 수도 있어요. 동사 대신 명사를 쓰고 싶다면 It's time for ~ 패턴을 활용하세요. 그리고 hand ~ over는 '넘겨주다'라는 뜻이랍니다.

It's time to get off the bus. Make sure you take your bags with you.
버스에서 내릴 시간이네요. 가방을 가지고 내리도록 하세요.

It's time for lunch. Do you want anything from the food truck?
점심 먹을 시간이군요. 푸드 트럭에서 필요한 거 없으세요?

23 | **I mean**, I would.
내 말은 그랬을 수도 있다고.

앰버가 가게 문을 닫으면 아빠가 돌아가실 수도 있다고 솔직히 고백하자 웨이드는 진작 말을 해 주었다면 딱지를 취소했을 지도 모른다고 말해요.

대화를 하다 보면 '그러니까 내 말은 ~' 라고 하면서 나의 생각이나 의도를 좀 더 명확하게 말할 때가 있어요. I mean ~은 이럴 때 가장 적절하게 쓸 수 있는 표현이에요. 또한 내가 방금 한 말을 급하게 수정할 때나 상대방에게 궁색한 변명을 할 때도 쓸 수 있어요.

I mean, you can easily make $200 if you want to.
내 말은, 네가 원하면 200달러는 쉽게 벌 수 있어.

I mean, your new book is really good but it's not my kind of book.
제 말씀은, 새로 쓰신 책이 정말 좋지만 제 취향은 아니라는 거예요.

24 | But, I can **take you there** so you can plead your case.
하지만, 내가 데려다줄 테니까 가서 탄원을 해 봐.

웨이드가 위반 딱지를 처리반으로 보내 버렸기 때문에 취소하는 것은 불가능해요. 대신 앰버의 사정을 듣고 직접 탄원할 것을 제안하죠.

take는 쓰임새가 다양한 멀티 플레이어 단어예요. 〈take + 사람 + 장소〉의 패턴에서는 '(사람)을 ~로 데리고 가다'라는 뜻으로 쓰입니다. 그리고 plead one's case는 법정 등에서 무고를 입증하거나 형을 줄이기 위해서 변호하는 행동을 의미해요.

Would you please **take me to** the post office? My car is being serviced.
우체국에 데려다줄 수 있어? 내 차는 지금 정비 중이라서.

I'm **taking my cat to** the vet.
고양이를 데리고 동물 병원에 가는 중이야.

25	**I was about to** send them to Mrs. Cumulus then get sprayed for fungus rot.
	그거 쿠물러스 씨에게 보내려고 했지. 그리고 곰팡이 제거제도 뿌리려고.

웨이드는 앰버를 데리고 위반 딱지를 담당하는 공무원 펀을 찾아가요. 그에게 위반 딱지에 대해서 물어보자 특유의 느릿한 말투로 이렇게 말하네요. 가만, 그가 손에 들고 있는 건 앰버가 그토록 찾고 있던 위반 딱지 아닌가요?

be about to ~는 '막 ~하려고 해', '~하기 일보 직전이야'라는 뜻으로 어떤 일이 임박했다고 말할 때 쓰는 표현이에요.

He was about to go to bed when someone knocked on the door.
그가 잠자리에 들려는데 누군가가 문을 노크했어요.

I was just about to call you. Thank you for calling me.
막 전화하려고 했는데. 전화해 줘서 고마워.

26	About your dad and **letting him down**.
	네 아빠 이야기랑 실망시켜 드리는 것에 대해서 말이야.

펀이 위반 딱지를 진공관에 넣어 보내려고 하자 웨이드는 앰버에게 아빠에 대해서 솔직하게 말해 보라고 설득하고 있어요.

〈let + 사람 + down〉은 누군가의 기대에 부흥하지 못하거나 실망을 안겨 준다는 뜻이 있어요. '실망시키다', '기대를 저버리다'라고 해석하는 게 좋아요.

I'm sorry to let you down, coach.
실망시켜 드려서 죄송해요, 코치님.

You didn't let anyone down. You did more than what anyone could have done.
아무도 네게 실망하지 않았어. 넌 남들보다 더 많은 것을 해낸 거잖아.

27	**It really got to me.**
	정말 감동적인 이야기였어.

웨이드는 앰버의 아빠에 대한 이야기에 정말 감동 받은 것 같아요. 펀도 그 이야기를 들으면 가게 위반 딱지를 취소할 거라고 생각하고 그녀에게 말해 보라고 하네요.

〈get to + 사람〉 표현은 문맥에 따라 다양한 뜻으로 쓸 수 있어요. 우선 이 대사에서는 '~의 마음을 움직이다' 혹은 '~를 설득하다'라는 뜻으로 쓰였어요. 이 표현은 또한 '~를 짜증나게 하다', '~를 화나게 하다'라는 뜻으로도 자주 쓰인답니다.

His honesty really got to me. I decided to change my mind.
그의 정직함이 제 마음을 울렸어요. 그래서 마음을 바꾸기로 했죠.

His nagging really got to his wife.
그의 잔소리에 아내가 정말 짜증이 났죠.

28	**Looks like I'm going home early today.**
	오늘은 일찍 퇴근해야 할 것 같군.

앰버는 웨이드가 아빠에 대한 이야기를 하자 성질을 못 참고 폭발해 버려요. 아수라장이 되어 버린 사무실을 바라보며 펀이 특유의 느긋한 말투로 이렇게 말을 하네요.

look like은 '~처럼 보인다'라는 뜻으로 외모를 설명할 때 자주 쓰는 표현인데 '~인 것 같군'이란 의미로 자기 생각이나 느낌을 말할 때도 쓸 수 있어요. 〈It looks like + 주어 + 동사〉의 패턴으로 쓰는데 회화에서는 이렇게 It을 생략하는 경우도 많아요.

It looks like someone has a crush on you.
누가 널 좋아하는 것 같네.

Looks like we're going to have great weather on Sunday.
일요일에는 날씨가 매우 좋을 것 같습니다.

> ### 29
>
> **Have a good one.**
> 안녕히 가세요.

앰버와 웨이드가 펀을 설득해 보려 했지만 가게 위반 딱지는 이미 펀의 손을 떠나 버렸어요. 펀은 가게 폐점을 안내하는 팜플렛을 건네주며 이렇게 인사하네요.

헤어질 때 Goodbye.의 의미로 낮에는 Have a good day. 밤에는 Have a good night.를 쓰죠. 이렇게 구별하는 게 귀찮으면 이 대사처럼 Have a good one.이라고 하세요. 이 표현은 밤낮을 가리지 않고 시간에 상관없이 헤어질 때 자주 쓰는 표현이에요.

A: Thank you. Have a good one.
감사합니다. 안녕히 가세요.

B: You too.
안녕히 계세요.

> ### 30
>
> **I, uh, couldn't catch him though.**
> 제가, 어. 그를 잡을 수는 없었지만.

버니는 가게를 물바다로 만든 장본인이 웨이드라고 생각해요. 앰버는 솔직히 말할 수도 있었지만 아빠의 말에 동조하며 웨이드를 범인으로 몰고 있어요.

though는 위치에 따라 뜻이 달라지는 단어예요. 〈주어 + 동사〉 앞에서 문장을 이끌 때는 '(비록) ~일지라도', '~이긴 하지만'의 뜻으로 쓰지만 문장의 맨 끝에 양념처럼 붙을 때는 '그렇지만 ~ 하지' 혹은 '근데 ~해'라는 뜻으로 앞의 말과 살짝 다른 의견을 제시하는 표현이랍니다.

I really liked the musical. It was a bit long, though.
뮤지컬 정말 좋았어. 약간 길었지만 말이지.

I've lived in Paris for 3 years. I'm not fluent in French, though.
파리에 3년 살았어요. 근데 불어는 잘 못해요.

31 — We will **get through** this.

이것도 잘 이겨 낼 거야.

가게 문제로 힘들어하는 버니에게 신더는 이런 위로의 말을 하며 용기를 주고 있어요.

through는 '통과해서'라는 뜻이죠. 이 뜻을 생각하면 get through의 의미를 쉽게 파악할 수 있을 거예요. get through는 '(어려운 역경, 시련 등을) 이겨내다' 혹은 '(시련 등을 통해서) 발전해 나가다'라는 뜻이에요. 주변에 힘들어하는 친구가 있다면 You will get through this.라며 용기를 주는 말을 해 보세요.

We got through hard times together.
우린 힘든 시간을 함께 이겨 냈어.

I'm sure she'll get through this. She's the toughest person I know.
그녀가 이것을 이겨 낼 거라고 확신해. 내가 아는 사람 중에서 가장 강한 사람이거든.

32 — **That is why** we came here.

그래서 우리가 여기에 온 거야.

신더는 앰버에게 파이어랜드를 떠나 온 이유를 말해 줘요. 이들은 고향에서 폭풍우로 모든 것을 잃고 더 나은 삶을 위해서 이곳을 선택했던 것이죠.

〈That's why + 주어 + 동사〉는 '그래서 ~한 거야'라는 의미로 어떤 일에 대한 구체적인 이유를 설명할 때 자주 쓰는 패턴이에요. 회화에서는 이유를 설명하고 바로 뒤에 That's why.라고 짧게 붙이기도 하는데 이때는 '그게 바로 이유야'라는 해석이 적절해요.

That's why we came to this conclusion.
그래서 우리는 이런 결론을 내린 거야.

That's why I'm asking you to come to Mexico with me.
그래서 나와 함께 멕시코에 가자고 하는 거야.

33	**Excuse me?** 뭐라고?

앰버는 웨이드의 상사를 만나기 위해서 그녀의 사무실 옆에서 기다리고 있어요. 웨이드가 앰버에게 화끈하다며 말실수하자 그녀가 기분이 상해서 이렇게 따지듯 말을 하네요.

Excuse me?는 원래 상대방이 한 말을 잘못 알아 들어서 다시 말해달라고 부탁할 때 쓰는 표현이에요. 그런데 화내는 말투로 하면 '방금 뭐라고 하셨어요?'라는 뜻으로 상대의 말에 정색하는 표현이 될 수도 있어요. What did you say? 역시 같은 의미로 자주 쓸 수 있는 문장이에요.

A: **You look like the bulldog from the battery commercial.**
배터리 광고에 나오는 불독 같아요.

B: **Excuse me?**
뭐라고요?

34	**What kind of call was that??!!** 판정은 왜 저래??!!

윈드브레이커스 팀의 광팬인 게일이 경기가 잘 안 풀리자 심판에게 이렇게 항의하듯 소리치고 있어요. 구름이나 사람이나 응원하는 팀이 지고 있으면 다들 이렇게 생각하나 봐요.

우리말에도 화가 나면 '무슨 그 따위의 ~가 있어?'라는 표현을 쓰죠. What kind of ~ is that/this?은 이와 비슷한 표현인데 화내거나 도저히 이해하지 못하는 일이 발생했을 때 쓸 수 있어요. 약간 짜증이 섞인 말투로 해야 제대로 된 뉘앙스를 전달할 수 있어요.

What kind of soda is this? It just tastes like sugary water.
무슨 이런 탄산 음료가 있어? 그냥 설탕물 맛이네.

What kind of customer service is this? I want to talk to the manager.
무슨 이 따위의 고객 서비스가 있어요? 매니저 불러 주세요.

> **35**
>
> **Yeah bummer, aww yeah.**
> 저런, 안됐네요.

윈드브레이커스 팀이 지고 있자 게일은 크게 화가 났어요. 억지로 그녀의 기분을 맞춰 주려고 앰버가 애를 쓰고 있어요.

bummer는 실망감, 좌절감, 당혹스러움 등의 부정적인 감정을 담은 단어예요. 이 대사처럼 Bummer!라고 단독으로 쓸 수도 있고 That's a bummer. 혹은 What a bummer.처럼 문장 안에서 쓸 수도 있죠. '저런', '아이고', '안 됐네' 와 같은 해석이 어울려요.

A: I spilt coffee on my laptop.
노트북에 커피를 쏟았어.

B: Oh, bummer. Do you have a warranty for it?
저런. 보증서는 있는 거야?

> **36**
>
> **This is my LIFE we're talking about.**
> 지금 내 인생이 걸린 거라고요.

앰버의 성질머리는 경기장에서도 폭발하네요. '불덩어리'라는 말을 듣고 화가 나서 게일에게 이렇게 큰 소리를 내고 있어요.

이 문장은 We're talking about my life.이라고 간단하게 쓸 수도 있지만 이렇게만 하면 my life가 강조되지 않는 느낌이 들어요. 어떤 특정한 단어를 강조해서 말하고 싶다면 This is ~ we're talking about.라는 표현을 써 보세요.

This is our children's future we're talking about. We just can't ignore what's happening in the world.
우리 아이들의 미래가 달린 문제예요. 전 세계에서 벌어지고 있는 사태를 그냥 간과할 수 없습니다.

Don't make fun of his resume. This is his career we're talking about.
그의 이력서를 갖고 농담하지 마. 그 사람의 커리어가 달린 문제라고.

37 Some game?
경기 따위?

지금 앰버에게 가게 폐점을 막는 것보다 더 중요한 일은 없을 거예요. 그러니 게일에게 중요한 이 플레이오프 경기가 그녀에게는 구름들이 공놀이 하는 것으로 보일 수 밖에 없죠.

some은 '구체적으로 정해지지 않은 일반적인 것' 혹은 '평범하고 흔한 것'을 뜻하는 단어예요. 그래서 앰버가 some game이라고 하며 이 경기를 평범한 것으로 치부하자 게일이 크게 화를 내는 거죠. 반대로 특정한 의미가 있는 중요한 경기는 the game이라고 하는데 이때는 the를 유난히 강조해서 발음하는 게 좋아요.

It's not just 'some hat!' It's the hat she bought for me on our first date.
그냥 평범한 모자가 아니야. 첫 데이트에서 그녀가 사준 모자라고.

To you it's just 'some sweater,' but it's my mom's favorite.
네게는 평범한 스웨터이지만 우리 엄마가 가장 좋아하던 거라고.

38 I dare you. Say 'cloud puffs' one more time.
감히. 한 번만 더 "솜털 구름"이라고 했단 봐.

앰버가 경기를 폄하하며 선수들을 '솜털 구름'이라고 부르자 자존심이 상한 게일이 앰버에게 이렇게 으름장을 놓고 있어요.

I dare you.는 상대방에게 무언가를 도전할 때 쓰는 표현이에요. 또한 상대방이 어떤 행동을 하도록 부추길 때 쓰기도 하죠. I dare you to ~의 패턴으로도 활용이 가능한데 '어디 한번 ~해 봐' 혹은 '~는 못할 걸'과 같은 부추기는 느낌의 해석이 어울려요.

I dare you. Try to touch my cat one more time!
내 고양이를 한 번만 더 건드렸다간 봐!

I dare you to touch the snake.
뱀을 만지지는 못할 걸.

| 39 | **Lutz man, he's been in such a funk 'cause his mom has been sick.**
러츠는 슬퍼서 저러는 거야. 엄마가 아프시거든. |

공을 가로채기 당한 러츠에게 관중들이 야유를 보내자 웨이드가 그를 변호하며 이렇게 말을 하네요.

be in a funk은 '슬퍼하다', '낙담하다'라는 뜻이에요. 부정적인 감정에 싸여 활기가 없는 상태를 의미하는 표현이죠. 또한 such a는 '정말로', '매우'라는 뜻으로 뒤에 나오는 명사의 느낌을 강조할 때 쓸 수 있어요.

Since he broke up with Diana, he's been in such a funk.
다이애나와 헤어진 후 그는 슬퍼했어요.

I understand why you're in such a funk, but it's time to move on.
네가 왜 힘들어하는지 이해하지만 이제는 새로 시작해야지.

| 40 | **Way to go Lutz!**
바로 그거야, 러츠! |

관중들의 뜨거운 응원에 힘을 얻으니 러츠가 제대로 된 실력을 발휘하네요. 그가 골을 넣자 경기장은 열광의 도가니가 되었어요. 응원을 주도했던 웨이드도 흥분해서 이렇게 소리를 질러요.

Way to go!는 '잘 했어', '좋아'라는 의미로 경기 등에서 사기를 돋울 때 자주 쓰는 표현이에요. 칭찬하는 표현으로 Good job!만 알고 있었다면 이제 Way to go!를 활용해서 색다르게 칭찬해 보세요.

That's what I'm talking about! Way to go, Tim!
그렇지! 바로 그거야, 팀!

Way to go! One more point for the gold medal!
잘했어! 한 점만 더 따면 금메달이야!

41 | **What a comeback!**
멋진 역전승이었어!

경기가 끝났지만 아직도 흥분이 가라앉지 않은 게일이 승리를 자축하며 이렇게 소리치고 있어요.

〈What a/an + 명사〉는 자기 감정을 짧게 표현할 때 쓰는 감탄 패턴이에요. 기쁨이나 즐거움, 당혹감, 실망감 등 문맥에 따라서 다양한 감정을 담을 수 있어요. 또한 comeback은 '역전승'이라는 뜻으로 쓰였어요.

What a game! It was the best final match in baseball history.
멋진 경기였어요! 야구 역사상 최고의 결승전이었습니다.

What a party! The food, music, and the people… Everything's perfect.
멋진 파티야! 음식, 음악 그리고 사람들까지… 모든 게 다 완벽해.

42 | **I gotta admit that WAS pretty cool.**
인정하긴 싫지만 정말 재미있었어요.

처음에 '경기 따위'라며 에어볼을 폄하했던 앰버도 이 경기를 제대로 즐긴 듯 하군요. 이러다가 온 몸을 기념품으로 치장한 웨이드처럼 윈드브레이커스 광팬이 되는 건 아닐까요?

I gotta admit ~을 단어 그대로 해석하면 '내가 ~를 인정해야 한다'가 되잖아요? 이 표현은 '내가 틀렸다는 것을 인정하긴 싫지만 그래도 ~가 사실이다'라는 뉘앙스를 담고 있어요. '인정하긴 싫지만 ~하네요'라고 해석하면 좋아요.

I gotta admit that pairing the two boys together was a good idea.
인정하긴 싫지만 두 아이를 짝으로 한 것은 정말 좋은 생각이었어요.

I gotta admit that I was wrong about your accountant.
인정하긴 싫지만 네 회계사에 대한 내 생각이 짧았어.

> **43**
>
> **I bet** this is connected to that fluffin' leak.
> 이게 그 망할 놈의 누수하고 연관 있는 게 분명해.

가게가 물바다가 된 원인에 대해 이야기를 나누던 중 게일은 이 사건이 시에서 발생했던 누수와 연관이 있다고 확신하고 있어요.

bet은 '내기하다'라는 뜻이에요. I bet ~는 내기할 정도로 자기 말을 확신한다는 의미를 담고 있는데 '~가 분명해', '~가 확실해'라고 해석해 주세요. 이와 관련해서 You bet.도 알아 두세요. 상대방의 말에 '당연하지'라는 뜻으로 동조할 때 쓰는 표현이에요.

I bet tomorrow will be better than today.
내일은 오늘보다 더 괜찮을 거라고 확신해.

I bet he wrote the song thinking of you.
그가 너를 생각하며 그 노래를 쓴 게 분명해.

> **44**
>
> **Keep talking.**
> 계속해 봐.

웨이드가 물을 추적해서 누수의 원인을 찾아보겠다고 하자 게일이 관심을 보이며 그에게 계속 설명해 보라고 하네요.

보통 〈keep + ~ing〉 패턴은 '계속 ~하다'라는 뜻으로 자주 쓰는 표현이죠. 이 대사에 나온 Keep talking.은 상대방의 말에 관심을 보이며 설명을 더 해 보라고 종용하는 회화 표현이에요. '계속해 봐'라는 해석이 어울려요. 또한 문맥에 따라서는 '계속 지껄이다'라는 부정적인 뜻을 담고 있기도 해요.

It's a brilliant idea. **Keep talking.**
좋은 생각이야. 계속해 봐.

Keep talking. I'm listening.
계속 말해 봐. 듣고 있으니까.

45 | **And there's no need to** touch my dad's shop!
그러면 우리 아빠의 가게를 건드릴 필요도 없죠!

웨이드가 누수 문제를 해결할 방법을 제시하자 앰버가 크게 동조하며 이렇게 말하고 있어요. 이제 아빠의 가게를 살릴 수 있는 희망이 보이는 것 같아요.

There's no need to ~는 '~할 필요가 없어요'라는 뜻으로 불필요하게 어떤 일을 하지 않아도 된다고 말할 때 쓰는 표현이에요. to 뒤에는 동사 원형을 써 주세요.

There's no need to buy eggs. We have plenty at home.
달걀은 살 필요가 없어. 집에 많이 있거든.

There's no need to keep the documents. I'll email you later.
서류를 갖고 있을 필요 없어. 나중에 이메일로 보내 줄게.

46 | Just **keep outta sight**, okay?
그냥 눈에 띄지 않도록 해, 알겠지?

앰버가 웨이드와 함께 가게에 몰래 들어가면서 아빠에게 들키지 말라고 당부하고 있어요.

out of sight는 '시야에서 벗어난', '눈에 보이지 않는'이란 의미를 담고 있어요. 그럼 keep out of sight를 단어 그대로 해석하면 '눈에 보이지 않도록 유지하다'가 되는데 '숨어 있다', '들키지 않도록 하다'라는 뜻으로 자주 쓰는 표현이에요. outta는 out of를 빨리 발음해서 쓴 말이에요.

Keep out of sight until I come back.
내가 돌아올 때까지 숨어 있어.

Just stay in your room to **keep out of sight**, okay?
들키지 않도록 방에 있어, 알겠지?

47 | **It'd be a whole thing.**
복잡한 상황이 될 거니까.

앰버는 웨이드에게 아빠의 눈에 띄지 않게 숨어 있으라고 해요. 아빠가 이 사실을 알면 크게 화를 내실 테니까요.

이 대사에서 a whole thing을 '전체의 것'이라고 해석하면 매우 어색하겠죠? a whole thing은 '매우 곤란한 상황', '혼란스러운 상태'를 의미하는 표현이에요. 그리고 It'd는 It would를 줄인 말로 '~일 수도 있어'라는 가정의 뜻을 담고 있어요.

It will be a whole thing when I tell my mom I'm not going to college.
엄마에게 대학을 가지 않겠다고 하면 완전히 난리가 날 거야.

I forgot our wedding anniversary, and it became a whole thing.
결혼 기념일을 잊어버려서 완전히 난리가 났지.

48 | **That's how I ended up at your place.**
그래서 내가 너희 가게로 오게 된 거야.

웨이드가 앰버에게 가게로 흘러 들어오게 된 상황을 설명하고 있어요.

end up은 여러 과정을 거쳐 마침내 어떻게 되었는지를 나타내는 표현이에요. 뒤에 어떤 말이 붙는지에 따라 조금씩 해석이 달라진답니다. end up at/in ~은 '마침내 ~에 도착하다'라는 의미인데 보통 at/in 뒤에는 장소나 상황을 의미하는 단어를 써요. end up ~ing는 '결국 ~하게 되다'라는 뜻으로 어떤 행동을 설명할 때 쓴답니다.

After driving eight hours straight, we ended up in Atlanta.
8시간을 쉬지 않고 운전해서 마침내 애틀랜타에 도착했어요.

My grandfather ended up having a big family in New Zealand.
우리 할아버지는 뉴질랜드에서 대가족을 이루셨지.

49

You might want to step back.

물러서는 게 좋을 거야.

앰버는 열기구를 타고 공중에서 누수의 원인을 찾기로 해요. 그녀가 열기구로 이용하는 것은 지붕 위 굴뚝의 연기 뚜껑이에요. 뚜껑을 떼어 내고 활활 타오르기 전에 앰버는 웨이드에게 위험하니까 물러서 있으라고 말해요.

You might want to ~는 '너는 ~를 원할지도 몰라'라고 해석하지 마세요. 상대방에게 무언가 하는 게 좋겠다고 제안하는 표현이거든요. '~하는 게 좋을 것 같아' 혹은 '~하도록 해'라고 해석하는 게 좋아요.

You might want to wear my coat. It's freezing outside.
내 코트를 입는 게 좋을 거야. 밖이 매우 추워.

You might want to reconsider publishing his story.
그의 이야기를 출간하는 걸 다시 생각하는 게 좋겠어.

50

So, uh, what do you do at the shop **if you don't mind me asking?**

그래서, 어, 이런 거 물어봐도 되는지 모르겠지만 가게에서 뭘 하는 거야?

앰버와 웨이드는 조금씩 마음의 벽을 허물고 가까워지기 시작해요. 웨이드가 그녀에게 조심스럽게 아빠의 가게에 대해서 물어보네요.

if you don't mind는 '괜찮으시다면'이란 뜻으로 상대방에게 공손하게 어떤 것을 요청할 때 쓰는 표현이에요. 상대방이 대답하기 껄끄러울 수 있는 질문을 할 때는 '이런 질문해도 될지 모르겠지만'이란 의미로 if you don't mind me asking ~ 표현을 써 주세요.

When are you going to retire **if you don't mind me asking?**
이런 질문해도 될지 모르겠지만 은퇴는 언제 하실 건가요?

If you don't mind me asking, how did you meet your wife?
이런 거 물어봐도 되는지 모르겠는데 아내는 어떻게 만난 거니?

> **51** | **Or something like that.**
> 비슷한 것 같네.

'티쇼크'는 '불이 타오를 때 품도록 하라'라는 불의 표현이에요. 앰버의 발음을 듣고 웨이드가 열심히 따라해 보지만 그의 발음은 완벽과는 거리가 멀죠. 그래도 앰버는 이렇게 말하며 웨이드를 칭찬하네요.

something like that은 정확하게 무언가를 콕 찍어서 말하는 게 아니라 그와 비슷하거나 그런 느낌의 것을 지칭할 때 쓰는 표현이에요. '그런 종류', '~와 같은 것'라는 해석이 어울리는데 something like that을 말끝마다 습관처럼 붙이는 원어민들도 종종 있어요.

Do you have green tea or something like that?
녹차 같은 거 있어요?

In the dumpster, I think I saw a raccoon or something like that.
쓰레기장에서 너구리 비슷한 걸 본 것 같아요.

> **52** | **This is supposed to catch spillover from those main canals and–**
> 운하 중심부에서 흘러넘치는 물을 막아 줘야 하는데–

웨이드가 거대한 배수로 문을 살펴보며 이렇게 말하고 있어요. 그런데 갑자기 쓰나미처럼 거대한 파도가 두 사람을 향해 밀려드네요. 살고 싶으면 도망쳐!

be supposed to ~는 '~되어야 한다'라는 뜻으로 어떤 일이 예상대로 이루어져야 한다는 의미를 담고 있어요. I, you, she 등 사람을 주어로 쓰는 경우도 많은데 이럴 때는 '~해야 한다'라는 뜻으로 암묵적인 의무나 규칙 등을 지키거나 수행한다는 의미를 담고 있죠.

The stage is supposed to be brighter than this.
무대는 이것보다 더 밝아야 해요.

You're not supposed to use the forbidden word.
그 금지어를 쓰면 안 된다고.

> **53**
> **At least long enough for me to get a city crew to fix it before Friday.**
> 내가 작업반에 금요일 전에 복구해 달라고 할 때까지는 괜찮아.

앰버와 웨이드는 모래주머니를 쌓아 올려 배수로의 누수 문제를 해결해요. 모래주머니가 물을 견딜 수 있을지 앰버가 걱정하자 웨이드는 이렇게 말하며 그녀를 안심시켜요.

〈get + 사람 + to 부정사〉는 '~가 …를 하도록 하다', 혹은 '~가 …를 하게 하다'라는 뜻으로 자주 쓰는 표현이에요. 그리고 이때 for me는 to get의 의미상의 주어로 쓰여서 '나를 위해서'가 아니라 '내가'라는 주어의 뜻으로 해석해 주는 게 좋아요.

Why don't we get Jenny to clean the kitchen?
제니가 주방을 청소하도록 하는 게 어떨까?

There is no way to get him to change his mind. He's so stubborn.
그가 마음을 바꾸도록 하는 건 불가능해요. 고집이 대단하거든요.

> **54**
> **Well... let me know when it's done I guess.**
> 그럼… 일 처리가 다 되면 알려 줘.

배수로의 누수 문제를 해결한 뒤 둘 사이에 잠시 어색한 정적이 흘러요. 앰버는 어색한 분위기를 피하고자 웨이드에게 이렇게 말해요.

let me know ~는 '~를 알려 주세요'라는 뜻으로 상대방에게 무언가 알려 달라고 부탁할 때 쓰는 표현이에요. Tell me ~를 많이 쓸 것 같지만 실제 회화에서는 let me know ~를 더 많이 사용한답니다. 그리고 이 대사의 done은 finished처럼 '끝난', '완성된'이란 의미를 가지고 있어요.

Would you please let me know when Dr. Kim is back from her vacation?
김 박사님이 휴가에서 언제 오시는 지 알려 주시겠어요?

Let me know if you need any help.
도움이 필요하면 알려 주세요.

> **55**
>
> **I'll make sure there's a city crew here by Friday.**
> 금요일까지 작업반이 꼭 올 수 있도록 할게.

자기 눈빛을 피하며 어색하게 말을 돌리는 앰버에게 웨이드도 이런 형식적인 말을 하며 어색함을 무마하려고 하네요.

make sure는 '확실히 ~하도록 하다'라는 뜻으로 책임지고 꼼꼼히 일을 진행한다는 의미를 가지고 있어요. 보통 make sure 뒤에는 〈주어 + 동사〉의 문장 형태나 to 부정사를 붙일 수도 있어요. 회화에서는 Just to make sure.라는 표현으로도 자주 쓰는데 '그냥 확인해 보는 거야' 처럼 대수롭지 않은 말투로 하는 말이에요.

Make sure you put on plenty of sunscreen before you go out.
외출 전에 자외선 차단제를 충분히 바르도록 하세요.

Make sure to read the contract thoroughly before signing it.
서명하기 전에 계약서를 꼼꼼히 읽어 보도록 해.

> **56**
>
> **Any chance you're free tomorrow?**
> 혹시 내일 시간 있어?

작별 인사를 하고 돌아서는 앰버에게 웨이드가 용기를 내서 데이트 신청을 하네요.

〈Is there any chance + 주어 + 동사?〉 패턴은 어떤 일이 일어날 가능성이 있는지 공손하게 물어보는 표현이에요. 회화에서는 줄여서 〈Any chance + 주어 + 동사?〉 패턴으로 쓰기도 하죠. 해석은 '혹시 ~한가요?' 혹은 '~가 가능한가요?'라고 해 주세요.

Any chance I can get an additional discount for this damaged lamp?
이 램프가 망가졌는데 혹시 추가 할인을 받을 수 있을까요?

Is there any chance she will reach out to me?
그녀가 나에게 연락할 가능성이 있을까?

57

That's not going to happen.

그건 안 되겠어.

웨이드가 데이트 신청을 하자 앰버는 아빠를 핑계 대며 단칼에 이를 거절해요. 하지만 돌아서는 앰버의 얼굴에 옅은 미소가 보이네요. 드디어 물과 불의 첫 데이트가 성사되었군요.

That's not going to happen.은 어떤 일이 일어날 가능성이 전혀 없다는 의미로 쓰는 말이에요. 또한 이 영화 장면처럼 상대방의 제안을 단칼에 거절할 때 쓸 수도 있어요. '절대 그럴 일은 없을 거야' 혹은 '됐다 그래' 처럼 문맥에 맞게 단호하게 해석해 주세요.

A: **Do you think Jessi will come tonight?**
제시가 오늘 밤에 올까?

B: **That's not going to happen. She's the busiest person in the world.**
절대 그럴 일은 없을 거야. 제시는 세상 바쁜 사람이잖아.

58

And since we're all good, I am also going away... to do deliveries!

그리고 우리 모두 괜찮으니까, 저도 나갈게요… 배달하러요!

웨이드와의 약속 시간이 다가오자 앰버는 아빠에게 이런 거짓말을 하며 가게를 황급히 빠져나가네요.

since는 '~한 이래로'라는 뜻으로 자주 쓰이지만 이 대사처럼 '~하니까', '~ 때문에'라는 이유를 나타내는 뜻으로도 많이 쓰인답니다. 그리고 go away는 '없어지다', '사라지다'라는 뜻이 있지만 이 대사에서는 '밖으로 나가다'라는 뜻으로 쓰였어요.

Since I'm working from home, there's no need to spend money on clothes or shoes.
재택근무를 해서 옷이나 신발에 돈을 쓸 필요가 없어.

Since everyone seems to be here, why don't we start the board meeting?
다들 오셨으니까 이사회를 시작하는 게 어떨까요?

59	**But, gotta go.** 그런데, 갈 데가 있어서.

앰버가 웨이드를 만나러 급하게 가게를 나서는데 클로드가 겨드랑이에서 꽃을 뽑아 들고 그녀에게 또다시 구애하네요. 앰버는 이렇게 말하면서 서둘러 데이트 장소로 향해요.

I've got to go.는 '가야겠어'라는 뜻으로 헤어지는 인사말로 자주 쓰는 표현이에요. I've got to ~는 I have to ~처럼 '~해야 해'라는 뜻이 있는데 회화에서는 줄여서 Gotta go.라고도 하죠. I gotta get going. 역시 비슷한 의미로 자주 쓰는 말이에요.

I gotta go. Text me later, okay?
가야겠어. 나중에 문자해, 알았지?

Gotta go. See you later, alligator!
가야겠어. 나중에 봐!

60	**Check this out.** 잘 봐.

앰버가 이렇게 말하고 웨이드에게 뽐내듯이 크리스탈 위에 춤을 추자 그녀의 불빛이 무지개 빛으로 변하네요.

Check this out. 혹은 Check it out.은 상대방에게 무언가 보여 주기 전에 관심을 끌기 위해 하는 말이에요. '잘 봐', '이것 봐' 처럼 해석할 수 있는데 래퍼들이 본격적으로 랩을 하기 전에 '체키아웃'이라고 하는 것도 여기에서 나온 거예요. 바로 뒤에 웨이드가 Watch this.라고 하며 무지개를 만들어 보이는데 이 역시 같은 의미로 쓸 수 있는 표현이에요.

Check this out. I bet you haven't seen something like this before.
잘 보세요. 이런 건 보신 적이 없을 겁니다.

Check it out! Here's a list of the 10 best restaurants in New York City.
이것 봐! 뉴욕 최고의 식당 베스트 10 리스트야.

61   I'm gonna **go put** these away.
치워 둘게요.

앰버는 가게에서 꽃 배달 선물을 받았어요. 그런데 자세히 보니 꽃병 안에 웨이드가 있군요. 엄마에게 이를 숨기기 위해 앰버는 꽃병을 황급히 받아 들고 지하실로 내려가요.

go와 put 동사가 연속으로 나와 이상하다고 생각하셨나요? 회화에서는 go 바로 뒤에 다른 동사를 붙여서 '가서 ~하다'라는 뜻으로 쓸 수도 있어요. 그리고 put ~ away는 '~를 치워 두다'라는 뜻으로 자주 쓰는 표현이에요.

Would you please go get your sister for lunch?
점심 먹게 가서 누나를 데리고 올래?

Why don't you go eat before it gets cold?
식기 전에 가서 먹도록 하세요.

62   I think he's **lying through his feet. / Teeth.**
새파란 거짓말을 하는 것 같아. / 새빨간이요.

웨이드는 버니에게 자신이 '식품 조사관'이라고 거짓말을 해요. 하지만 버니는 이를 믿지 못하고 앰버에게 귓속말로 '새파란 거짓말'이라고 하죠. 아빠가 귀여운 말실수를 하자 앰버가 얼른 고쳐주네요.

lie through one's teeth는 '뻔한 거짓말을 하다'라는 표현이에요. 버니 때문에 lie through one's feet이라고 착각하시면 안 돼요. 그리고 이빨 tooth의 복수형은 tooths가 아닌 teeth예요. foot의 복수형 역시 foots가 아니라 feet이랍니다.

Your lawyer has been lying through his teeth the whole time.
네 변호사는 계속 거짓말을 한 거라고.

I have been lying through my teeth to get close to your sister.
네 동생과 가까워지려고 거짓말을 했지.

> **63**
>
> **My Àshfá should have retired YEARS ago but he doesn't think I'm ready.**
> 우리 아슈파가 몇 년 전에 은퇴하셔야 했는데 내가 준비되지 않았다고 생각하셨어.

모래주머니로는 배수로의 누수 막기가 힘든 것 같네요. 마땅한 해결책을 찾지 못해 낙담하던 앰버는 아빠에 대한 솔직한 심경을 웨이드에게 털어놓아요.

should have p.p는 '~했어야 했는데'라는 뜻으로 과거에 어떤 일을 하지 못한 것에 대한 '후회'를 나타내는 표현이에요. 반대로 shouldn't have p.p는 '~하지 말았어야 했는데'라는 뜻으로 어떤 일을 한 것을 후회하는 표현이죠. 이와 관련해서 could have p.p도 알아 두세요. '~할 수도 있었는데'라는 뜻으로 과거에 어떤 일을 할 가능성이 있었지만 제대로 하지 못했다는 '안타까움' 혹은 '아쉬움'을 전달하는 표현이에요. 뉘앙스의 차이가 있지만 두 표현 모두 '과거'에 일을 하지 못했다는 의미를 담고 있어요.

I should have bought a house when I had a chance.
기회가 있었을 때 집을 샀어야 했는데.

You should have told me the truth about Anna.
내게 안나에 관한 진실을 말해 줬어야 했다고.

> **64**
>
> **You have no idea how hard they've worked or what they've had to endure, the family they left behind…**
> 넌 잘 모를 거야. 그들이 얼마나 열심히 일했는지, 무엇을 참아 왔는지 그리고 고향에 남겨 두고 온 가족들도 말이야…

앰버는 웨이드에게 부모님에 대한 생각을 솔직하게 고백해요. 그분들의 희생에 매우 감사하지만 마음 깊이 큰 부담을 안고 있는 것 같아요.

〈how + 형용사/부사 ~〉 패턴은 '얼마나 ~하는지'라는 뜻이에요. 이때 how는 '어떻게'가 아니라 '얼마나'라는 뜻으로 바로 뒤에 있는 형용사/부사의 뜻을 강조하는 역할을 하죠. 그리고 You have no idea ~는 '넌 정말 모를 거야'라는 뜻으로 뒤에 나오는 내용을 부각시키는 효과를 낼 수 있는 표현이에요.

True success is not about how much you have achieved.
진정한 성공은 얼마나 성취를 했느냐에 달려 있는 게 아니야.

Imagine how splendid life would be in Paris!
파리에서 인생이 얼마나 화려하게 펼쳐질 지 상상해 봐!

65

I'm a mess.

내 꼴이 엉망이네.

웨이드에게 아빠의 가게에 대한 솔직한 심경을 고백하며 앰버는 속 깊이 있던 연약한 불꽃을 드러내요. 그런데 이 모습이 불편했는지 얼른 불꽃을 추스르며 이렇게 말을 하죠.

원래 mess는 '쓰레기' 혹은 '혼잡한 상황'을 뜻하는데 사람에게 이 단어를 쓰면 그 의미가 살짝 달라져요. '지저분하고 깨끗하지 못한 모습'을 나타내기도 하고 '힘든 상황을 겪어서 정황이 없는 상태'를 뜻하기도 한답니다.

He's such a mess. He just broke up with his girlfriend.
그는 지금 엉망이에요. 막 여자 친구하고 헤어졌거든요.

Sorry I'm a mess. I was cleaning my garage.
제 꼴이 엉망이라 죄송하네요. 차고를 청소하고 있었거든요.

66

I'll have Gale come by right after work.

게일 씨에게 퇴근하고 와보라고 할게.

앰버는 모래를 녹여 유리로 배수로 문을 막는데 성공해요. 이를 감탄하며 지켜보던 웨이드는 자신 있게 이렇게 말하고 그녀를 안심시키죠.

〈have + 사람 + 동사 원형〉은 '~가 …하도록 하다', '~가 …하도록 시키다'라는 뜻으로 자주 쓰는 패턴이에요. 그리고 come by는 '잠시 들리다'라는 뜻인데 stop by 역시 비슷한 뜻으로 쓸 수 있는 표현이죠.

Will you please leave your number? I'll have Jason call you back.
번호를 남겨 주실래요? 제이슨에게 연락을 드리라고 할게요.

My mom had me take the rats out of the kitchen.
엄마는 내게 쥐들을 부엌 밖으로 갖고 나가라고 하셨지.

67	**I'll let you know the second I hear anything.**
	내가 소식을 듣는 대로 네게 알려 줄게.

웨이드는 배수로 문을 보수한 소식을 게일에게 보고한 뒤 그녀의 반응을 즉각 알려 주겠다고 앰버에게 약속해요.

〈the second + 주어 + 동사〉 패턴은 '~하자 마자', '~하는 대로'라는 의미를 가지고 있어요. 〈as soon as + 주어 + 동사〉 패턴 역시 비슷한 의미로 자주 쓰이니 함께 알아 두세요.

The second I saw you, I knew I found the love of my life.
널 본 순간 내 인생의 사랑을 찾았다고 생각했지.

I realized mom was home **the second** I smelled her apple pie.
애플 파이 냄새를 맡는 순간 엄마가 집에 오셨다는 걸 알게 되었지.

68	**I'll take care of it.**
	제가 할게요.

버니는 건강이 좋지 않지만 열심히 가게를 보수하고 있어요. 앰버는 심하게 기침하는 아빠를 걱정하며 이렇게 말하네요.

'~를 돌보다'라는 뜻으로 잘 알려진 take care of ~는 '~를 책임지고 떠맡다' 혹은 '~를 처리하다'라는 뜻으로도 자주 쓰인답니다. 특히 회화에서는 I'll take care of it.이란 문장으로 자주 쓰는데 '내가 처리할 테니 맡겨 두세요'라는 의미를 담고 있어요. I'll handle it.과 Leave it to me. 역시 내가 처리하겠다는 의미로 쓰는 회화 표현이에요.

Go home. **I'll take care of** the rest.
집에 가. 나머지는 내가 할게.

I'll take care of packaging and shipping.
포장과 배송은 내가 담당할게.

69 | This has to **break my way**.
잘돼야 한다고.

아빠를 걱정하는 마음에 앰버는 웨이드를 만나 게일의 소식을 물어보네요. 지금 그녀의 머릿속에는 온통 가게 생각뿐이에요.

break one's way는 어려운 상황 속에서도 일이 원하는 방향으로 진행된다는 의미를 가지고 있어요. go one's way 역시 비슷한 의미로 쓸 수 있는데 '잘 해결되다', '원하는 대로 이루어지다'라는 해석이 어울리네요.

Things will break your way if you work hard.
열심히 하면 다 잘될 거라니까.

I believe things will break my way.
다 잘될 거라고 믿어.

70 | I haven't heard from her yet, but she **SWORE** she'd call tonight.
아직 그녀에게 들은 것은 없지만, 오늘 밤에 꼭 전화 주겠다고 했어.

가게를 걱정하며 앰버는 웨이드에게 게일에게서 어떤 소식을 들은 것이 없는지 물어봐요. 웨이드는 이렇게 대답하고 가족 식사 자리에 그녀를 초대하죠.

swore는 swear (맹세하다)의 과거형이에요. 〈swear + 주어 + 동사〉는 반드시 어떤 일을 하겠다고 굳게 약속할 때 쓰는 표현이에요. 또한 어떤 일에 대한 자신의 강한 확신을 표현할 때도 쓸 수 있어요. 해석은 '꼭 ~를 하겠다고 하다' 혹은 '~를 맹세하다', '~를 다짐하다'가 어울리네요.

Can we wait a little while? My friend swore he'd make an appearance tonight.
좀 더 기다려 볼까? 친구가 오늘 밤에 꼭 오겠다고 했거든.

He swore he told me everything, but it turned out he didn't.
그는 모든 것을 말했다고 맹세했지만 결국 그렇지 않은 거였어.

71 You're surprisingly fast **for your age**.
나이에 비해 빠르시네요.

신더가 앰버를 따라 웨이드의 아파트로 들어가려고 하는데 경비원이 그녀를 가로막아요. 빠른 동작으로 경비원을 속이고 들어가려는데 그가 이를 간파하고 이렇게 말을 하죠.

for one's age는 '~의 나이에 비해서' 혹은 '~ 나이 치고는'이란 뜻으로 또래 나이 집단에 비해서 어떤 특징을 묘사할 때 자주 쓰는 표현이에요. 그리고 surprisingly는 '놀랄 정도로'라는 뜻이에요.

My father is 80 but he looks young for his age.
우리 아버지는 80세이지만 연세에 비해 젊어 보이셔.

Your son is very tall for his age.
아드님이 나이에 비해 정말 키가 크네요.

72 **You won't believe what** your baby niece did today!
오늘 네 아기 조카가 뭘 했는지 아니?

이렇게 사소한 가족 이야기를 하며 눈물을 흘리는 걸 보면 웨이드의 엄마 브룩은 감수성이 매우 풍부한 것 같아요. 웨이드의 감성은 엄마에게서 물려받은 게 분명해요.

〈You won't believe what + 주어 + 동사〉 패턴은 상대방에게 깜짝 놀랄 만한 소식을 전하기 전에 양념처럼 하는 말이에요. 회화에서는 이렇게 말하면서 상대방의 호기심을 자극하는 거죠. '무엇을 ~했는지 아니?' 혹은 '무엇을 ~했는지 상상도 못할 거야'처럼 해석하는 게 좋아요.

You won't believe what I did last night.
내가 어젯밤에 뭘 했는지 아니?

You won't believe what I just saw!
내가 방금 뭘 봤는지 넌 상상도 못할 거야!

| 73 | **No, she didn't.**
설마요. |

조카가 웃었다고 하는 엄마의 말에 웨이드는 믿지 못하겠다는 표정을 지으며 이렇게 말해요. 그리고 이내 엄마를 따라서 눈물을 글썽이죠. 감수성은 모전자전이군요.

No, she didn't.는 조카가 웃지 않았다고 우기는 말이 아니에요. 상대방의 말에 〈No, 주어 + did not (didn't)〉이라고 하면 '설마', '정말로?'라는 의미로 믿을 수 없다는 반응을 나타내는 말이랍니다.

A: Your brother became the captain of his basketball team.
　네 동생이 농구 팀 주장이 되었어.

B: No, he didn't!
　정말로요?

| 74 | **Oh nonsense, I'm just an architect.**
오, 그러지 마. 난 그냥 평범한 건축가일 뿐이야. |

엘리멘트 시티 미대에 다니는 딸이 엄마의 뒤를 따르고 있다고 하자 브룩이 이렇게 말하며 민망한 표정을 짓네요. 겸손한 매력까지 갖춘 브룩은 정말 사랑스러운 엄마예요.

Nonsense.는 상대방의 의견에 동조할 수 없다는 뜻으로 쓰는 표현이에요. '그런 소리 하지 마', '그만 해' 처럼 해석할 수 있는데 Don't be silly. 역시 비슷한 상황에서 쓸 수 있는 표현이에요.

A: I don't think I'm the right person for the job.
　내가 그 자리에 적절한 사람이 아닌 것 같아.

B: Oh nonsense. Everyone believes you can do it well.
　말도 안 되는 소리. 다들 네가 잘할 수 있을 거라고 믿고 있다고.

75	**Oh, I just dabble in watercolors.**
	오, 그냥 수채 물감으로 장난치는 수준이지.

브룩이 해롤드를 소개하며 훌륭한 예술가라고 칭찬하자 그가 별거 아니라는 듯 이렇게 말하네요. 겸손 역시 이 집안의 내력이군요.

dabble은 '스포츠나 예술 활동 등을 전문적으로 하지 않고 취미처럼 잠깐 해 본다'라는 뜻이 있어요. 또한 '물에 손과 발을 담그고 첨벙거리다'라는 뜻도 있죠. 해롤드가 물이니까 dabble을 이용해서 아재 개그를 한 것일 수도 있겠네요.

I like to learn something new. That's why I dabble in coding.
난 새로운 것을 배우는 게 좋아. 그래서 코딩도 한번 해 보는 거야.

My mom started to dabble in gardening.
엄마는 취미 삼아 정원 가꾸기를 시작했어.

76	**I just have to say that you speak SO well and clear–**
	우리 말을 정말 또박또박 잘 하네요–

해롤드는 앰버가 다른 원소라서 영어를 잘할 수 없을 거라는 고정 관념을 갖고 있나 봐요. 그가 이렇게 솔직하게 말하자 식사 자리가 매우 어색해지네요.

I just have to say ~는 자기 생각을 솔직하게 말하고자 할 때 양념처럼 붙일 수 있는 표현이에요. '~라는 것을 말하고 싶습니다', 혹은 '~라고 생각해요' 정도로 해석하는 게 좋아요.

I just have to say it's the most beautiful poem I've ever read.
제가 지금까지 읽어 본 시 중 가장 아름다운 시라고 생각합니다.

I just have to say your mom raised a great man.
엄마가 널 정말 훌륭하게 키우셨구나.

77 | You got no chance.
넌 못 이길 거야.

앰버와 웨이드가 '울지 않기 대결'을 시작하려고 하네요. 절대 눈물을 보인 적이 없다는 앰버는 승리를 확신하며 웨이드에게 이렇게 말해요.

You got no chance.는 '넌 이길 수 없어'라는 뜻으로 시합이나 내기에서 자주 쓰는 표현이에요. 자신의 승리를 확신하거나 상대방의 기를 꺾으려고 하는 말인데 You have no chance.라고 할 수도 있어요.

You got no chance. Your beat-up truck is way too slow.
넌 승산이 없어. 네 고물 트럭은 너무 느리다고.

You have no chance. He hasn't lost a single game this season.
넌 못 이겨. 그는 이번 시즌에 져 본 적이 없어.

78 | For real?
진짜요?

브룩이 앰버의 재능을 알아 보고 유리 회사 인턴직을 제안하자 그녀가 깜짝 놀라며 하는 말이에요.

상대방의 말에 놀라 진심으로 하는 말인지 되묻고 싶을 때는 For real?이라고 해 주세요. for real는 '진짜의', '진심인'이란 뜻인데 의문문뿐만 아니라 일반 문장에서도 쓸 수 있어요.

A: What do you say about building a treehouse in the backyard?
뒷마당에 나무 위의 집을 짓는 건 어떨까?

B: **For real?** I've been dreaming of having a nice treehouse!
정말로요? 멋진 나무 위의 집을 가지는 게 꿈이었어요!

79	**I'll walk you out.** 내가 배웅해 줄게.

가족과 저녁 식사를 마치고 집을 나서는 앰버에게 웨이드가 매너 좋게 이렇게 말하네요. 헌데 앰버의 표정이 그리 좋지 않네요. 아마 브룩이 갑작스럽게 인턴직을 제안해서 그런 것 같아요.

I'll walk you out.은 상대방에게 집이나 건물 밖으로 배웅해 주겠다는 말이에요. 썸을 타는 상대방에게 자주 쓰는 '집까지 바래다줄게'는 I'll walk you home.이라고 해요.

A: It was so much fun. Thank you for the lovely dinner.
너무 재미있었어. 멋진 저녁 식사 고마워.

B: It's our pleasure having you here. I'll walk you out.
와 줘서 우리가 기쁘지. 배웅해 줄게.

80	**What is this about?** 왜 그러는 거야?

웨이드의 가족과 헤어진 뒤 앰버는 신경이 곤두선 것 같아요. 이런 그녀를 이해할 수 없는 웨이드는 왜 그러는지 알고 싶어 해요.

What is this about?은 '이건 무엇에 관한 것이니?'라는 뜻으로 내용을 물어볼 때 주로 쓰는 표현이지만 상대방의 예상치 못한 말이나 태도에 놀라서 '왜 그러는 거야?'라고 물어볼 때 쓸 수도 있어요.

You're awfully quiet. What is this about?
너무 조용하네. 왜 그런 거야?

Why are you so mad? What is this all about?
왜 화가 난 거야? 왜 그러는데?

81

Even when I was a KID, I would pray to the Blue Flame to be good enough to fill my father's shoes someday.

어렸을 때부터 난 파란 불꽃에게 언젠가 아빠를 대신할 수 있을 만큼 좋은 딸이 되게 해 달라고 기도했어.

브룩에게 유리 회사의 인턴 자리를 제안 받고 앰버는 아빠의 가게를 물려받아야 할지 자신의 꿈을 좇아야 할지 갈등하고 있어요.

fill one's shoes은 '신발을 채우다'라는 뜻이 아니에요. 여기서 shoes는 '누군가의 역할', '빈자리'라는 의미를 갖고 있어요. 그래서 fill one's shoes는 '~ 역할을 담당하다' 혹은 '~를 대신하다'라는 의미로 알아 두는 게 좋아요.

No one can fill Mr. Milton's shoes. He was such a great man.
아무도 밀튼 씨를 대신하지 못할 거야. 그는 정말 훌륭한 분이셨어.

I'm not sure if we can find someone to fill her shoes.
그녀를 대신할 사람을 찾을 수 있을지 모르겠네요.

82

Pull it together!

정신 차려요!

버니가 나타나자 앰버와 신더는 웨이드를 황급히 내보내고 아무 일도 없었던 것처럼 행동해요. 하지만 거짓말을 못하는 신더가 엉뚱한 소리를 하자 앰버가 이렇게 말하죠.

pull it together는 '정신 차리다', '집중하다'라는 뜻이에요. 정신없이 허둥대는 사람에게 따끔하게 '정신 차려!' '집중해!'라고 할 때 Pull it together!라고 할 수 있는데 pull yourself together 역시 비슷한 의미의 표현이에요.

Leave your cats alone and pull it together!
고양이들은 놔두고 집중하도록 해!

If you don't pull yourself together, you cannot get through this.
정신을 차리지 않으면 이걸 이겨내지 못할 거야.

> **83**
>
> **I'm too excited to sleep.**
> 너무 흥분해서 잠을 잘 수 있어야지.

버니는 은퇴하고 앰버에게 가게를 물려 줄 생각에 흥분해서 잠을 이룰 수 없나 봐요.

too는 '너무 ~한'이란 뜻으로 뒤에 나오는 형용사의 뜻을 강조하는 역할을 하는데 주로 부정적인 의미를 담고 있어요. 그래서 'too ~ to 부정사' 패턴은 '너무 ~해서 …할 수 없다'라는 부정의 의미로 해석하는 게 좋아요. not이나 never와 같은 부정어는 없지만 'too ~ to …'에는 부정적인 의미가 있다는 것을 꼭 기억해 두세요.

The boy was too weak to open the heavy doors.
소년은 너무 약해서 그 육중한 문을 열 수 없었어요.

I just drink protein shakes when I'm too busy to eat.
너무 바빠서 식사할 수 없을 때는 그냥 단백질 쉐이크를 마셔요.

> **84**
>
> **We're going to throw BIG party.**
> 성대한 파티를 열 거야.

버니는 파이어플레이스의 재개장 파티를 성대하게 열고자 해요. 새로 만든 간판을 가족에게 보여 주는데 드디어 앰버의 이름이 새겨져 있네요. 가게 주인이 되고 싶은 그녀의 꿈이 마침내 실현되는군요.

'파티를 열다'라고 할 때 동사로 open이나 hold를 쓸 수 있지만 이 대사처럼 throw를 쓸 수도 있어요. throw a party는 장소 섭외, 음식 준비, 게스트 초대 등 파티의 전반적인 사항을 책임지고 준비하는 것을 의미해요.

How did you throw such a big wedding party on a tight budget?
빠듯한 예산으로 어떻게 결혼식을 크게 하신 거예요?

How about throwing a pool party that everyone will remember?
모두의 기억에 남을 만한 수영장 파티를 여는 건 어떨까?

85 | Hey Gale... what's going on?
안녕하세요 게일 씨… 무슨 일이에요?

웨이드는 오래된 기차역 터널로 앰버를 데리고 가요. 그곳에서 게일을 만나자 앰버는 반갑기도 하지만 당황스러워 하죠. 웨이드가 그녀를 위해서 깜짝 이벤트를 준비한 것일까요?

What's going on?은 지금 벌어지고 있는 상황에 당황하면서 정황을 파악하고자 물어보는 말이에요. '무슨 일이야?'라는 해석이 적절한데 What's happening? 역시 비슷한 의미로 자주 쓰는 표현이에요.

What's going on? Why is everyone in my office?
무슨 일이야? 왜 다들 내 사무실에 있는 거야?

Could you please tell me what's going on here?
무슨 일인지 말씀해 주실 수 있나요?

86 | You're running out of air!
공기가 없어지고 있어!

웨이드가 앰버를 위해 준비한 이벤트는 물속에 있는 비비스테리아를 보여 주는 것이었어요. 게일이 만든 큰 공기 방울을 타고 비비스테리아를 즐기고 있는데 갑자기 공기가 줄어들기 시작했어요. 앰버는 무사히 물속을 빠져나갈 수 있을까요?

run out of ~는 '~를 다 써 버려서 바닥나다'라는 뜻이에요. be out of ~ 역시 비슷한 의미로 쓸 수 있어요. out이란 단어에 '다 써서 없는'이란 뜻이 있어서 I'm out.이라고 해도 '난 하나도 없어', '난 다 썼어'라는 의미를 전달할 수 있어요.

We need to find a gas station before running out of gas.
기름이 바닥나기 전에 주유소를 찾아야 해.

As the printer runs out of toner, the print quality may start to fade.
프린터에 토너가 떨어지면 인쇄 상태가 희미할 수 있어요.

87	**And this whole time I thought you were so strong, but it turns out... you're just afraid.**
	지금까지 난 네가 강하다고 생각했어. 하지만 결국… 넌 두려운 거야.

자신의 꿈을 포기하고 가게를 물려받겠다는 앰버의 말을 듣고 웨이드는 큰 실망을 하게 돼요. 그리고 그녀에게 해서는 안 되는 말을 하게 되죠.

this whole time은 예전부터 대화하고 있는 지금 이 순간까지 '줄곧', '항상'이란 의미를 갖고 있어요. 약간의 의미 차이는 있지만 the whole time 역시 '항상', '내내'라는 뜻으로 자주 쓰는 표현이에요.

This whole time I thought you were on my side.
지금까지 네가 내 편이라고 생각했지.

I have been waiting for her this whole time.
난 항상 그녀를 기다리고 있었어.

88	**And this whole time I thought you were so strong, but it turns out... you're just afraid.**
	지금까지 난 네가 강하다고 생각했어. 하지만 결국… 넌 두려운 거야.

아빠에게 자신의 생각을 솔직하게 말하지 못하는 앰버에게 웨이드는 두려워서 솔직하지 못한 것이라고 상처 주는 말을 합니다.

turn out은 어떤 일이 진행되어 '~하게 되다'라는 뜻이 있지만 이 대사처럼 〈It turns out + 주어 + 동사〉의 패턴으로 쓰일 때는 알려지지 않은 사실이 '~인 것으로 드러나다', '~임이 밝혀지다'라는 의미를 담고 있어요.

I thought the ring was fake but it turns out it's real.
그 반지가 가짜라고 생각했지만 알고 보니 진짜지 뭐야.

I baked a cake for my mom and it turned out really tasty.
엄마를 위해서 케이크를 만들었는데 정말로 맛있었어.

| 89 | **Don't you DARE judge me.**
네가 뭔데 날 판단해? |

웨이드의 말을 듣고 마음의 상처를 입은 앰버는 그에게 이렇게 화를 내고 이별 선고를 하죠.

앞에서 I dare you ~가 상대에게 으름장을 놓는 표현이라고 말씀드렸어요. Don't you dare ~ 역시 비슷한 맥락에서 쓸 수 있는 표현인데 상대방에게 어떤 행동을 절대 하지 말라고 강하게 경고하는 말이에요. '감히 ~하기만 했단 봐라', '~할 생각은 하지 마'와 같이 해석할 수 있어요.

Don't you dare lie to my face.
내게 거짓말할 생각하지 마.

Don't you dare put my photos on your blog.
네 블로그에 내 사진 올리기만 해 봐.

| 90 | **You don't know what it's like to have parents who gave up EVERYTHING for you.**
널 위해서 모든 것을 희생한 부모를 뒀다는 게 무슨 의미인지 알기나 해? |

앰버는 웨이드가 부자이기 때문에 자신의 상황을 이해하지 못한다고 생각하고 있나 봐요. 그녀는 아빠의 희생이 고맙기도 하면서도 한편으로 마음의 짐이라고 느끼고 있어요.

⟨what it is like to + 부정사⟩는 주관적인 경험이나 느낌을 말할 때 자주 쓰는 패턴이에요. '~가 어떠하다', '~한 느낌이 어떠하다'라고 자연스럽게 해석하는 게 좋아요. '~는 어떤 가요?'라고 물어볼 때는 ⟨What is it like to + 부정사 ~?⟩ 패턴을 활용하세요.

Can you tell us **what it's like to** become a CEO?
CEO가 된다는 건 어떤 느낌인가요?

If you want to know **what it's like to** live in nature, sign up for our summer camp.
자연에서 사는 게 어떤 건지 알고 싶다면 저희 여름 캠프를 신청하세요.

> **91**
>
> **I am honored to have served you.**
> 여러분을 위해 일했다는 것은 제게 큰 영광입니다.

파이어플레이스의 성대한 재개장식이 시작되었어요. 버니가 은퇴를 발표하며 손님들에게 감사의 인사를 전하고 있네요.

겸손한 마음으로 '~해서 영광입니다'라고 말할 때는 I am honored to ~라는 패턴을 사용해 보세요. It's my honor to ~라고 해도 비슷한 의미를 전달할 수 있는데 to 뒤에 어떤 일로 영광스러운지 동사의 기본형으로 쓰면 돼요. 공개 석상에서 자주 쓸 수 있는 표현이니 입에 착 붙도록 익혀 두세요.

I'm so honored to have worked with you.
여러분과 함께 근무를 했다는 것은 제게 큰 영광입니다.

I'm deeply honored to receive this award.
이 상을 수상하게 되어서 정말 영광입니다.

> **92**
>
> **I'm crashing your party.**
> 내가 파티를 망치고 있군.

버니의 은퇴 파티에 웨이드가 갑자기 나타났어요. 본인도 이 파티의 불청객이라는 것을 알고 있지만 앰버에게 자신의 마음을 고백하고 싶었을 거예요.

crash는 '부딪히다', '파괴하다'라는 뜻이 있어요. 그래서 crash a party는 행사 등에 갑자기 나타나 분위기 망치는 행동을 의미하죠. 그리고 이런 행동하는 사람을 party crasher라고 부른답니다.

I'm sorry to crash your party, but I want you to know that I'm still in love with you.
네 파티를 망쳐서 미안하지만 내가 아직도 널 사랑한다는 걸 알려 주고 싶어.

I can't believe what you did at my birthday party. You were a total party crasher.
내 생일 파티에서 네가 했던 짓은 정말 가관이었지. 완전히 엉망으로 만들었잖아.

93

So you ARE the one who burst the pipes!

파이프를 터트린 게 바로 네놈이구나!

자신의 은퇴 파티에 불쑥 나타난 웨이드를 알아보고 버니가 파이프를 터트린 범인이라고 추궁하고 있어요.

You are the one who ~ 패턴은 '~한 게 바로 너구나'라는 뜻으로 어떤 행동의 주체가 '당신'임을 강조해서 말하는 표현이에요. 이때 the one은 the person (바로 그 사람)을 지칭하는 말이에요.

Kate, you are the one who I always trust.
케이트, 내가 항상 신뢰하는 사람은 바로 너야.

You're the one who was always there when I was going through hard times.
내가 힘들 때 항상 내 곁을 지켜준 사람은 바로 당신이잖아요.

94

You have been seeing WATER??

물이랑 사귀고 있었던 거야??

웨이드의 사랑 고백에 그제서야 둘의 관계를 알게 된 버니가 앰버에게 실망하며 이렇게 물어봐요. 그리고 화가 나서 은퇴를 번복하고 파티장을 뜨죠.

이때 see는 단지 눈으로 바라보고 있다는 의미가 아니에요. 〈see + 사람〉은 '~와 교제하다', '~와 사귀다'라는 뜻이에요. 오랫동안 싱글이었던 친구에게 애인이 생긴 것 같다면 Are you seeing someone?이라고 물어보세요.

Are you saying you two are seeing each other?
너희 둘이 사귄다는 말이니?

I've been seeing Jim since he started to work here.
짐이 여기서 일할 때부터 교제를 했죠.

| 95 | **I'm not going anywhere!**
난 절대 나가지 않을 거야! |

파이어플레이스가 홍수로 물바다가 되었어요. 가게 안으로 물이 밀려들자 서둘러 대피해야 한다는 웨이드의 말에 앰버는 파란 불꽃을 지키려고 끝까지 남아 있겠다고 해요.

단어 그대로 해석하면 '나는 어디에도 가지 않는다'가 되네요. 이 문장은 '이곳을 절대 떠나지 않겠다'는 말하는 사람의 의지가 담긴 표현이에요. 또한 not going anywhere는 '진전이 없다', '발전이 없다'라는 뜻으로 쓰기도 해요.

I'm not going anywhere until I meet the mayor.
시장님을 만나기 전에는 절대 나가지 않겠어요.

The candidate said that she's not going anywhere and promised to be with her supporters.
그 후보는 그 자리를 떠나지 않고 지지자들과 함께 하겠다고 약속했어요.

| 96 | **I really do love it when your light does that.**
네 빛이 저렇게 비칠 때가 참 좋더라. |

앰버를 구하기 위해 자신을 희생한 웨이드는 수증기로 증발하면서 마지막으로 그녀에게 이런 말을 남겨요.

동사 앞에 do가 붙어서 어색하게 보일 수도 있지만 이 do는 '정말로', '확실히'라는 의미로 바로 뒤에 나오는 동사를 강조하는 역할을 해요. 강조의 do가 붙은 문장을 말할 때는 do에 살짝 힘을 실어 주세요.

I do like what you put in the cake. Cinnamon was an excellent choice.
케이크에 넣은 게 정말 좋군요. 계피는 훌륭한 선택이었어요.

I do enjoy spending quality time with my family.
가족들과 뜻깊은 시간을 보내는 게 너무 좋아요.

> **97**
>
> **She was out of his league and he was young and scared.**
> 그녀는 그가 감히 넘볼 수 없는 존재였지. 그는 어리고 겁이 났어.

울음 참기 시합에서 웨이드가 앰버에게 해 주었던 '한 노인의 슬픈 사랑 이야기'예요. 웨이드를 살리기 위해 이번에는 앰버가 이야기하네요.

out of one's league는 '~의 수준을 벗어나는', '~에게 너무 과분한'이란 뜻이에요. 정말 과분하다고 강조해서 말하고 싶을 때는 앞에 totally나 way를 넣어 주세요.

I can't believe Sam asked me out. A guy like him is totally out of my league.
쌤이 내게 데이트 신청하다니. 그런 남자는 나한테 너무 과분하잖아.

The car is way out of your league. Why don't you look for something more affordable?
그 차는 네 수준에 너무 과분해. 가격이 더 적당한 걸 찾아보는 건 어때?

> **98**
>
> **You are perfect match... ten out of ten!**
> 너희들은 천생연분이야… 10점 만점에 10점이지!

웨이드를 울리기 위해 온 가족이 슬프고 감동적인 이야기를 하고 있어요. 신더가 두 사람이 천생연분이라고 하자 웨이드는 너무 기뻐서 통곡을 해요.

이 대사에 등장한 out of는 '~ 중에서'라는 뜻이에요. 주로 전체 기준이 되는 점수를 언급할 때 자주 쓰는 표현인데 out of ten (10점 만점에), out of a hundred (100점 만점에, 백 퍼센트 중에서)처럼 쓸 수 있어요.

You scored 95 out of a hundred. I knew you could make it.
100점 만점에 95점이야. 네가 해낼 줄 알았어.

Please choose only one out of four options.
4가지 중에 하나만 선택하세요.

> **99**
>
> **You know, I'm not really one for tearful goodbyes.**
>
> 아시잖아요, 제가 울면서 작별 인사하는 거 안 좋아하는 거.

웨이드가 브룩과 작별 인사를 하고 있어요. 감수성이 풍부한 가족이니 작별 인사에서도 눈물이 빠질 수 없겠죠?

I'm not one for ~는 '난 ~를 잘 못해' 혹은 '난 ~를 좋아하지 않아'라는 뜻이에요. 이 표현이 들어간 I'm not one for words.라는 말도 알아 두면 좋겠어요. '나는 말을 잘하는 사람이 아니야'라는 의미랍니다.

I'm not one for basketball, but I wouldn't mind watching a game with you.
농구를 좋아하지 않지만 너와 경기를 관람하는 건 괜찮아.

I'm not one for traveling with a lot of people.
많은 사람들과 함께 여행하는 걸 좋아하진 않아요.

> **100**
>
> **I mean it's the best glass design company in the world, but who knows if it'll become a real job.**
>
> 전 세계에서 제일 좋은 유리 디자인 회사라서. 정규직이 될 수도 있잖아요?

앰버가 버니에게 작별 인사를 하고 있어요. 인턴으로 일하는 회사가 너무 멀어서 미안한 마음 뿐인데 버니는 가서 큰 세상을 경험하라며 그녀에게 용기를 주네요.

〈who knows if 주어 + 동사〉 패턴은 어떤 일에 대한 가능성이나 긍정적인 희망을 가지고 말할 때 쓰는 표현이에요. '~할 지도 모르죠', '~할 수도 있겠죠'라고 해석할 수 있어요. 또한 '~한 지 누가 알겠어요?'라는 의미로 살짝 비꼬는 듯한 뉘앙스로 말할 때 쓸 수도 있어요.

I'm learning sound mixing for fun, but who knows if I can use it in the future?
사운드 믹싱을 재미로 배우고 있는데 언젠 그걸 써 먹을 수도 있겠지.

My daughter loves singing and dancing. Who knows if she will be a K-pop singer?
우리 딸은 노래하고 춤추는 걸 좋아해. K팝 가수가 될지 누가 알겠어?

엘리멘탈

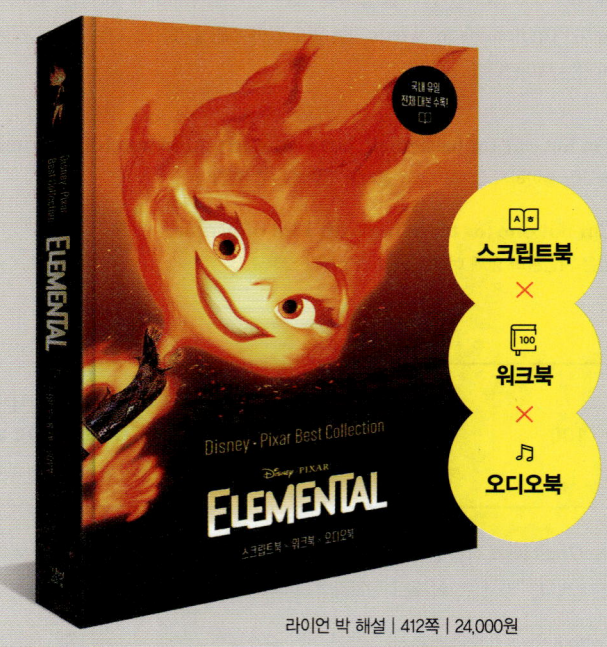

라이언 박 해설 | 412쪽 | 24,000원

국내 유일 〈엘리멘탈〉 영어 대본집!

전체 대본과 스틸컷을 담은 스크립트북, 회화 문장을 엄선한 워크북, 디즈니 추천 성우의 오디오북으로 애니메이션의 감동을 다시 느낀다.

난이도	첫걸음 / 초급 / 중급 / 고급	**기간** 30일
대상	영화 대본으로 재미있게 영어를 배우고 싶은 독자	**목표** 영화 주인공처럼 말하기

인사이드 아웃

강윤혜 해설 | 552쪽 | 26,000원

국내 유일 〈인사이드 아웃〉 영어 대본집!
전체 대본과 스틸컷을 담은 스크립트북, 회화 문장을 엄선한 워크북, 디즈니 추천 성우의 오디오북으로 애니메이션의 감동을 다시 느낀다.

난이도	첫걸음 / 초급 / 중급 / 고급	기간	30일
대상	영화 대본으로 재미있게 영어를 배우고 싶은 독자	목표	영화 주인공처럼 말하기

인사이드 아웃 2

스크립트북 × 워크북 × 오디오북

라이언 박 해설 | 588쪽 | 26,000원

국내 유일 〈인사이드 아웃 2〉 영어 대본집!

전체 대본과 스틸컷을 담은 스크립트북, 회화 문장을 엄선한 워크북, 디즈니 추천 성우의 오디오북으로 애니메이션의 감동을 다시 느낀다.

난이도	첫걸음 / 초급 / **중급** / 고급	기간	30일
대상	영화 대본으로 재미있게 영어를 배우고 싶은 독자	목표	영화 주인공처럼 말하기